„Reines ungetrübtes Glück
ist in jedem Leben selten."
(Seite 80)

Für mein liebes Schnur
zum 30.3.1987.
Ri

SV

Wolfgang Hildesheimer
Das Ende der Fiktionen

Reden aus
fünfundzwanzig Jahren

Suhrkamp

Erste Auflage 1984

Quellenangaben am Schluß des Bandes
Druck: MZ-Verlagsdruckerei, Memmingen
Printed in Germany

Das Ende der Fiktionen

Inhalt

Über das absurde Theater

Der Planungsausschuß der Erlanger Theaterwochen hat mich eingeladen, hier vor Ihnen über das absurde Theater zu sprechen. Ich bin dieser Einladung gern gefolgt, habe jedoch die Einladenden darauf hingewiesen, daß meine Darstellung unakademisch und einseitig ausfallen würde. Unakademisch, da ich nun einmal – und vor allem auf diesem Gebiet – weder ein Theoretiker noch ein Systematiker bin. Einseitig, weil ich selbst ›absurdes‹ Theater schreibe, und zwar aus solch tiefer Überzeugung, daß mir nicht-absurdes Theater mitunter absurd erscheint.

Vielleicht hätte Ihnen ein Theaterhistoriker einen sachlicheren und kritischeren Vortrag halten können, als ich es kann. Vielleicht wäre dieser Vortrag auch fundierter und kenntnisreicher gewesen. Gewiß hätte er Ihnen einen größeren Überblick vermittelt. Denn mir sind viele Stücke des absurden Theaters unbekannt. Auch habe ich noch nie etwas über das absurde Theater gelesen. Von mir haben Sie nicht viel mehr zu erwarten als eine Rechtfertigung eines, der im sogenannten ›Absurden‹ heimisch ist, und einen Versuch über die Motive, die einen Autor veranlassen mögen, darin heimisch zu werden und absurde Stücke zu schreiben. Zudem – so fürchte ich – werden meine Ausführungen streng subjektiv sein. Aber das halte ich eher für ein Verdienst. Ich hege ein tiefes Mißtrauen gegen all die, welche ihre Objektivität beteuern, wenn es um die Verteidigung ihrer eigenen Sache geht.

Die erste Frage, die sich stellt, ist: was ist absurdes Theater? Ist es Theater, das durch die Darstellung eines scheinbar irrealen Geschehens vom Publikum als absurd aufgefaßt wird? Oder ist es Theater, das den ontologischen Begriff des Absurden – wie Camus ihn versteht – in ein Geschehen kleidet, um das Publikum damit zu konfrontieren? Zwei Möglichkeiten. Betrachten wir diese beiden Möglichkeiten genauer, so verschmelzen sie zu einer einzigen. Das absurde Theater dient der Konfrontation des Publikums mit dem Absurden, indem es ihm seine eigene Absurdität vor Augen führt. Da jedoch das Publikum im allgemeinen nicht ohne weiteres gewillt ist, die Philosophie des Absurden hinzunehmen, geschweige denn, auf sich selbst zu beziehen und sich selbst als absurd zu betrachten, so betrachtet es die Konfrontation auf dem Theater als absurd. Es entsteht also eine anregende Wechselbeziehung. Theater und Publikum erscheinen einander gegenseitig als absurd.

Aber diese Überlegung hätte ich vermutlich niemals angestellt, hätte ich nicht einen Vortrag zu halten. Ich gebe zu, daß es von meiner Seite einen gewissen Willensakt erfordert hat, mir den Begriff des Absurden, so wie der von außen Betrachtende – also das Publikum – ihn versteht, zu eigen zu machen. Ich habe es im Interesse meiner Erläuterungen getan. Und wenn ich ihn im folgenden gebrauche, so tue ich das zunächst quasi als das ›Gegenüber‹. Und für mein Gegenüber ist ja auch mein rechtes Auge links.

Indessen, auch für das Publikum ist der Begriff des ›absurden Theaters‹ viel weniger erprobt und umrissen, als etwa die Begriffe des ›epischen‹ oder des ›poetischen‹ Theaters. Er bezieht sich auch weniger als diese Begriffe auf die Form. Er bezieht sich mehr als diese Begriffe auf den Stoff, oder, wenn man so will, den Inhalt. Ein Stück kann ›absurd‹ und ›poetisch‹ sein. Vielleicht könnte es sogar ›absurd‹ und ›episch‹ sein – es käme auf einen Versuch an. Jedenfalls scheint es so viele Formen des absurden Theaters zu geben, wie es Vertreter dieser Gattung gibt. Die Skala ist sehr groß, wenn man sich innerhalb ihrer Reichweite zuhause fühlt. Daß sie freilich von außen gesehen nicht so groß ist, das beweist die Tatsache, daß von der konservativen Kritik Ionesco und Beckett immer in einem Atemzug genannt werden, während mir ihre Gemeinsamkeit vornehmlich darin zu liegen scheint, daß beide anders schreiben als Schiller. Es erinnert mich an die Anekdote, die man über den ersten japanischen Botschafter in Berlin erzählt. Nach einer kurzen Probeperiode bat er abberufen zu werden, denn erstens hätten Europäer einen unangenehmen Geruch, und zweitens sähen sie alle gleich aus.

Damit wollte ich sagen, daß Beckett und Ionesco wenig gemeinsam haben. Wenig mehr als die gemeinsame Heimat im Absurden. Aber da hier – der Ansicht des absurden Dramatikers nach – ohnehin alle Menschen heimisch sind, die meisten ohne es zu wissen, besteht darin kaum eine Gemeinsamkeit. Gemeinsamkeit besteht also nur von außen betrachtet. Bleiben wir also bei dem ›Außen‹, bei der Betrachtungsweise des Publikums, das sich selbst nicht für absurd hält. Als was offenbart sich ihm das absurde Theater? – Denn es wäre unrichtig, wollte man behaupten, für das Publikum bestehe das Hauptmerkmal des absurden Theaters lediglich darin, daß es sich ihm als »aufrührerisch« oder »anti-aristotelisch« offenbarte. Es weiß, daß Auflehnung gegen eine hergebrachte Kunstform kein schöpferisches Motiv ist. Wenn es als solches auftritt – wie etwa der Dadaismus –, so ist es gewöhnlich so komisch wie kurzlebig. Auflehnung gegen eine Form ist nur dann ein schöpferisches Motiv, wenn die hergebrachte Form für das Darzustellende nicht mehr ausreicht. Das ›absurde Theater‹ aber ist philosophisches Theater, es ist demnach weniger eine Rebellion gegen eine hergebrachte Form des Theaters als gegen eine hergebrachte Form der Weltsicht, wie sie sich des Theaters bedient und sich auf ihm manifestiert.

Wie erkläre ich mir aber das, was sich im absurden Theaterstück vor mir abspielt, und in was liegt das Gemeinsame der Theaterstücke dieser bestimmten Gattung?

Stellen wir eine Arbeitsthese auf. Sie lautet: Jedes absurde Theaterstück ist eine Parabel! Nun ist aber auch die »Geschichte vom verlorenen Sohn« eine Parabel. Sie ist jedoch eine Parabel ganz anderer Art. Analysieren wir den Unterschied: die »Geschichte vom verlorenen Sohn« ist eine bewußt auf ihre indirekte Aussage – das heißt auf die Möglichkeit ihres Analogieschlusses – hin konzipierte Parabel, während das absurde Theaterstück eben durch das absichtliche Fehlen jeglicher Aussage zu einer Parabel des Lebens wird. Denn das Leben sagt ja auch nichts aus. Im Gegenteil: es stellt eine permanente, unbeantwortete Frage, so würde der Dramatiker des Absurden argumentieren, zöge er es nicht vor, sein Argument in die Parabel eines Theaterstükkes zu kleiden, das die Konfrontation des Menschen mit der ihm fremden Welt – also mit der Frage – zum Thema hat.

Dieses vom Dramatiker des Absurden vertretene Argument, daß das Leben nichts aussagt, läßt sich gleichnishaft in den verschiedensten Formen und auf den verschiedensten Ebenen darstellen. Aber in keiner Form und auf keiner Ebene liegt die Möglichkeit des Analogieschlusses so offen zutage wie in der einfachen direkten Parabel. Die Parabel vom verlorenen Sohn analogisiert vom Aspekt des Glaubens aus gesehen ein bestimmtes menschliches Verhalten durch ein fiktives Parallelgeschehen. Dieses soll das wirkliche Geschehen symbolisch darstellen. Das absurde Stück aber kann nicht ein der Aussagelosigkeit und der Fragwürdigkeit des Lebens analoges Geschehen darstellen, denn für etwas, was fehlt, was also *nicht* ist, läßt sich schwerlich ein Analogon finden. Wohl ließe sich ein Analogon dafür finden, *daß* etwas nicht ist, also für die Tatsache des Fehlens, aber eben nur durch die Demonstration eines Parallelzustandes auf symbolischer Ebene. Symbolik jedoch kennt das absurde Theater nicht, oder es verachtet sie; das absurde Theater stellt nichts dar, was sich im logischen Ablauf einer Handlung offenbaren könnte; es identifiziert sich vielmehr mit dem Objekt – dem Absurden – in seiner ganzen, ungeheuerlichen Unlogik, indem es in Form von Darstellungen bestimmter absurder Zustände, vor allem aber durch sein eigenes absurdes Gebaren, jähe Blicke auf die Situation des Menschen freigibt. Erst die Summe der Darstellungen ergibt das ganze Bild. Und erst die Summe der absurden Stücke – also die Existenz des absurden Theaters als Phänomen – wird zum Analogon des Lebens. Ich modifiziere also die vorhin aufgestellte These, daß jedes absurde Theaterstück eine Parabel sei, dahingehend, daß erst das absurde Theater als Ganzes die didaktische Tendenz der Parabel offenbart. Die Gemeinsamkeit der absurden Stücke besteht also in der Affinität ihrer Verfasser, die ja, wie gesagt, die gleiche Heimat haben. Sie besteht aber nicht in der Gleichheit des Blickwinkels oder der Gleichheit des Erblickten.

Das absurde Theater eröffnet demnach die verschiedensten Sichten. Manchmal ein großartiges Panorama, wie in Ionescos *Stühlen*. Oder einen winzigen Schnappschuß, eine kleine diabolische Beunruhigung, quasi als Botschaft von der Instabilität der Welt, wie zum Beispiel in Günther Grass' *Noch zehn Minuten bis Buffalo*.

Und damit habe ich bereits zwei Stücke genannt, ein Drama und eine Burleske, die für mich Prototypen und daneben auch glückliche Realisationen absurder Dramatik sind.

Zu den *Stühlen* nun hat Ionesco eine kleine Vorrede geschrieben, die ich Ihnen – obgleich ich annehme, daß die meisten unter Ihnen sie kennen – vorlesen möchte:

»Die Welt erscheint mir mitunter leer von Begriffen und das Wirkliche unwirklich. Dieses Gefühl der Unwirklichkeit, die Suche nach einer wesentlichen, vergessenen, unbenannten Realität, außerhalb derselben ich nicht zu sein glaube, wollte ich ausdrücken – mittels meiner Gestalten, die im Unzusammenhängenden umherirren und die nichts ihr eigen nennen, außer ihrer Angst, ihrer Reue, ihrem Versagen, der Leere ihres Lebens. Wesen, die in etwas hinausgestoßen sind, dem jeglicher Sinn fehlt, können nur grotesk erscheinen, und ihr Leiden ist nichts als tragischer Spott. Wie könnte ich, da die Welt mir unverständlich bleibt, mein eigenes Stück verstehen? Ich warte, daß man es mir erklärt.«

Was den letzten Satz betrifft, so nehme ich an, daß Ionesco sein Stück inzwischen von manchem deutschen Kritiker ausführlich erklärt bekommen hat. Ob ihm freilich die Erkärung eingeleuchtet hat, das ist eine Frage, die ich Gottseidank nicht zu beantworten brauche. Jedenfalls unterstützt dieser Satz, wie auch die ganze Vorrede – abgesehen davon, daß sie mir eine konzise Erklärung absurden Theaters überhaupt zu sein scheint –, meine These, insofern sich das Folgende aus ihr ergibt: Das absurde Stück konfrontiert den Zuschauer mit der Unverständlichkeit, der Fragwürdigkeit des Lebens. Die Unverständlichkeit des Lebens kann aber nicht durch den Versuch einer Antwort dargestellt werden, denn das würde bedeuten, daß sie interpretierbar, das Leben also verständlich wäre. Sie kann nur dadurch dargestellt werden, daß sie sich in ihrer ganzen Größe und Erbarmungslosigkeit enthüllt und quasi als rhetorische Frage im Raum steht: Wer auf eine Deutung wartet, wartet vergebens. Er wird sie nicht erhalten, bis er von kompetenter Seite den Sinn der Schöpfung erklärt bekommt, also nie. Das absurde Stück stellt daher einen Zustand dar, der, wie immer er auch auf der Bühne enden mag, in der Frage verharrt. Und darin liegt einer der wesentlichsten Unterschiede zum aristotelischen und zum epischen

Theater, die stets die Antwort geben oder zumindest nahelegen. Unter den rezeptiven Fähigkeiten, die das absurde Stück beim Publikum voraussetzt, ist demnach die elementarste: daß es – das Publikum – den Schritt von der Antwort zur Frage dem Autor nachvollziehe.

»Das Absurde«, so sagt Camus, »entsteht aus der Gegenüberstellung des Menschen, der fragt, mit der Welt, die vernunftwidrig schweigt.«

So wird das Theater des Absurden quasi zur Stätte eines symbolischen Zeremoniells, bei dem der Zuschauer die Rolle des Menschen übernimmt, der fragt, und das Stück die Welt darstellt, die vernunftwidrig schweigt, das heißt in diesem Falle: absurde Ersatzantworten gibt, die nichts anderes zu besagen haben als die schmerzliche Tatsache, daß es keine wirkliche verbindliche Antwort gibt.

Denn das absurde Stück fordert von seinem Publikum – wie ja jede Kunst – aktiven Mitvollzug. Das Publikum indessen ist selten gewillt, dem Autor in dieser seiner Forderung zu folgen. Das Bühnengeschehen erscheint ihm zusammenhanglos und unlogisch. Der Tatsache, daß das Leben selbst zusammenhanglos und unlogisch ist, wird sich der Zuschauer nicht bewußt, da sich vielleicht sein eigenes Leben innerhalb der Grenzen eines logischen Systems vollzieht, er daher größerer Zusammenhänge nicht bedarf und sie infolgedessen nicht sucht. Im Theater erwartet er Ausschnitte aus seinem System: Probleme der Zeit, Menschen in der Zeit, historisches Geschehen, Beziehungen zwischen Menschen. Er belächelt mitunter auch gern eine Satire. Selbst einen fantastischen Bühnenablauf mag er goutieren, wenn er sich scharf und entschieden von der Wirklichkeit – wie sie ihm erscheint – distanziert. Das Absurde aber steht für ihn außerhalb seiner gewohnten Begriffswelt. Das Absurde ist für ihn absurd. Wobei er das Wort ›absurd‹ als Synonym für ›verrückt‹ oder ›unzumutbar‹ gebrauchen würde. Jeden Berührungspunkt, jeden Anhaltspunkt einer Analogie oder gar einer Identifikation weist er entrüstet von sich.

Wird ihm die Sache allzu absurd – zum Beispiel wenn zwei menschliche Wesen aus dem Mülleimer hervorkommen –, so fühlt er sich verspottet. Und gerade das völlig zu Unrecht. Denn das Gegenteil ist beabsichtigt. Er, der Zuschauer, soll das Bühnengeschehen verspotten – es mit dem »tragischen Spott« belegen, von dem Ionesco spricht –, das heißt: nicht das Bühnengeschehen selbst – nicht die Parabel, sondern ihr Objekt: das Leben. Und damit freilich auch sich selbst, als einen, der fragt und keine Antwort erhält. Aber er schafft es nicht, die verschiedenen Ebenen der Transposition zu erklimmen. Er stößt sich schon am scheinbar Vordergründigen, etwa den auf der Bühne geäußerten Banalitäten in Form von Sprachklischees. Er merkt nicht, daß es sich bei ihnen mitunter um künstliche Sprachgebilde handelt, um kunstvolle Vortäuschungen, die nur auf denjenigen als Gemeinplatz wirken, der selbst auf den Gemeinplätzen des Lebens zuhause ist.

Nun gibt es aber auch unter den Stücken des absurden Theaters manche, die populär geworden, ja zu großem Publikumserfolg gelangt sind. Das scheint mir aber in jedem Fall auf einem Umstand zu beruhen, der mit ihrer Absurdität nichts zu tun hat. Ich habe *Warten auf Godot* im Londoner Phoenix Theatre gesehen, wo es monatelang en suite lief. Immer verließ etwa ein Fünftel des Publikums in der Pause das Haus – eine Tatsache übrigens, die vornehmlich unter den Taxichauffeuren bald bekannt wurde, die zur Zeit der Pause in Schlangen vor dem Theater auffuhren. Der Rest des Publikums aber blieb bis zum Ende und applaudierte herzhaft, ja für Londoner Verhältnisse beinahe frenetisch. Und warum? Nicht, weil sich ihm da von der Bühne her eine Wahrheit gleichnishaft mitgeteilt hätte. Sondern weil er einer faszinierenden Interpretation eines faszinierenden Kunstwerks beigewohnt hatte. Einer Aufführung, die durch eine Art Musikregie das stichomythische Spiel zwischen zwei irischen Landstreichern zu voller, großartiger Geltung brachte. Auch der Gegner des absurden Theaters, soweit er nicht jeglichen rezeptiven Talents für Sprache und Rhythmus entbehrt, müßte bestätigen, daß Beckett ein legitimer Dichter ist. Und daß er es sogar dort ist, wo sein Stoff ihn ins Monomanische zu führen scheint.

Ein weiterer großer Erfolg ist Ionescos Stück *Die Nashörner*. Dieser Erfolg beruht aber darauf, daß das Stück kein absurdes Stück ist. Zwar enthält es in seinen – oft prächtigen – Dialogen ein Element des Absurden, aber sonst hat sein Autor hier mit den Mitteln einer ganz vordergründigen Parabel gearbeitet, die an Deutlichkeit der vom verlorenen Sohn in nichts nachsteht.

Verweilen wir einen Augenblick bei diesem Stück! Die Demonstration dessen, was ein absurdes Stück nicht ist, wirft ein zusätzliches Licht auf die Gattung des absurden Theaters. Der Inhalt dürfte den meisten von Ihnen bekannt sein. In einer Provinzstadt werden die Bürger – einer nach dem anderen – zu Nashörnern. Die Deutung drängt sich auf. Die Provinzstadt ist unsere Welt. Die Bürger sind wir. Die Metamorphose ist der Verflachungs- oder der Vermassungs- oder der Verdummungsprozeß – wie man es gerade nennen möchte –, dem wir bekanntlich alle unterworfen sind. Die Nashörner also sind wir, in eine nicht allzu ferne Zukunft projiziert. So einfach ist das alles. Ein Zeitstück also, das sich des Symbols bedient. Leider nur ist die Prognose selbst inzwischen zum Gemeinplatz geworden, da sie uns ad nauseam vorexerziert wird. Schöner wäre es gewesen, hätte Ionesco über den Klischeegehalt dieser Prognose ein Stück geschrieben. Aber nicht darüber wollte ich sprechen.

Einer dieser Bürger bleibt von der Verwandlung verschont. Wir gehen nicht fehl in der Annahme, daß dieser eine Bürger das positive Prinzip des Stückes verkörpert. Dieses positive Prinzip verficht aber nichts in sich selbst, sondern existiert einzig und allein im und als Gegensatz zum negativen Prinzip, an dem es sich entzündet hat. Es sagt nichts aus als den kategorischen Imperativ: man soll nicht zum Nashorn werden. Damit wiederum wird das Stück zum moralischen Lehrstück. Fragen wir uns nun, wie man es schafft, nicht zum Nashorn zu werden, so erhalten wir durch das Stück nur die Antwort: indem man sich dagegen wehrt. Aber diese Antwort ist nicht eindeutig. Denn es wird nirgends völlig klar, ob diese Verwandlung Willensakt, stille Ergebung, Schicksal oder Strafe ist. Auf jeden Fall wird sie durch eine höhere Autorität ausgelöst (die allerdings anonym bleibt und von deren Wesen wir in den fünf Akten nicht das geringste erfahren). Also stellt das Spiel den erfolgreichen Kampf des einzelnen gegen das Schicksal dar und ist ein klassisches Schauspiel. Aber auch das ist es nicht. Denn es bleibt durchaus offen, ob nicht unser Held, eine Sekunde nachdem wir ihn applaudierend zu seiner Standhaftigkeit beglückwünscht haben, auch noch zum Nashorn wird. Die Möglichkeit wäre immerhin gegeben. Wüßten wir es, so stellte das Stück die Machtlosigkeit des Menschen gegen den Willen höherer Instanzen dar und wäre eine Tragödie nach antikem Muster.

Das ist es jedoch nicht, denn dann hätte das Resultat des Kampfes rückwirkend den Lauf des Bühnengeschehens bestimmen müssen. Aber das Stück hat kein Resultat außer der Prognose. Ob der Held sich verwandelt oder nicht, ist für den didaktischen Wert der Parabel gleichgültig. Die Aussage bleibt die gleiche, nämlich: wir werden alle zu Nashörnern. Und damit sind wir wiederum am Anfang.

Nun bedeutet aber der Umstand, daß ein Stück absichtlich und scheinbar schematisch gegen herkömmliche dramatische Regeln verstößt, eben noch nicht, daß es ein absurdes Stück ist, auch dann nicht, wenn es die sekundären Merkmale des Absurden aufweist. Auch eine Metamorphose ist kein Element des Absurden, sondern das eines Märchenspiels. Wir haben es hier also mit einem seltsamen Produkt der Konzession zu tun: einem Zwitter. Das Stück stellt eine Katastrophe dar, die, umrankt von kommentierendem, konstatierendem Dialog, unbeeinflußt von menschlichen Worten oder Taten ruhig und träge vorwärts schreitet wie ein sattes Nashorn, durch vier Akte, ohne den agierenden Personen eine Möglichkeit des Eingriffs zu gewähren. Zwar mag der einzelne in der Lage sein, sich selbst vor der Verwandlung zu schützen – einer tut es auch –, aber den anderen kann er nicht retten. Das Stück ist also deutlich wie ein Kindermärchen, deutbar wie eine Allegorie, aber in seiner Deutung enthüllt sich eine innere Unlogik.

Man hat gesagt, Ionescos Stärke läge darin, daß er eine ganz alltägliche, banale Ausgangssituation quasi durch Steigerung ihrer selbst ad absurdum führen könne. Nun, etwas Derartiges tut er in den *Nashörnern*, denn in jeder einzelnen Figur des ersten Bildes steckt ja schon ein kleines Nashorn – aber es scheint mir unrichtig zu behaupten, daß in diesen Inventionen Ionescos Stärke läge. Sein stärkstes Stück – ich selbst halte es für eines der Meisterwerke des modernen Dramas – *Die Stühle* beginnt bereits im Raum des Fantastischen. Figuren, Konstellationen und Situationen sind fantastisch, oder doch zumindest surreal. Und gerade dieses Stück gibt gleichnishaft einen großartigen Blick auf bestimmte Aspekte einer inneren Welt frei. Die Kunst des absurden Theaters liegt ja nicht darin, dem Publikum den Weg zu ebnen, ihm eine Eselsbrücke von der Wirklichkeit hinüber ins Unwirkliche, Surreale, Groteske zu bauen, indem sie die Wirklichkeit behutsam und allmählich abwandelt. Sie liegt vielmehr darin, den Zuschauer sofort, gleich bei Aufgang des Vorhangs, im Bereich des Absurden anzusiedeln, ihn dort heimisch werden zu lassen, wo er ja bereits – der Ansicht des Autors nach – ohne es zu wissen heimisch ist: in der Fragwürdigkeit des Lebens, das nichts aussagt. Er soll sich so heimisch fühlen, daß, hat er einmal die Ausgangssituation akzeptiert, ihn auch das absurdeste Element nicht mehr aus dem Gleichgewicht bringen kann, da ja auch dieses nur eine logische Folgerung der Ausgangssituation ist. Nur auf diese Art und auf dieser Ebene kann die absurde Parabel sich vollziehen.

Die Entwicklung unserer Weltsicht hat es mit sich gebracht, daß der Künstler heute die größten Freiheiten des Ausdrucks für sich beanspruchen darf: aber nur, solange er – zumindest innerhalb eines Werkes! – den Ausdrucksmodus, das heißt den Stil, nicht wechselt. Ein tachistisches Gemälde kann ein großes Kunstwerk sein, aber es ist gewiß dann kein Kunstwerk, wenn auf ihm irgendwo ein untransponierter Blumenstrauß erkenntlich wird. Denn das verstößt gegen die innere und damit elementare Gesetzlichkeit des Stils. Ebenso verstößt es gegen jede innere Gesetzlichkeit des Theaters, auf zwei verschiedenen Ebenen wirken zu wollen, wie Ionesco in den *Nashörnern* es zu tun scheint: nämlich einerseits auf der Ebene der vorexerzierten Parabel, die vier Akte lang eine Katharsis vorbereitet, und andererseits durch den Parabelgehalt des absurden Theaters als solchen, das die Katharsis verschmäht. Ich kann nicht durch eine Demonstration auf der Bühne eine Katharsis auslösen wollen, indem ich mich der Mittel des Absurden bediene. Denn der Wille zur Katharsis bedeutet: Glaube an die Sendung des Theaters. Absurdes Theater aber bedeutet: Eingeständnis der Ohnmacht des Theaters, den Menschen läutern zu können und sich dieser Ohnmacht als Vorwand des

Theaterspiels zu bedienen. Ohnmacht und Zweifel, die Fremdheit der Welt, sind Sinn und Tendenz jedes absurden Stückes, das somit ein Beitrag zur Klarstellung der Situation des Menschen wird. Es verschmäht die Darstellung der Realität, da auf dem Theater ohnehin nur ein winziger Teil der Realität dargestellt werden kann, der niemals stellvertretend für ihre Gesamtheit steht, und naturgemäß in keinem Verhältnis zur Stellung des Menschen in der Welt. Es will daher nicht mit verteilten Rollen eine Geschichte erzählen oder eine These belegen. Es will nicht anhand eines historischen oder fiktiven Einzelfalles etwas Typisches demonstrieren. Es liegt ihm nichts an der Verfechtung eines Prinzips, das durch Helden vertreten oder – schlimmer noch – symbolisiert wird. Der absurde Dramatiker vertritt die Ansicht, daß kein Kampf der Welt jemals auf dem Theater ausgefochten worden ist. Daß das Theater noch keinen Menschen geläutert und keinen Zustand verbessert hat, und sein Werk zieht – je nach Veranlagung seines Autors – bittere oder komische Konsequenz aus dieser Tatsache. Erfahrung hat ihn gelehrt, daß etwa der Politiker A sich im Theater selbst unter dem Holzhammer nicht erkennen und meinen wird, es handle sich um den Politiker B, den er für korrupter hält als sich selbst, und daß beide Politiker vor allem dort herzlich lachen werden, wo ein Autor bitter wird oder gar – wie man es nennt – mit Herzblut schreibt.

Der absurde Dramatiker mag – so denke ich – im Leben bereit sein, sich für eine gute Sache einzusetzen, auch wenn sie, wie gute Sachen es nun einmal an sich haben, verloren ist. Im Theater aber sind weder die gute Sache noch sein Einsatz am Platz. Im Theater will er sein absurdes Beweis-Spiel spielen, wobei er sich darauf verlassen muß, daß seine Moral, da sie ja nun einmal Bestandteil seines persönlichen Mikrokosmos ist, auch in diesem Spiel transparent wird: auch im Absurden, ja, für den Autor des Absurden ausschließlich im Absurden.

Während der Niederschrift meines Vortrages stellte ich fest, daß diese Notizen in zunehmender Weise manifestativen Charakter annahmen. Daß ihnen sogar ein gewisses Pathos innewohnt, das ja ihrem Objekt, dem absurden Theater, fremd ist. Das liegt aber wohl an der anomalen Position, in der man sich befindet, wenn man etwas, mit dem man sich selbst identifiziert, von außen zu analysieren sucht. Der Dramatiker des Absurden, der kein Referat zu halten hat, analysiert ja nicht, sondern schreibt Stücke und wartet höchstens – wie Ionesco – darauf, daß man sie ihm erkläre. Aber er wartet – wenn ich ihn richtig einschätze – nicht allzu sehnlich. Er weiß, daß es für das einzelne Stück keine Erklärung gibt, und daß es auch für sein Theater dann keiner Erklärung mehr bedarf, wenn das Publikum die Existenz – oder vielmehr das Walten – des Absurden anerkannt, das heißt: erkannt hat. Das Absurde ist sein einziger Orientierungspunkt. Er hat sich dafür entschieden. Und das vielleicht noch nicht einmal bewußt. Es mag sich in ihm entschieden haben. Denn das ihm inhärente Gefühl für das Absurde ist tiefer verwurzelt als sein bewußtes Entscheidungsvermögen. Jedenfalls hat er seine Entscheidung aus sich selbst getroffen. Und keinerlei Propaganda – und sei sie auch noch so subtil – hat ihn darauf aufmerksam gemacht. Denn für das Absurde gibt es keine Propaganda als die Existenz des Menschen. Wohl gab es eine Vorstufe zur Erlernung seiner Ausdrucksmöglichkeiten: den Surrealismus, der der Erkenntnis des Absurden vorgearbeitet hat. Aber darüber zu sprechen würde zu weit führen.

Nur wer im Absurden lebt, das heißt die Absurdität des Lebens, seiner Situationen und seiner Requisiten erlebt, kann sie in eine künstlerische Form bringen, womit ich selbstverständlich nicht sagen will, daß allein die absurde

Sicht zu einer solchen Tätigkeit befähige. Das Experimentieren mit dem Absurden ist so unmöglich, wie wenn ein atheistischer Dramatiker ein religiöses Stück schreiben würde. Ebenso unmöglich bleibt dem Dramatiker des Absurden die Umstellung auf eine andere Form, es sei denn, es vollziehe sich in ihm eine radikale innere Abkehr.

Den absurden Dramatiker interessieren die ›brennenden Fragen‹ des Theaters nicht. Es ist ihm gleichgültig, ob das Theater als Institution noch eine Zukunft habe oder nicht; er weiß, daß das Theater genauso zukunftsreich oder zukunftsarm ist wie der Mensch. Er gibt sich gern mit der Bühne zufrieden, wie er sie vorfindet: dem Guckkasten. Er baut keine falschen Proszenien, läßt keine Schauspieler aus dem Zuschauerraum auftreten, ihm genügt die Bühne, Holz, Leim und Staub. Experimente sind – entgegen der allgemeinen Ansicht – seine Sache nicht.

Was es für ihn darzustellen gibt, hat zwar keine dramaturgische Regel – wohl aber vollzieht sich sein Spiel nach einem bestimmten Gesetz. Um sich voll entfalten zu können, darf es sich nicht allein auf das Wort verlassen. Die Ebene, auf der das Absurde sich vollzieht, bleibt nicht auf die Sprache beschränkt. Die absurde Figur ›funktioniert‹, sie bedient sich der Gestik, des Mimus und wo das nicht ausreicht, tritt das Requisit hervor, spielt sogar mit, als Partner oder Gegenspieler. Jede auftretende Figur ist gewissermaßen ein deus ex machina, der gebraucht wird, aber nicht erwartet wurde. Daher setzt das Stück auch kein Wissen voraus. Man braucht kein Programm gelesen zu haben, in dem bereits steht, daß – sagen wir – Karl Rösler pensionierter Bahnbeamter, achtundvierzig Jahre alt und Klaras verflossener Geliebter ist. Die Anfangssituation wird sofort erfaßt, da vor Aufgang des Vorhangs noch keine anderen Beziehungen zwischen den Figuren bestanden haben, als die, welche sich sofort offenbaren. So braucht kein vorgegangener Umstand erklärt zu werden, etwa daß A der Schwager von B ist, der als Spätheimkehrer den Ehebruch nicht mehr verhindern kann, da er stattfand, als der Zuschauer noch ahnungslos beim Abendessen saß. Jede Erwähnung der Vergangenheit im absurden Stück meint eine kollektive absurde Vergangenheit, und jede Erwähnung der Zukunft tritt als Frage auf. Und im Ende steckt auch wieder der Anfang.

Der Schauspieler des absurden Theaters hat es mitunter schwer, da der Autor keine Rücksicht auf seine Eitelkeiten nimmt. Gewiß: es können Rollen entstehen, die er sich sehnlichst erwünscht – welchen Komiker würde es nicht reizen, in solch dankbarer Weise auf Godot zu warten –, aber es entstehen auch mitunter Rollen, die für den Schauspieler, so wie er heute ist, die Grenzen des Zumutbaren zu überschreiten scheinen. Man stelle sich zum Beispiel einen stolzen Burgschauspieler vor, der aus einem Beckettschen Mülleimer kriecht. Vor allem aber entstehen Rollen, die, wie man sie auch dreht und wendet, kein menschliches Ebenbild haben. Figuren als Requisiten etwa, oder groteske Figuren oder aber Figuren, die mehrere Typen in schneller Folge oder simultan verkörpern. Hier nun mag sich der Dramatiker des Absurden in der Tat fragen, ob eine solche Rolle, der – sozusagen – der Mittelpunkt fehlt, von dem aus sie erfaßbar wäre, mit der Würde ihres potentiellen Darstellers vereinbar ist.

Das sind ernste Bedenken. Betrachte ich aber nun das zeitgenössische nicht-absurde Theater – wohlgemerkt: ich spreche nicht von den beiden großen Dramatikern Frisch und Dürrenmatt, die ja übrigens auch, und zwar mit größter Kunst, das Gleichnis gebrauchen –, betrachte ich vielmehr den sogenannten Realismus, so legt sich mein Bedenken gegen die Zumutbarkeit schlafen. Um diesen Punkt zu illustrieren, zitiere ich aus einem neuen Stück eines jungen italienischen Autors, das in Italien mit großem Erfolg gespielt wird. Ich gebe zu, daß dies ein krasses Beispiel ist, aber es zeigt deutlich, was ich meine. Da sagt der Held Renato zu seiner Angebeteten Elena – denn es geht hier, wie ja auch im Leben so oft, um die Liebe:

»Lebwohl! Gib mir einen Kuß, damit ich weiß, daß es der letzte ist. (Regiebemerkung: er tritt an sie heran. Sie legen Lippen an Lippen, sein Kopf gleitet an den Hals Elenas. Er weint schweigend. Sie bleibt stumm. Er fährt fort:) Verzeih! Darüber werde ich nie hinwegkommen. Über den Gedanken, wie es hätte sein können. Du weißt nicht, welche Ruhe die Liebe schenkt. Keine Begegnung mehr, mit keiner Frau. Das ist entscheidend für einen Mann, und das ist Friede: daheim die Arbeit, draußen das Leben.

Und Elena sagt bewegt: Renato!«

Es geht mir hier nicht um die künstlerische Qualität einer solchen Rede oder eines solchen Stückes. Mir scheint hier keinerlei Übertragung vollzogen zu sein, aber vielleicht irre ich mich. Vielleicht ist es ein sehr gutes Stück, darin bin ich nicht kompetent. Aber – und darum geht es mir – ich behaupte, daß es für einen Schauspieler wesentlich entwürdigender ist, eine solche Szene spielen zu müssen, als eine Figur des absurden Theaters, und wenn sie auch aus einem Mülleimer gekrochen kommt. Es ist demütigender für einen Schauspieler, Worte zu sprechen, Gesten vollführen zu müssen, mit denen er – wer weiß – in der Intimität seines privaten Lebens vielleicht etwas tatsächlich Empfundenes ausdrückt, als eine Figur der aktiven Fantasie zum Bühnenleben zu erwecken, die selbst das naivste Publikum niemals mit seiner Persönlichkeit identifizieren würde. Verfremdung wahrt die Würde des Schauspielers. Sie gibt ihm in jedem einzelnen Moment die Möglichkeit, seine Distanz zur Rolle zu demonstrieren.

Der Schauspieler des absurden Theaters darf sich souverän der gesamten Skala mimischer Mittel bedienen, ohne zum Parodisten des Lebens zu werden. Legt man ihm aber Tränen in die Augen und die Worte »Ich liebe dich« in den Mund, so wird er zu einem, der uns peinliche Genrebildchen aus dem Alltagsleben vorführt.

Das absurde Theater ist eine Parabel über die Fremdheit des Menschen in der Welt. Sein Spiel dient daher der Verfremdung. Es ist ihre letzte und radikale Konsequenz. Und Verfremdung bedeutet Spiel im besten, wahrsten und – nebenbei bemerkt – im ältesten Sinne. *1960*

Bleibt Dürer Dürer?

Bleibt Dürer Dürer? – Der Wortlaut dieser Frage scheint über sich selbst zu stolpern. Dennoch war er nicht anders zu formulieren. Denn die Frage ist als eine Antwort gedacht, als Antwort nämlich auf die kategorische Feststellung *Dürer bleibt Dürer*, eine krasse Tautologie, die in vollfetten gotischen Lettern militant, wenn nicht gar bedrohlich, ein verlegerisches Anliegen kundtut, Werbung für einige Bücher, die dem Beweis gelten sollen, daß Dürer Dürer bleibe. Über dieses Bücherprogramm hinaus handelt es sich hier um einen Weckruf, um eine ›Aktion‹. Sie nennt sich: *Aktion Dürer 1971 authentisch*. Ihr Untertitel lautet: *gegen Verzeichnung, Verfremdung und Unterwanderung des Meisters*. Ich weiß übrigens nicht recht, wie man sich die Unterwanderung eines Meisters vorzustellen hat. Ich sehe da einen Zug von Würmern, der von unten in den Hohlraum eines Denkmal kriecht, um es von innen zu zersetzen und zum Einsturz zu bringen. So ist es wohl auch gemeint.

Wie auch immer, mir geht es hier um die Frage: welches ist der authentische Dürer? Darüber hinaus: was haben wir unter authentischer Darstellung einer Figur zwischen Mittelalter und Neuzeit zu verstehen? Vor allem aber: welches Material steht uns zur Verfügung, um Lebensumstände und Charakter eines Genies zwischen Gotik und Frührenaissance als authentisch auszugeben?

Dürer 1971 authentisch! Hier scheint mir ein großes Wort mit einer Gelassenheit ausgesprochen, die Treuherzigkeit mit Vermessenheit vereint. Denn als authentisch kann in der Geschichte – wenn überhaupt etwas – nur die Überlieferung örtlich und zeitlich festgelegter Geschehnisse, also der Daten und Fakten gelten; in der Kunstgeschichte nur die *Werke*, und auch hier beginnt zunehmend Unsicherheit sich auszubreiten. In den letzten zwei Dekaden wurden zahlreiche Fälschungen entdeckt, und selbst wenn diese Entdekkungen anfechtbar sind, so ist doch die ehemalige Gewißheit umgestoßen. Die Authentizität ist überall auf dem Rückzug; ja, es scheint, als breite sich der Zweifel an der Sicherheit unserer menschlichen Existenz nicht nur in die Zukunft, sondern auch in die Vergangenheit aus. Was nun Werke der bildenden Kunst betrifft: sie sind zwar Materie, somit konkreteste Fakten, doch schon ihre Motivation und die Entstehungsgeschichte ihrer Konzepte fallen ins Gebiet der Deutung. Authentische Deutung gibt es nicht. Alle Deutung ist subjektiv, und sie überzeugt mitunter dort am meisten, wo sie ihre Subjektivität frei eingesteht und damit gleichsam den Deuter selbst erhellt, den zu akzeptieren oder abzulehnen uns freisteht.

Auch einige von Dürers ehemals authentischen Werken sind Gegenstand des Zweifels geworden – Dürer ist nicht Dürer geblieben, Expertise kämpft gegen Expertise, Tietze contra Panofsky, Tietze und Panofsky contra Dodgson, etc. Wir haben uns damit abzufinden, daß ein »echtes« Gemälde ein solches ist, dem ein möglichst vollzähliges Gremium von Experten dieses Prädikat verleiht. Dennoch, eine verhältnismäßig große Anzahl der Gemälde und Graphiken Dürers dürfen als »echt« gelten. Dieses Werk jedenfalls ist gegen »Verzeichnung, Verfremdung und Unterwanderung« immun. Bleibt also der Meister selbst. Gegen seine potentielle Verunstaltung richtet sich der Schlachtruf der ›Aktion‹.

Alle Spekulation über das Wesen einer historischen Figur entspringt dem Wunschdenken des Spekulanten, also des Biographen. Sie wurzelt in einer vermeintlichen Affinität mit dem Objekt, demnach in einem vorgefaßten Bild, dem Züge der unbewußten Identifikation innewohnen. Im Prozeß des Deutens wird nicht selten der Deuter zu seinem Gegenstand, ein Phänomen, das sich bis in den Stil hinein manifestiert. In der Sprache versucht der Schreibende des Beschriebenen würdig zu werden, auch dies ein unbewußter Vollzug, unter dem freilich die Sache selbst zu leiden hat. Emotion ist der Ratio immer fatal gewesen, wer wüßte das nicht! Doch der Biograph wählt nicht nur seinen Gegenstand, er laboriert unter der – meist irrigen – Voraussetzung, daß der Gegenstand ihn gewählt habe. Diese Feststellung ist nicht nur objektiv wichtig, sondern sie soll mir hier dazu dienen, eine notwendige Abschweifung unterzubringen: die Erklärung nämlich, weshalb ich nicht, wie vorgesehen, über Nürnberg spreche, sondern über einen großen Nürnberger, *den* großen Nürnberger. Nürnberg hat mich nicht gewählt. Im Lauf der Revision meiner Beziehungen zu dieser Stadt hat sie sich mir entzogen, vielleicht weil sich mir hier nach dem Krieg einiges von früherem Grauen mitgeteilt hat, das damals die Spuren einer besseren Vergangenheit zu verwischen schien. Ich sage: vielleicht. Ich bin den Ursachen nicht weiter nachgegangen.

Nun will ich damit nicht sagen, daß mich etwa Dürer gewählt hätte. Im Gegenteil: auch er hat sich mir entzogen. Nur habe ich es in diesem Fall nicht anders erwartet. Seine *Bilder* haben manche Deutung zugelassen, sein *Bild* entzieht sich ihr. Albrecht Dürer erschließt sich uns heute so wenig wie die Gestalten aller Zeitalter vor der Aufklärung, und zwar in zunehmendem Verhältnis zu ihrem zeitlichen Abstand. Dürer ist eine ›unbekannte Größe‹; die Betonung liegt auf beiden Wörtern. Damit haben wir uns abzufinden.

Aus seinen Briefen und Tagebüchern hat man zu deuten vermeint, er habe dem, was ihn bewegte, schriftlich Ausdruck gegeben und einen Teil seines Inneren bloßgelegt.

Das ist nicht der Fall. Gewiß enthüllen viele Passagen eine leidenschaftliche, beinah monomane Gläubigkeit, die in der Erziehung durch seine bigotte Mutter nicht hinlänglich erklärt wäre; sie belegen die tiefe Bestürzung über die – vermeintliche – Festnahme Luthers, die mit einer Evokation des Erasmus endet, dessen Aufgabe er freilich verkennt; sie offenbaren sogar, bei aller offensichtlichen Freude am kirchlichen Spektakel, das starke emotionale Bedürfnis einer Erneuerung, einer Befreiung des Christen aus dem Zwang der römischen Kirche, eher als eine tatsächliche Beziehung zur Bewegung der Reformation selbst, die sich ja erst gleichzeitig und andernorts bildete; auch eine außerordentliche Wißbegierde wird in diesen Aufzeichnungen evident, der beherrschende Drang nach bildlicher Erfahrung, ja, ein Hunger nach Offenbarung, und sei es auch eine negative Offenbarung als Symptom für kommende Strafen der Menschheit, eine Apokalypse – aber darüber hinaus und meistens verzetteln sich die Eintragungen in alltäglichen Kleinigkeiten und Kleinlichkeiten, in konventioneller Wertung der Gegebenheiten, in Haushalt, Ausgaben und Einnahmen, aus denen sich übrigens ergibt, daß er selbst für einen Künstler ein miserabler Geschäftsmann war.

Somit enthüllen sie vieles über die Lebensumstände Dürers: sie vermitteln Einblicke in seinen Status und seine materielle Unsicherheit, aber sie verhüllen die Gemütsbewegung des Schreibers, der hinter täglicher Routine verschwindet. Das Registrieren minuziöser Einzelheiten spart den eindringenden Beobachter und Forscher aus, er wird sich selbst nicht gerecht. Unterschwellige Ängste und Bangnis, vielleicht Hypochondrie drücken sich in Ausgaben für Apotheker und Ärzte aus, Leichtsinn in Angaben, wieviel Stüber er vertrunken oder im Spiel verloren hat, gewonnen hat er anscheinend selten. Nichts von seinem Blick hinter die Gesichter, die er portraitiert, nichts von dem dauernden

Versuch, das hinter den Erscheinungen Steckende in den Griff zu bekommen, kein Kommentar. Schon Wölfflin hat festgestellt, daß ihm Depressionen nicht fremd waren, und wagt sich damit auf das Gebiet psychologischer Rückschlüsse, vor denen wir uns im allgemeinen zu hüten haben; denn uns fehlen die wesentlichen Anhaltspunkte für das Maß, bis zu welchem zu jener Zeit das Unbewußte subjektiv spürbare – vor allem aber: ausdrückbare – Gefühlsbewegungen hervorrief.

Dennoch mag die Annahme im Falle Dürers kein Wagnis sein, denn neben den Ehrungen, die er verzeichnet, hat er vernichtende Abweisung erfahren, die er wegwischt. Immerhin hat er von seiner Vaterstadt niemals auch nur einen einzigen Auftrag erhalten. Die Briefe aus Venedig wurden mitunter »trefflich« genannt, werden als köstliches Beispiel deutschen Humors angeführt, hinter dem ein echtes aufrechtes Gemüt zutage trete. Ich möchte hier weder den deutschen Humor noch Dürers Gemüt bewerten, sondern vorsichtig die Vermutung wagen, daß diese Anzüglichkeiten und Anspielungen auf Pirckheimers anscheinend beträchtliche Promiskuität nicht mehr als einen sehr geringen Ausschnitt in der Skala der geistigen Eigenschaften Dürers freigeben. Dürer war kein Mann des Wortes, und wenn er auch der deutschen Sprache mächtiger war als mancher andere Mann seiner Zeit, so nehmen doch seine schriftlichen Äußerungen den Vergleich mit denen seiner italienischen Zeitgenossen nicht auf. Der Qualitätsunterschied etwa zwischen Michelangelos Sonetten und Dürers Reimen dürfte diese Behauptung belegen.

Es ist sinnlos, Verehrung so weit zu treiben, daß aus einem künstlerischen Genie ein apollinisches Idealbild wird. Künstler gehören nicht ins Gebiet der Ethik sondern in das der Kunstgeschichte, aber Kunstgeschichte hat sich nicht mit Künstlern zu befassen sondern mit Kunst. Zwar mag das Werk seinen Schöpfer beleuchten, aber selten ist es in dieser Absicht geschaffen. Ein Kunstwerk ist unter anderem der mehr oder minder gelungene Versuch, Persönliches zu objektivieren, wobei freilich der Grad des Gelingens kein Kriterium für die Qualität des Werkes ist. Immer wieder aber finden wir auch bei Dürer, und vielleicht sogar bei Dürer als erstem, als zeichnerische Marginalie, gleichsam als disparatum, eine Selbstdarstellung, wahrscheinlich nicht für den Verkauf bestimmt, sondern ein Stück Selbstbeobachtung im weiten Programm allgemeiner Beobachtungen. Es gibt da eine Zeichnung, wahrscheinlich von 1509 oder 1510, man nennt sie *»der kranke Dürer«*. Auf ihr sieht man den Künstler, nackt bis auf einen knappen Lendenschurz. Er steht schräg dem Beschauer zugewandt, den er ernsthaft, beinah mahnend ansieht. Sein Haar fällt in langen Locken über die Schulter. Die rechte Hand reicht über den Bauch, ihr Zeigefinger deutet auf einen Punkt links des Bauches oberhalb der Hüfte. Dieser Punkt ist mit einem Federstrich gerahmt und gelb aquarelliert. Die Zeichnung ist eigenhändig beschriftet. Der Text lautet: »Da der gelbe Fleck ist und mit dem Finger drauf deute, da ist mir weh.« Hinter diesem Fleck sitzt die Milz, englisch *spleen*, im übertragenen Sinn – heute freilich obsolet – Hypochondrie und Melancholie.

Als sporadischer Melancholiker ist Dürer von jenen gedeutet worden, die in dem berühmten – und herrlichen – Kupferstich *Melancolia* eine Selbstdarstellung vermuten, wobei die Identifikation nicht in der geflügelten Zentralfigur sondern im Bildinhalt selbst läge. Die Deutung erscheint akzeptabel, allerdings mit der Einschränkung, daß es den sporadischen Melancholiker nicht gibt. Melancholie beherrscht, wenn auch in verschiedenem Gewand, das Leben des von ihr Besessenen. Hypochondrie dagegen mag sehr wohl eine von Dürers dominierenden Eigenschaften gewesen sein, darauf scheinen mehrere Tagebucheintragungen hinzuweisen. Dennoch wollen wir uns hüten, in dieser Zeichnung eine Bestätigung der beiden Charakteristika zu sehen, denn das hieße Symbole deuten. Andererseits sind Milzschmerzen Symptome einer malignen Krankheit, mit der Dürer nicht weitere zwanzig Jahre gelebt hätte. Was an der Stelle schmerzt, auf die der Finger deutet – und das weiß jeder Colitiker, derer es bekanntlich unter Künstlern besonders viele gibt –, ist der Grimmdarm. Colitis als funktionelle Störung und Hypochondrie stehen mitunter zueinander in einem circulus vitiosus, daher ist Dürer als Colitiker nur allzu denkbar, zumal auf seiner Reise in die Niederlande die verzeichneten Ausgaben für Apothekerwaren und Klistiere sehr erheblich sind.

Wir wollen dieses seltsame Blatt nicht überfrachten. Dennoch fragen wir uns, wie es wohl in einem Mann aussah, der, wahrscheinlich in Schmerzen, sich entweder von seinem Bett erhob oder sich auszog, um sich selbst und die Quelle seiner Schmerzen zu Papier zu bringen? Psychiater sagen, auch die Selbstdarstellung gehöre zum Krankheitsbild des neurotischen Hypochonders. Psychiater jedoch bedienen sich der Begriffe unseres Jahrhunderts, und wollten wir der Gestalt Dürers mit solchen Begriffen näherkommen, so hieße das so tun, als sei er einer von uns. Aber Dürer war nicht einer von uns. Wir haben kein Bild des »Menschen Dürer«, und der Versuch, ihn aus künstlerischen oder schriftlichen Selbstzeugnissen zusammenzusetzen, muß in die Irre führen. Dürer bleibt nicht Dürer, er ist niemals der Dürer jener gewesen, die ein solches Apodictum aufstellen oder es glauben. Denn ihr Dürerbild entspringt den Romantikern, deren Auffassung der Geschichte und Kulturgeschichte in allem schief gewesen ist, und von denen wir keine einzige Erkenntnis haben übernehmen können, ohne ihr Objekt von einem Rankenschmuck zu befreien, unter dem die Erstquellen zu verschwinden drohten und in manchen Fällen tatsächlich verschwunden sind.

Und nicht nur ihre Auffassung haben wir mühsam korrigieren müssen, sondern auch und vor allem die daraus resultierende Darstellung, die sogar bis in unser Jahrhundert hinein weitgehend das historische Panorama beherrscht hat, ja, noch beherrscht und vulgarisiert. Ihr als erster ist der Mythos Dürer zu verdanken, die primäre »Verzeichnung« und »Verfremdung«, aus denen dann schließlich Dürer als Nationaldenkmal erwuchs, als »erster Deutscher« und Idealbild des sogenannten »deutschen Menschen« überhaupt. Dieserart Kanonisierung erstickt nicht nur ihren Gegenstand, sie ist entweder, wie im Fall Mozart und Wien, die peinliche Rechtfertigung einer Nachwelt, die sich, stellvertretend für Vorfahren und Mitbürger, der Schuld an einem elenden Leben entledigen möchte; oder sie entspringt, wie hier, dem Spießerdenken, das die ihm selbst vermeintlich inhärenten nationalen Tugenden in der Gestalt Dürers zu höchster Vollendung ausgebildet sieht, wobei der Wunsch, rückwirkend an der Schöpfertätigkeit einer solchen Gestalt teilzuhaben, an sich noch als verständlich gelten könnte, wäre nicht das Bild dieser Gestalt falsch.

Der Spießer hält Künstlertum entweder für ein *épater le bourgeois*, wie in der sogenannten ›modernen Kunst‹, oder für unermüdliche und volksnahe Mitteilsamkeit wie in der sogenannten ›alten Kunst‹. Er verwechselt Tugend mit Tugendhaftigkeit, von der es zumindest sehr zweifelhaft ist, ob sie zu Dürers Eigenschaften gehört hat. So ist es nicht seine Schuld, daß an ihm sich nicht etwa der Kunstbegriff, sondern der exemplarische Künstlerbegriff des deutschen Spießers orientiert; daß sein monomanischer Drang zu forschen und festzuhalten, das Festgehaltene sich anzueignen und weiterzugeben, als Vorbild der Gründlichkeit und der

Selbstzucht ausgelegt wird – und so wird denn das Werk zu ›deutscher Wertarbeit‹ reduziert, sein Schöpfer zu einem redlichen, frommen, bescheidenen und sich bescheidenden Heimarbeiter, wenn auch nicht von edler Einfalt so doch von stiller Größe.

Freilich ist der zum ›Dürerjahr‹ unternommene Versuch, ihn von überkommenen Attributen zu reinigen und ihn als Hippie zur Diskussion zu stellen, auch nicht recht glücklich – Entmythologisierung schlägt meist in Remythologisierung unter umgekehrten Vorzeichen um –; denn ein Hippie war er ganz bestimmt nicht, im Gegenteil, vieles spricht dafür, daß er zutiefst bürgerlich fühlte. Ja, wenn wir den – subjektiv und objektiv – häßlichen *Entwurf zu einem Bauerndenkmal* von 1525 richtig deuten, so war er ein Feind der Bauern, ungerührt von ihrer sozialen Not, und vielleicht nicht nur nach heutigen Maßstäben ein Reaktionär. Fromm war er gewiß, aber er war doch wohl eher ein Mann der Gottesfurcht und der apokalyptischen Vision als ein Beter in der Kirche, die er, als Architektur wie als Ort liturgischer Schauspiele, zumindest auf seiner Flandernreise, rein ästhetisch erlebte.

Bescheiden war er auch nicht. Vielmehr war er sich seiner vorteilhaften Erscheinung wohl bewußt und hob sie durch Pflege und schöne Kleidung hervor. Wohlgemerkt: dies ist nicht Deutung, es geht aus Erstquellen hervor und soll hier nur die Funktion der Widerlegung erfüllen, nicht erklären, sondern klären. Denn die Mißverständnisse kommen auch von anderer Seite. Wenn wir hören, was zum Beispiel Thomas Mann 1928 über Dürer zu sagen hatte, nämlich: »An Dürer denken heißt Lieben, Lächeln, sich erinnern«, so weist dieser ohne Zweifel für die Nachwelt geprägte Satz nicht nur auf ein offenkundiges Mißverständnis hin, sondern auch auf einen erstaunlichen Mangel an Beziehung zu Dürer und, darüber hinaus, zur bildenden Kunst überhaupt. Diesem Satz nach zu urteilen wäre es unwahrscheinlich, daß Thomas Mann von Dürer mehr gekannt hat als den Hasen.

Hase, Rasenstück, die Naturstilleben und Tierstudien haben tatsächlich nicht selten dem Verständnis im Wege gestanden und manchen potentiellen Betrachter verschreckt, der daraufhin, wie Thomas Mann, bei Dürer nur noch das Sinnige zu sehen vermeinte, eine poetische Tiefe, die Aufforderung zu lieben und zu lächeln.

Es gibt, in der Tat, eine Vielzahl von Blättern, angesichts derer sich schon mancher gefragt hat – und zu den manchen habe ich selbst gehört –, ob Dürers Zeichenkunst vielleicht nicht mehr, freilich auch nicht weniger sei als zu höchster Transzendenz sublimiertes Handwerk. Handwerk in Vollkommenheit, das war ja den Franken nicht fremd. Dürer war immerhin ein halber Franke. Wenn wir uns aber die Zeichnungen genauer betrachten – und unter genauer betrachten verstehe ich, diesen Akt analytischen Darstellens nachzuvollziehen, im Geist den Stift selbst zu führen, den Strich zu ziehen, ähnlich wie Alberto Giacometti Hunderte von Meisterzeichnungen nachgezeichnet hat, um sie sich anzueignen –, so zeigt sich hinter dem Handwerk überdeutlich jenes Verlangen des Künstlers, unter der Oberfläche an das Gefüge zu dringen, Gesetzmäßiges freizulegen, weniger sich zeichnend mitzuteilen, als vielmehr zeichnend selbst zu erfahren, es offenbart sich buchstäblich das Sehnen nach Erkenntnissen, die er in seinen theoretischen Schriften in Worte zu fassen suchte.

Doch seine Worte sind schwächer: Wissenschaftler war Dürer ausschließlich in seiner Kunst; der Knochenbau des Halses in der bedeutenden Kohlezeichnung seiner Mutter legt Anatomisches frei und trägt damit, gleichsam von unten, zum Ausdruck jener dumpfen fanatischen Härte bei, in der die meisten allerdings fromme Demut sehen, wie überhaupt diese Zeichnung als erschütterndes Zeichen der Verehrung eines Sohnes ausgelegt wird. Dagegen spricht nichts, es spricht aber auch nichts dafür; das Blatt ist wahrhaftig nicht das einzige Kunstwerk, dessen geistiger Inhalt nicht zuletzt das wiedergibt, was der Betrachter subjektiv an es heranträgt. Selbstverständlich ist es hier vor allem das biographische Element, das der Zeichnung das Pathos einer sogenannten ›Meisterzeichnung‹ verleiht. Tatsächlich scheinen, selbst in der wissenschaftlichen Dürerdeutung, jene Blätter einen besonderen Nimbus zu genießen, deren Gegenstand Lebensumstände beleuchtet, Bindungen an Mitmenschen, an Religiöses, und man hat sich bisher nicht dazu durchringen können, Wertprädikate auch auf Zufälliges, Skizzenhaftes, auf die Eintragungen in sein »Büchlein« zu verstreuen, kurz auf jene durchdringenden Notizen zufälliger Einblicke, in denen Dürer alle anderen um einiges überragt.

Wenn wir uns aus der Vielzahl täglicher Silberstiftzeichnungen willkürlich eine heraussuchen, zum Beispiel jene der beiden Frauenköpfe, die er 1520 auf einem Abstecher nach Zeeland gemacht hat (Chantilly, Musée Condé), und die, in genauer Wertverteilung zwischen menschlichem Ausdruck und äußerlicher Gewandung, an plastischer Eindringlichkeit und Souveränität der Darstellung ihresgleichen sucht – wenn wir sodann die betreffende Aufzeichnung im Tagebuch lesen: »Ich hab den Jan de Has, sein Weib und seine zwo Töchter mit der Kohle konterfeit, und die Magd und die alte Frau mit dem Stift in mein Büchlein« – das Blatt ist demnach nur eines von mehreren, die er während einer einzigen Sitzung gemacht hat –, so haben wir hier ein Beispiel, eines von vielen, wie beiläufig notizenhaft der Künstler solche Skizzen eintrug und welch geringen relativen Wert er ihnen selbst zumaß.

Darüber hinaus zeigt ein solcher Wortlaut, stellvertretend für viele, wie wenig das vereinte Inkraft-treten, das systematische Zusammenspiel aller jener Fakultäten, die den genialen Künstler ausmachen, überhaupt an die Oberfläche des Bewußtseins dringen. Wie Mozart – der ja auch ein Klavierkonzert an einem einzigen Tag aufschrieb, das er im Kopf schon fertig hatte – war sich auch Dürer zwar seines Wertes als Künstler – wenn auch keineswegs seines Kurswertes – bewußt; aber, wie Mozart, hat er den Wert des einzelnen Opus für sich selbst nicht gemessen, oder jedenfalls nicht verzeichnet. Ein gutes Gemälde von seiner Hand, das war für ihn selbst eines, das mehrfach grundiert und mit haltbaren Farben sorgfältig aufgetragen war, solide Arbeit, die handwerklich die maximalen Bedingungen erfüllte. Alles Inhärente, die Qualität des geistigen Konzeptes, der kreativen Phantasie, wie der Bildinhalt sie diktiert, dies waren Kriterien, die sein Bewußtsein nicht erreichten. Er hätte kaum gewußt, wie er das Geheimnis, das ein Kunstwerk ausmacht, hätte ausdrücken sollen, und wir wissen es auch nicht, sonst wäre es unnötig, und die Beschreibung würde es ersetzen. Gewiß, das rechte Maß war für ihn Gegenstand theoretischer Auseinandersetzung. Sie hat nicht weit geführt, aber ihren Überlegungen verdanken wir den Satz: »Was Schönheit ist, das weiß ich nicht.« Ein fundamentaler Satz: wir wissen es immer noch nicht. Aber Albrecht Dürer hat es als Erster formuliert.

Ich glaube, es war Max Liebermann, der gesagt hat, Zeichnen sei Weglassen. Dies trifft zum Beispiel für Holbein zu, der in seinen Portraitzeichnungen auf das sparsamste modelliert und das Nachtasten der Plastizität dem Betrachter überläßt. Für Dürer trifft das Gegenteil zu, er überläßt nichts dem Betrachter, er zeichnet aus, weist hin, er verdeutlicht. Noch heute werfen die Italiener der deutschen und der flämischen Kunst Überdeutlichkeit vor, den Hang, sich im

Unwesentlichen zu verlieren, das Kompilatorische. Das gilt für Dürer vor allem. Er selbst hat gesagt: »Die Formen mit ihren Ein- und Ausbiegungen und besonderen Gestaltungen sollen fleißig gezogen werden, derart, daß das kleinste Ding nicht vernachlässigt werde, so daß jedes einzelne für sich gut sei, und so sollen sie sich in ihrer ganzen Versammlung wohl zusammenstimmen.« Ein fataler Satz, den die Kunstästhetik hundertmal widerlegt hat. Als Maxime für Dürers eigenes Schaffen aber nehmen wir ihn hin, denn seine Präokkupation mit dem Detail entspringt weniger einer darstellerischen Pedanterie als der Suche nach der Seele seines Gegenstandes, dem Mittelpunkt oder dem Lebensnerv, und sei er auch ein Mechanismus. Er zeichnete das Unwesentliche, weil er dahinter die Enthüllung des Wesentlichen vermutete, eine Vermutung, die ihn, naturgemäß, oft betrog. Uns mag manches seiner Details als tot erscheinen, aber Dürer nahm nichts ungeprüft hin, er wollte alles auf Tod oder Leben untersuchen.

Tatsächlich scheint sich ein bestimmter, wenn auch äußerst geringer Teil seiner Persönlichkeit aus der Wahl des Sujets zu erschließen, selbstverständlich nur dort, wo diese Wahl ihm freistand. Ohne festen Auftrag Ölftafeln zu malen, das konnte er sich wahrscheinlich nicht oft leisten, und mit Gewißheit darf man es wohl nur für die *Selbstbildnisse* annehmen. Sie tragen narzißtische Züge, sie sind auf Wirkung nach außen berechnet. In sorgsam drapierten Gewändern und in bis zur Starrheit stilisierten Posen blickt Dürer den Betrachter an, im Ausdruck nicht etwa extrovertiert sondern, im Gegenteil, verschlossen. Der Blick verrät nichts außer argwöhnischer Distanz. Beinah sieht es so aus, als habe das Modell Dürer selbst seinem Maler Dürer fremd bleiben wollen. In den Zeichnungen dagegen hatte er freiere Wahl, der Aufwand war geringer, sie kosteten ihn weniger.

Hier finden wir daher eher Darstellungen dessen, was ihn bewegt haben muß. Es sind, neben den exakten Studien der Natur und ihrer Harmonie, in hoher Zahl Aufzeichnungen des Ungewöhnlichen, Seltsamen, Sehenswürdigkeiten, ja, Monstrositäten, Mißgeburten, eben das negativ Wunderbare, festgehalten offensichtlich nicht um der Kunst willen, sondern um der Sache selbst willen, in Erforschung ihres Geheimnisses.

Geheimnisvoller, zugleich aufschlußreicher und rätselhafter für uns jedoch sind die *zeichnerischen Selbstdarstellungen* und ihr Wandel von Anmut über lapidare Selbstentblößung bis zur Identifikation mit dem Schmerzensmann. Auf dem Selbstportrait, das er als Dreizehn- oder Vierzehnjähriger gezeichnet hat, ist sein Blick staunend in den Spiegel gerichtet, als sehe er dort jemanden zum ersten Mal. Der überdimensionale Zeigefinger ist ausgestreckt, als wolle er im nächsten Augenblick auf diesen Jemand deuten und fragen: wer ist das? Auf der frühen, noch völlig der Gotik verhafteten Basler Zeichnung sehen wir ihn, wie er ein Mädchen zum Tanz führt, dessen Gesicht uns seltsam lasterhaft anmutet, der Arm sehnig wie der Arm einer alten Frau, die Hand knöchern wie die Hand des Todes, er selbst erscheint, ohne jeglichen Ausdruck, als Modell einer Bewegungsstudie. Das Bildnis des sogenannten »kranken Dürer« habe ich bereits erwähnt. Ein weiteres Blatt, das ihn in völlig unverhüllter Nacktheit zeigt, das Haar entstellend aufgebunden, die Genitalien überdeutlich und wie gemeißelt, zeigt ihn etwa dreißigjährig, aber er macht sich älter, böser, in seinem Blick liegt entweder Anklage oder Angst, vielleicht jene grausame Seelenangst, die ihn in seinen häufiger werdenden Krankheiten befallen haben muß, während derer er später nicht mehr sich selbst sondern seinen Erlöser dargestellt hat, vielleicht als Vorbild eines Gepeinigten, vielleicht als Trost, vielleicht im Akt einer unbewußten Gleichsetzung – all das wissen wir nicht und wüßten es gern. Die Behandlung des Themas wirft leider nicht genug Licht auf seine Wahl.

Wir wissen nichts über diese Krankheiten, auch über die Todesursache nichts. Pirckheimer hätte die Schuld an dem vorzeitigen Tod seines Freundes gern Frau Agnes zugeschoben, die wahrscheinlich ein Scheusal war oder durch Kinderlosigkeit zum Scheusal geworden ist und ihrem Mann – ich interpretiere Pirckheimer – das Leben zur Hölle gemacht hat. Dies Kapitel findet natürlich in der Dürer-Literatur keinen Platz. Auch die Auslassung ist ein wesentliches Element der romantisierenden Biographie, ja, selbst die Vernichtung von Material – Nissen hat Mozartbriefe unleserlich gemacht, Schindler hat zwei Drittel der Konversationshefte Beethovens verbrannt. Wer weiß, ob sich nicht auch im Falle Dürer noch ein wenig zumindest subjektive Wahrheit gefunden hätte, aber sehr wichtig erscheint es mir nicht; falls Dürers Leben wirklich eine Hölle war, so hätte es dazu noch nicht einmal eines äußeren Anlasses wie einer unglücklichen Ehe bedurft. Das Genie bedarf keines Partners, um sich das Leben zur Hölle zu machen, die inneren Anlässe genügen vollauf: Angst oder Versagen vor der selbstgestellten, freilich selten umrissenen oder formulierten, Aufgabe; das lähmende Gefühl der Unzulänglichkeit, das gerade so viele der Allergrößten befallen zu haben scheint; und eben Melancholie, Hypochondrie bis zur Todesangst, wahrhaftig, für ihr Opfer mitunter ein vollwertiger Ersatz für Krankheit.

Nicht selten hat eine Krankheitsgeschichte postum eine Lebensgeschichte erhellt, aber im Fall Dürer können wir noch nicht einmal raten. In Venedig hatte er – wie er an Pirckheimer schrieb – Angst vor der Syphilis, in Antwerpen kaufte er »14 Stück Franzosenholz«, jenes *lignum Guaiacum*, das vermeintliche Heilmittel contra *morbum Galli-*

cum, dessen »unfehlbare« Wirkung Ulrich von Hutten gepriesen hat, bevor er eben daran starb. Als Syphilitiker wäre Dürer bis ins späte neunzehnte Jahrhundert hinein in bester Gesellschaft gewesen, doch der Versuch, ihn hier einzuordnen, würde nur dann Gewinn versprechen, wenn sich daraus Schlüsse auf das Werk ziehen ließen. Nicht nur dazu fehlt uns das Material. Wir können weder in den Körper noch in die Seele einer Gestalt eindringen, die vor 500 Jahren gelebt hat, und müssen es bei jenem Teil des Geistes bewenden lassen, der sich im Werk offenbart. Wir werden niemals den unumstößlichen Beweis dafür haben, daß die Psyche, so wie wir sie kennen, älter ist als die Wissenschaft, die sich mit ihr befaßt, können daher hier nicht mit den Begriffen jener psychischen Anomalien operieren, von denen wir heute wissen, daß sie die Quellen jeder künstlerischen Betätigung sind.

Kunst ist weder, wie der Spießer meint, der Ausdruck einer *mens sana*, noch das Verlangen danach, sie schert sich nicht darum. Über Dürers Psyche können wir nur Vermutungen anstellen, denn er selbst schweigt, er äußert sich weder über sich selbst noch über Freunde oder Zeitgenossen, außer über Luther, der ihm ein Mythos war. Er spricht weder über seine eigene Frau noch über andere Frauen, auch das Verhältnis zu ihnen ist Gegenstand der Mutmaßung, die aber wohlweislich niemals angestellt wurde. Seine Kunst ist eigentümlich unerotisch, nackte Körper dienen ihm der Messung, sie erwecken noch nicht einmal platonische Gefühle. Einen Anflug von Sinnlichkeit entdecken wir nur in den Selbstportraits, auf den eigenen Lippen. Noch nicht einmal auf seiner Palette ist sie enthalten. Ein Meister der Farbe ist er niemals geworden.

Es ist sinnlos, ihn zum Universalgenie stempeln zu wollen, wie einen Leonardo oder einen Michelangelo, es soll uns genügen, daß er als Zeichner beide überragte. Wer ihn als wegweisende Gestalt zur Zeitenwende darstellt, der verwechselt wohl Weitblick, der ihm nicht zu eigen war, mit Wirkung, die ihm in hohem Maße zu eigen war. Dürer hat in wahrhaft bewunderswerter Weise um ein kosmisches Konzept gerungen. Daß er es nicht erreicht hat, mag zum Teil an seinen Lebensumständen liegen: Bürgerschaft und Handelsherren nahmen es als Mäzene mit Renaissancefürsten nicht auf, selbst wenn diese Fürsten Condottieri und Abenteurer waren. Zum anderen Teil lag es gewiß an einer Sicht, die zu sehr am Buchstaben der Bibel haftete, um ihr Geschehen gleichnishaft transzendieren zu lassen. Seine Apokalypse ist ja nicht, wie behauptet wird, Deutung, sondern Illustration, großartige Illustration. In der großen Landschaft der Mythologie war er wohl nicht zuhause, dafür gehören seine kleinen Räume, in denen etwa ein Hieronymus sitzt, zu dem herrlichsten, was je in Kupfer gestochen wurde. Allegorie dagegen war ihm ein wesentliches Element, in ihr hat er sich selbst wahrscheinlich öfter verfremdet, als wir heute feststellen können, aber auch hier fehlt uns der Schlüssel.

Sein Werk erhellt ihn daher kaum, es macht ihn, in entscheidenden Partien, rätselhafter, fremder, ferner, und wenn es mir in meinen Worten gelungen ist, nur ein wenig von dieser Ferne zu vermitteln, so wäre mein Zweck erreicht.

AD NOTAM: Kurz nachdem ich diese Rede gehalten hatte, erschien in westdeutschen Zeitungen die Nachricht, daß sich in der DDR ein »Dürer-Komitee« konstituiert und ein Arbeitsprogramm für die Dürer-Ehrung 1971 aufgestellt hat. Unter dem Vorsitz von Willi Stoph gehören ihm 47 Personen des öffentlichen Lebens der DDR an. Die FAZ schrieb darüber:

»In seiner Eröffnungsansprache bezeichnete Willi Stoph

Albrecht Dürer als den größten deutschen Künstler in der Epoche der frühbürgerlichen Revolution, dessen Werk einen bedeutenden Rang in der Geschichte des Realismus einnehme und kostbarer, unverlierbarer Besitz der sich entwickelnden sozialen Nationalkultur der DDR sei. Wörtlich sagte Stoph: ›Das Wirken und die Kunst Albrecht Dürers waren zutiefst revolutionär. Sein Menschenbild, das weit über die realen Möglichkeiten des Bürgertums und der Bauern um das Jahr 1500 hinauswies, ist erst in der von Ausbeutung und Unterdrückung freien sozialistischen Gesellschaftsordnung zur Wirklichkeit geworden. Heute wird die Kunst Dürers wie jede progressive Kunst von der spätkapitalistischen Gesellschaft zurückgenommen und verhöhnt. Sie findet nur unter den Bedingungen des realen Humanismus der sozialistischen Menschengemeinschaft ihre historische Bestätigung und ihre Erfüllung auf einer höheren Ebene.‹«

Daß mir das Lesen dieser Notiz den Atem verschlug, ist höchstens eine registrierende, nicht aber eine wertende Reaktion. In der Tat ist der hier wiedergegebenen Materie und ihrem Wortlaut analytisch schwerlich beizukommen. Ihn Wort für Wort zu widerlegen hieße zumindest einige der Prämissen akzeptieren, etwa, daß der Realismus, kunsthistorisch gesehen, eine Richtung sei, die eine »Geschichte« habe; daß es – sozialistisch oder nicht – eine »Nationalkultur« gebe. Zudem müßte man wissen, wie sich etwa der »reale Humanismus« von einem anderen Humanismus unterscheide, etc. Andererseits bezeichnen solche Termini ziemlich genau die Zusammensetzung des Nährbodens, auf dem Konstruktionen der Sache, um die es hier geht, erst möglich werden: die Lüge vom zutiefst revolutionären Wirken Dürers; der Unsinn, daß seine Kunst von der spätkapitalistischen Gesellschaft zurückgenommen und verhöhnt werde. Dürers Werk ist für den »Spätkapitalisten« wie für den Erzspießer – und die beiden schließen einander ja keineswegs aus – die Apotheose der Kunst schlechthin. Mit dem hier aneinandergereihten Vokabular läßt sich keinerlei Argumentation führen, dafür läßt sich buchstäblich jede Gestalt der Kulturgeschichte zu einem Vorkämpfer für die Sache der DDR umfunktionieren und wird es auch werden; wir haben nur, seit die beiden deutschen Staaten bestehen, noch nicht genug Anniversarien gehabt.

Der Wortlaut einer Rede läßt sich nachträglich nicht mehr ändern. Hätte ich aber 1. eine solche Interpretation vorausgeahnt, 2. sie ernst genommen, so hätte ich vielleicht ein Thema, das ich nur angeschlagen habe, um weniges erweitert. Dem Satz: »... vieles spricht dafür, daß er zutiefst bürgerlich fühlte, ja, wenn wir den – subjektiv und objektiv – häßlichen« (hier hätte ich gesagt: üblen) »Entwurf zu einem Bauerndenkmal von 1525 richtig deuten« (hier hätte ich hinzugefügt: und man kann ihn kaum mißdeuten), »so war er ein Feind der Bauern, ungerührt von ihrer sozialen Not, und vielleicht nicht nur nach heutigen Maßstäben ein Reaktionär ...« – diesem Satz also hätte ich hinzugefügt: »... während andere Künstler seiner Zeit, und zwar ungeachtet der Tatsache, daß sie sich um ihre Existenz brachten, die Partei der Revolutionäre ergriffen: Grünewald mußte vor seinem früheren Mäzen fliehen, Riemenschneider wurde von den Bürgern von Würzburg gefoltert und seiner Arbeitskraft für immer beraubt, Jörg Ratgeb wurde von den Bürgern von Pforzheim gevierteilt, Hans Herbst, Georg Pencz, die Brüder Beham schlossen sich jenen reformatorischen Bewegungen an, von denen sie sich eine soziale Erneuerung erhofften, und setzten ihr Leben aufs Spiel, während Dürer seine – freilich großartigen – vier Apostel malte, vier monumentale Warner nicht nur gegen den Papismus, sondern, ohne jeglichen Zweifel, auch gegen die revolutionäre Häresie, und sie ergeben dem Stadtrat von Nürnberg schenkte.« *1971*

Die Musik und das Musische

Mein Thema lautet: Die Musik und das Musische. Wenn ich nun hier weniger über Musik als über ihr Publikum und weniger über Musisches als über Unmusisches spreche, so nicht deshalb, weil ich es mir anders überlegt hätte, sondern vielmehr, um mein Thema gleichsam kontrapunktisch zu suggerieren. Ich spreche also nicht über das Kreative, sondern über das Rezeptive. Ich bin Laie und spreche von mir und von Ihnen, soweit Sie selbst Laien sind. Ich spreche von uns, deren Tätigkeitsfeld der Musik mehr oder weniger entrückt ist und die wir uns der Musik nur dann zuwenden, wenn wir unsere Tätigkeitsfelder verlassen, um uns von ihnen zu erholen. Und damit bin ich bei der Sache: Ich möchte die Frage erörtern, ob es die Funktion der Musik ist, als Mittel der Erholung, also des passiven Genusses, zu dienen, und ob sie als Objekt des Verbrauchers sich verbraucht.

Zu dieser Erörterung bediene ich mich eines Beispiels, das meiner Meinung nach auf Typisches deutet: der Facetten einer Aussage, die eine entfernte Verwandte mir gegenüber gemacht hat. Sie hat ihre Tochter in ein angesehenes – sogenanntes – Töchterinstitut der Westschweiz gegeben und berichtete mir das Folgende: Der Direktor des Institutes habe ihr erzählt, daß die Mädchen in den ersten Wochen noch ihre mitgebrachten Jazzplatten spielen, sich aber nach kurzer Zeit aus eigenem Antrieb ausschließlich dem Anhören klassischer Musik zuwenden. Soweit der Sachverhalt, den wir hier prüfen wollen, und zwar an Hand seiner drei subjektiven Standorte. Erstens die Aussage mir gegenüber von seiten der Verwandten – ich bezeichne sie von hier ab als »die Dame«. Zweitens: die Aussage des Direktors der Dame gegenüber und drittens, den berichteten Tatbestand: die kollektive Wandlung der Töchter im Töchterinstitut.

Zunächst zur Dame: Sie ist überaus bezaubernd, dazu tolerant und – wie man sagt – sozial eingestellt. Sie liest keine Illustrierten sondern Romane. Der Fauxpas ist ihr fremd. Freiwillig geht sie niemals in ein Konzert, und wenn sie es täte – ich hoffe, ich tue ihr nicht unrecht –, so könnte sie die *Kunst der Fuge* nicht von der *Kleinen Nachtmusik* unterscheiden. Soweit ich weiß, wird in ihrer Gesellschaft nicht über Musik gesprochen, höchstens daß man Karajans *Carmen* in Salzburg gehört habe, das sei sehr schön gewesen. »Schön« und »nicht schön«, im Falle sogenannter »moderner Musik« auch »schrecklich« – darüber hinaus versagen die Kriterien; differenzierte Empfindungen liegen außerhalb des Erfahrungsbereiches der Dame sowohl als auch ihres Kreises, stellvertretend für viele Kreise. Karajan kann nur gut sein, er ist etikettiert, ein Markenartikel. Auch die klassische Musik ist ein Markenartikel, und das ist auch der Jazz, aber er ist von minderer Qualität, für eine niedrigere Verbraucherschicht, wenn auch als Stimulans für Jugendliche bis zu einem gewissen Grade entschuldbar. Wohlgemerkt: ich argumentiere in Parenthese.

So war denn der Bericht des Schuldirektors über die Hinwendung der Mädchen zum Höheren in den Augen der Dame ein Beweis für die Qualität des Institutes. Er deutet auf die unterschwellige Beeinflussung zum Seriösen, zum ›Wesentlichen‹ hin, ein Stadium im Prozeß der Läuterung zum Menschen. Die Schülerinnen – so etwa lautet das unausgesprochene Argument – besinnen sich, scheinbar aus sich selbst heraus und ohne Gewalt an sich zu erfahren, auf die wahren Werte. Diese sogenannten ›wahren Werte‹ sind natürlich, absolut gesehen, auch für die Dame gültig, sie hat sie selbst einmal vermittelt bekommen, und seitdem stehen sie als Requisiten in ihrem geistigen Raum, zwar verhüllt, aber jederzeit verfügbar. Die geistigen Werte stellen, wie die materiellen Werte, einen Hintergrund dar, vor dem man agiert, von dem man aber nicht spricht. So gehört denn für die Dame die Musik zur Welt ihres Willens und ihrer Vorstellung, nicht aber zu ihrer Welt.

Verstehen Sie mich recht: Ich selbst halte es für völlig gleichgültig, ob einer die *Kunst der Fuge* von der *Kleinen Nachtmusik* unterscheiden kann oder nicht, und ich bin überzeugt, daß es große Menschen gibt, die diese Werke noch nicht einmal dem Namen nach kennen. Mir geht es hier um die Diskrepanz zwischen Anspruch und Wirklichkeit, um die Verschiedenheit der Interpretation dessen, was Kultur bedeutet und – vor allem – der Symptome ihrer Manifestation. Es geht mir um die Mythen des Alltags, zu denen die ›klassische Musik‹ als eherner Grundmythos gehört. Ihre Schöpfer sind Archetypen.

Was also die Dame mit der Wiedergabe der Worte des Direktors sagen will, ist dies: Meine Tochter betritt den Bereich der Wandlung. In diesem Bereich wird das Niedrige, das Banale zugunsten des Wahren, Edlen und Bleibenden wortlos abgestreift. Damit ist gleichzeitig die Grundlage für ein Differenzierungsvermögen geschaffen, das ihr später im Leben zugute kommt – »zugute kommt« nicht im utilitaristischen Sinne, sondern als Nahrung für das wertende Bewußtsein. Sie wird ein Mensch von ›Kultur‹. Kultur wird in den Worten der Dame mir gegenüber als Implikation vorausgesetzt, als gegenseitiges Selbstverständnis zwischen ihr und mir, das keiner analytischen Erörterung bedarf. In der Tat wäre sie sehr erstaunt, wenn ich sie bäte, ihren Kulturbegriff zu artikulieren – erstaunt und in Verlegenheit gebracht, und im letzteren unterscheiden wir uns nicht von der Dame. Sollten wir genau definieren, was das sei, ›Kultur‹, wir wären alle in Verlegenheit gebracht.

Was nun den Direktor betrifft: Ich kenne ihn nicht, nehme aber an, daß er ein erprobter und pflichtbewußter Erzieher ist, der seine Prinzipien – vermutlich der Humanität verhaftet – nach bestem Wissen und Gewissen anwendet und verteidigt. Wir setzen ferner voraus, daß der Bericht jener Wandlung, bei der wir ihn ja als indirekten, aber zentralen Ausgangspunkt einer ethischen Verführung vermuten dürfen, nicht übertrieben ist. Sollte er dennoch übertrieben sein, so kommt es für unsere Analyse auf das gleiche heraus, denn die Wandlung – imaginär oder nicht – ist auf jeden Fall Objekt seines Wunsches. Für uns drängt sich die Frage auf: Welcher Art mag diese subtile Suggestion sein, die den Schülerinnen, wie unter einem Bann, die Beatles aus der Hand nimmt und sie zu Beethoven greifen läßt? Aber welcher Art sie auch sei, der Direktor fördert ihren Vollzug, schafft vielleicht sogar die Bedingungen und preist sie – das ist das gute Recht des überzeugten Verfechters Dritten gegenüber – als positive Nebenwirkung seines Erziehungsprinzips an. Er ist im Besitz fester Kriterien. Dazu gehört das Hohe und das Niedrige. Dazu gehört das Ewige, das sich – unter anderem – in der klassischen Musik offenbart – und wir gestehen ihm gern zu, daß er sie leidenschaftlich liebt –, und dazu gehört, im Gegensatz zum Ewigen, auch das Vergängliche, das ja gemeinhin, eben weil es vergeht und nicht mit dem Anspruch des Ewigkeitswertes auftritt, auch als Erscheinung der Zeit gar nicht erst ernst genommen wird. Am besten übergeht man es gleich und hält sich an den Sicherheitswert des Ewigen, denn das Ewige ist schon seit langem ewig. So wird es denn auch in der Schule – mit Recht – gepflegt. Es wird viel ›musiziert‹, es gibt Kammermusikabende und Klavierabende, angesehene Solisten kommen ins Haus. Das Vergängliche jedoch wird abgetan, Jazzabende gibt es natürlich nicht. Direktor und Stab sind jazzfremd. Es ist daher verständlich, daß sie ihn als unkontrollierbares Element ablehnen. Der Direktor setzt sein Urteil als Maßstab, und wenn er Urteile anderer einholt, so sind es natürlich Urteile Gleichgesinnter. Den Hinweis, daß er gut daran täte, sich als Erzieher mit dem Jazz als sozialem Phänomen auseinanderzusetzen, würde er vermutlich zurückweisen. Zwar muten wir ihm nicht zu, eine Hot-Swing-Combo einzuladen – die Aula wäre nach einem solchen Abend wohl auch nicht mehr die gleiche, und manches Mädchen würde rückfällig –, aber es wäre immerhin zu denken, daß er sich ihre Platten einmal anhört. Das Gemeinsame der Jazzfeinde ist, daß sie nicht wissen, was Jazz ist.

Sie werden mir vielleicht vorwerfen, daß ich meine Unloyalität zu weit treibe und mein Beispiel strapaziere. In Wirklichkeit ist mein Fall natürlich längst hypothetisch geworden, ich bin ins Allgemeine, ins Typische vorgestoßen, und meine Figuren stehen nur noch stellvertretend für ein Prinzip, dessen Wirklichkeit sich an zahlreichen anderen Beispielen belegen ließe. Bleiben wir also beim Modell: Beide, Direktor und Dame, haben unwandelbare Maßstäbe, nach denen sie ihre Prinzipien praktisch ausrichten. Nach diesen Maßstäben sind Empfänglichkeit für klassische Musik einerseits und für Jazz andererseits extreme Manifestationen der Lebenshaltung und weisen auf eine bestimmte ethische Konstitution hin. Es erübrigt sich zu sagen, daß in Wirklichkeit diese Kategorien nicht aufrechtzuerhalten sind: Der passive Genuß des Ästhetischen kann niemals Maßstab für die ethische Haltung eines Menschen sein. Es handelt sich hier um Klischeevorstellungen, um Pseudoextreme. Die Musik muß als Ersatzsubjekt herhalten, um den Wert des Objektes zu bestimmen, auf den sie zu wirken hat. Ich komme darauf zurück.

Nun fällt es auf, daß in der Gegenüberstellung des Direktors – klassische Musik versus Jazz – die zeitgenössische oder, wie man sagt, die ›moderne Musik‹ nicht berücksichtigt ist. Sie scheint kein Bestandteil des musikalischen Lebens an der Schule zu sein, so wie sie ja auch für uns kein Bestandteil des kulinarisch ausgerichteten Musiklebens ist. Wohl wird sie, als Zusatz, in besonderen Veranstaltungen vor ihrem Publikum gepflegt, aber der Konzert- und Festspielbetrieb hat sie nicht integriert. So gilt denn auch in dem Institut die neue Musik als unberechenbares, weil noch nicht zuverlässig berechnetes Element. Ich glaube, im Veranstaltungsprogramm den Namen Hindemith gelesen zu haben. Hindemith und auch Orff und einige weniger bekannte Namen ersetzen ja in vielen Lehranstalten die neue Musik. Sie gelten gleichsam als vorweggenommener, eventuellen Mahnungen vorbeugender Hinweis, daß auch das Zeitgenössische nicht zu kurz komme, was aber nichts anderes zu bedeuten hat, als daß das wirklich Neue als nicht existent ausgeschaltet ist. Beide, Hindemith und Orff, sind ›schulgeeignet‹, sie haben sich mit der Materie beschäftigt, die in das Gebiet dessen fällt, was man Musikerziehung nennt. Dazu kommt, daß Orffs motorische Rhythmen auch für unmusikalische Ohren sehr eingängig sind, und daß seine Harmonien, indem sie kaum wesentlich von der Tonika abweichen, keine Ansprüche an ein differenziertes Publikum stellen und ein undifferenziertes mitreißen. Bei Hindemith kommt dazu, daß er sich später in seinem Leben von seiner eigenen frühen revolutionären Musik distanziert hat, was einem Komponisten unter dem konservativen Publikum immer einiges Ansehen verleiht. Diese Art von Regression wird gern als späte Einsicht und somit als Beweis gegen den Wert der neuen Musik ausgespielt. Auch Strawinskys klassizistische Periode gab ja zu mancher didaktisch auswertbaren Hoffnung Anlaß, aber sie zerrann, als er sich, zwar schon alt, aber mit ganzer Kraft, der Dodekaphonie zuwandte.

Aber wenden wir uns nochmals meinem Beispiel zu, der dritten Position, dem Sachverhalt selbst: der kurzfristigen Wandlung der Mädchen im Institut. Lassen wir dabei die Faktoren unberücksichtigt, die dem Milieu zuzuschreiben sind. Landschulheime liegen meist tief in der Natur. Ich spreche aus Erfahrung, wenn ich sage, daß sie schon durch Weltabgeschlossenheit, vor allem bei bestimmten Altersklassen, eine gewisse Vertiefung in den eigenen Mikrokosmos fördern. Es entsteht ein Bedürfnis nach Läuterung, dessen Verwirklichung das Anhören von Musik zuträglich ist. Introversion durch Musik also ...

Und hier endlich dürfen wir von unserem Modell ins Allgemeine gehen. Denn genau dies ist unsere Position: Das Konzert wird für uns zum reservierten Bereich lebensferner Schwelgerei. Hier genießen wir Stunden seligen Selbstvergessens. Es wird zur Ersatz-Katharsis, aus der auch wir stets aufs neue geläutert hervorzugehen hoffen, bessere Menschen als zuvor. Und nicht nur das: Stillschweigend nehmen wir auch bei anderen den Willen zu diesem Läuterungsprozeß an, setzen zwar bei ihnen die Wirkung nicht voraus, scheuen uns aber nicht, sie danach einzuschätzen, ob und in welchem Maße sie sich ihm aussetzen. Bei uns hat der Konzertgänger Anspruch auf eine bessere Note.

Und damit bin ich bei meiner Deduktion: So wie es ein Irrtum des Direktors ist, in dem freiwilligen Jazz-Entzug und der Vertiefung in Klassisches ein Symptom beginnender Reife zu sehen, ist es Täuschung, den der Musik – wie allen Künsten – innewohnenden läuternden Kräften eine psychotherapeutische oder moralische Wirkung beizumessen, die für alle Gültigkeit hätte. Der Irrtum ist nachweisbar. In den Genuß der Musik, in Abreaktion der alltäglichen Mühsal durch Aufstieg in höhere Sphären teilen sich Missionar und Mörder. Kunstgenuß und Ausübung als Alibi oder Legitimation gelten nicht mehr, nachdem wir die

Skala dessen erfahren haben, wozu der musikalische Mensch fähig ist. Der musizierende Konzentrationslagerkommandant ist nicht nur vorstellbar, er ist so existent wie Sie und ich. Unter den Angeklagten der Nürnberger Prozesse waren unverhältnismäßig viele passionierte Hausmusiker. Ein berüchtigter Richter bei Freislers Volksgericht, großer Verhänger unverdienter Todesstrafen, war ein Prototyp des ›musischen Menschen‹, ein Einsatzgruppenführer Opernsänger. Indem ich das erwähne, versuche ich nicht, einen Zusammenhang zwischen Musik und Verbrechen zu konstruieren, sondern ich konstatiere nur, daß Empfänglichkeit für Musik das Verbrechen nicht ausschließt oder verdrängt. In anderen Worten: Der sogenannte ›musische Mensch‹ wird durch das Attribut des ›Musischen‹ kein besserer Mensch.

Einerseits also haben wir die Fehleinschätzung der Musik als Wertmaßstab des persönlichen Ethos, andererseits haben wir ihren Verschleiß, indem wir sie mißbrauchen, uns ihrer zu Repräsentationszwecken bedienen, als diplomatisches Programmfüllsel, als stets disponiblen Bedarfsartikel. Was tun wir, wenn der Schah von Persien uns mit seinem Besuch beehrt? Wir spielen ihm die *Zauberflöte* vor, und das, obgleich wir wissen, daß ihn daran nichts interessiert als die vierzig Millionen, die er für Opernbesuch und Mauerbesuch erhält, und die edelsteinbesetzte Badewanne, die er sich anschließend in Paris dafür kauft. Indem die Musik dieser Art von Aufwand gilt, wird sie entwürdigt, ihrer Bedeutung beraubt, sie verliert Sinn und Gesicht.

Ich hoffe, Sie verstehen mich nicht falsch. Ich will die klassische Musik nicht abschaffen. Im Gegenteil, ich will sie einführen, als etwas Neues. Ich sehe ihre Bedeutung anders als der Direktor eines Töchterinstitutes und ihren Anwendungsbereich anders als deutsche Protokollchefs oder wer immer es sein mag, der das Programm der Ehrungen für besuchende Gewaltherrscher zusammenstellt. Auch spreche ich nicht wirklich gegen die Genießer. Nichts gegen den, der nach Salzburg fährt oder nach Edinburgh, um ein amerikanisches Orchester unter einem französischen Dirigenten die Fünfte Symphonie von Beethoven spielen zu hören; Ferien fördern die Empfänglichkeit für Lieblingswerke, für ›schöne Stellen‹. Was ich sagen will, ist, daß hier nicht die primäre Funktion der klassischen Musik liegt. Ihr Kurswert als Gebrauchsartikel, als Programmnummer oder Stimulans wird ihren wahren Wert niemals verdrängen, der in ihrer Gegenwärtigkeit und Verfügbarkeit für den besteht, der sie weder als Bildungsgut noch als Kulturvorrat sieht, sondern in ihrer Vielfalt von Epochen, Strömungen und Gestalten, und der sich die für ihn wesentlichen Phänomene herausgreift, um aus ihnen – aktiv oder passiv – ein Konzept entstehen zu lassen; ein Konzept, das nicht zum vollendeten Bild vergangener Zeiten führt, nichts Abgeschlossenes darstellt, nicht stillsteht, sondern sich im Lauf des Lebens ergänzt, fluktuiert, in Bewegung bleibt, Lücken füllt, indem es weiterführt, tief in die Gegenwart hinein, also in die neue Musik.

Die Frage nun, was das sei, die neue Musik, wird jeder von uns verschieden beantworten. Für den einen beginnt sie mit Debussy, für den anderen mit dem Computer, und für manch einen hat sie niemals begonnen. Für den aktiv zuhörenden Laien beginnt sie, ohne Zweifel, mit ihrem Strukturwandel, mit der Aufhebung des Grundtones, über dessen Verlust viele von uns niemals hinweggekommen sind. Mit dem Schwinden der Tonarten und Tongeschlechter beginnt die Revolution der Musik und die Revolte des Hörers, der sein Leben lang Dur und Moll nachtrauert. Er mag sich dagegen auflehnen, daß Musik sich nicht mehr der klassischen – und damit gewohnten – Harmonik, also dem entspannenden Genuß, fügen soll, sondern tatsächlich Auseinandersetzung fordert und damit Gegenstand des – oft erbitterten – Für und Wider wird. Aber Auflehnung bringt Evolutionen nicht zum Stillstand. Aktives Mitvollziehen, Auseinandersetzung ist Vorbedingung zum Verständnis der Wandlungen in der Musik. Nur auf diese Weise offenbart sich dem Hörer, daß der Tonalitätsschwund nicht jene Zäsur ist, mit der er sein Abschalten erklärt, sondern ein Stadium einer Entwicklung, die noch im Fluß und deren Ende nicht absehbar ist. Und da sie noch im Fluß ist, besteht selbstverständlich noch keine umfassende Ästhetik. Ebenso selbstverständlich ist es aber auch, daß sich der Komponist der Mittel und Instrumentarien seiner Zeit bedient, einer Technik, die sich parallel zu den Künsten entwickelt, die Künste prägt und ihre Form bestimmt. Griffe er zu anderen Mitteln, so bedeutete das eine Unterbrechung des geschichtlichen Entwicklungsprozesses. Gewiß, kein Instrument ist überlebt, das nicht durch ein ausdrucksmächtigeres ersetzt wäre, aber ein Komponist, der heute – sagen wir – für das Cembalo komponiert, bedient sich dieses Instruments in Parenthese. Das Resultat ist ebenfalls reizvoll, ingeniös, aber es bleibt ein reaktionärer Rückgriff auf eine Zeit, zu der das Cembalo der Wiedergabe zeitgenössischer Musik galt und kein Komponist auf die Idee gekommen wäre, etwa für die Lyra zu komponieren.

Der Ausruf »Ich verstehe die moderne Musik nicht« setzt voraus, daß der Rufer die klassische Musik verstehe. Aber was bedeutet das in der Kunst: Verstehen? Das Erkennen eines dargestellten Gegenstandes auf einem Bild von Rembrandt hat mit dem Verständnis nichts zu tun. Die Erkenntnis des Kompositionsprinzips, Erforschung der Objektwahl und nicht zuletzt Versuch des Nachvollzugs der schöpferischen Intensität, das sind bleibende Kriterien zur Beurteilung eines Kunstwerkes, und eben das ist es, was es in uns allen zu kultivieren gilt. Behagen sollte uns selbst nicht genügen, wenn wir nicht die Gründe des Behagens aufzuspüren wissen. Was macht das Bedeutende bedeutend, das Einmalige einmalig? Woran liegt es, daß die *Kunst der Fuge* nicht das Denkmal der Polyphonie ist, sondern als ihre unübertreffliche Verwirklichung ewig frisch bleibt? Worauf beruht das Geheimnis der enharmonischen Verwechslungen im g-Moll-Quintett von Mozart? Denn nicht im Genuß sublimer Geheimnisse, sondern im Genuß der Entschlüsselung, und damit der Erkenntnis, liegt der Gewinn, der uns, wenn wir es wollen, alle Musik, auch die neueste, erschließt. So wie es auf der kreativen Seite unter den Komponisten elektronischer Musik kaum einen geben dürfte, der nicht einen vierstimmigen Satz schreiben könnte, wenn es darauf ankäme, so ist auch auf der rezeptiven Seite analytisches Verständnis klassischer Musik Vorbedingung zum Verständnis der neuen Musik. Wer bereit ist, es sich zu erarbeiten, der wird feststellen, daß er als Hörer nicht Objekt – oder, wie er befürchten mag, Opfer – des Experiments wird, sondern daß er selbst experimentiert, indem er Reaktionen an sich registriert, prüft und somit wesentliche Manifestationen der Veränderung des Lebens in sich aufnimmt. Er mag Musisches vermissen, aber dafür wird ihm Information zuteil, die heute nicht mehr ausschließlich Sache des Wortes ist, sondern auch der Musik, die, indem sie über sich selbst Auskunft gibt, dem Hörer Aspekte seiner Existenz vermittelt.

Der sogenannte ›musische Mensch‹ ist heute ein Anachronismus geworden. Sofern er noch existiert, braucht er in seiner Neigung nicht gefördert zu werden. Er existiert als Prinzip und setzt sich selbst das Beispiel. Als sinnlich aufnehmender Rezipient muß er es in Kauf nehmen, daß sein Objekt sich verbraucht. Denn dieses Objekt ist nicht die ganze Musik, sondern nur ihr emotionaler Aspekt. Wer aber darüber hinaus bereit ist, der Musik als Struktur, als

Ordnung innerhalb des menschlichen Lebenszusammenhanges nachzugehen, der hat sie erfaßt. Für ihn erschöpft sie sich nicht. Ihm habe ich hier als Laie nichts zu sagen. Im Gegenteil: Er hat mir – und uns allen — noch viel zu sagen.

1967

Was sagt Musik aus?

»Musik ist ein arithmetisches Exerzitium der Seele, wobei diese sich nicht bewußt ist, daß sie zählt.« Dieser Satz ist leider nicht von mir, sondern von Leibniz.

Wir haben viele und verschiedenartige Äußerungen über die Wirkung der Musik, also über das, was sie *tut*, aber über das, was sie *ist*, haben wir gewiß keine bessere als diesen Satz. Dabei ist auch er rätselhaft und geheimnisvoll, und irgendwie scheint er auch nicht völlig stimmig. Wenn wir uns darauf einigen können, daß die Seele exerziert, so hat sie doch, als Inbegriff aller Bewußtseinsregungen, selbst *kein* Bewußtsein, denn das, was *ist*, ist nicht identisch mit dem, was dieses Seiende *hat*. Die Seele ist nicht der *Anlaß* unseres Fühlens, Denkens oder Handelns, sondern wir bedienen uns ihrer unbewußt als Membran und Filter unseres Befindens und Empfindens. Sie zählt also nicht aus eigener Initiative, sondern wir lassen – oder vielmehr unser Unbewußtes läßt – sie zählen. Unser Bewußtsein hört aber nicht das Zählen, sondern sein Objekt: die Musik. Die Einordnung vollzieht sich also nicht, wie im Fall der wirklichen Arithmetik, durch den Verstand, sondern wiederum durch die Seele.

So zumindest verstehe ich den Satz. Daß er die Ratio nicht völlig befriedigt und dennoch wunderbar bleibt, erscheint mir symptomatisch für seinen Gegenstand: die Musik. Sie ist die Kunst, die zur Seele spricht, und vor der die Ratio versagt. Sie hat keinen Gegenstand, sondern ist Subjekt und Objekt in einem; ihre Botschaft liegt im Medium. Der englische Kunsttheoretiker Andrew Marbot weigerte sich, mit dem jungen Berlioz über Musik zu sprechen. Er sagte:

»Musik ist eine unübersetzbare Sprache, über deren Grammatik man sprechen kann, deren Bedeutung aber jeder anders versteht. Sollten wir beide dasselbe verstehen, so sagt es weniger über die Musik aus, als über unsere Seelenverwandtschaft.«

Die beiden zitierten Sätze handeln von der Rezeption. Über die Entstehung von Musik hat noch niemand objektiv gesprochen. Auch der Komponist kann nur den äußeren Prozeß erklären, das heißt die Bedingungen, unter denen ihm das Werk gelingt, und natürlich den bewußten Teil, das heißt die Gedankenarbeit im Technischen, also die semantische Komponente. Wenn wir ihn aber auf Bedeutungsinhalt oder Symbolwert seiner Noten ansprechen, so versagt auch er, und zwar mit Recht. Ich wüßte auch nicht, wie die Frage lauten sollte. Sie liefe auf nichts Besseres hinaus als auf das hilflose »Was wolltest du damit sagen?«.

Nun ist diese Frage, was die Programm-Musik betrifft, leicht zu beantworten. Oder vielmehr: Man sollte sie gar nicht erst stellen müssen. Denn eines der Kriterien dieser Musik ist ja der Grad, bis zu welchem es dem Komponisten gelungen ist, ein musikalisches Äquivalent seines Nacherlebens zu finden und zu vermitteln. Das heißt, daß hier dem Hörer ein Modus der Rezeption auferlegt wird, der ihm den Nachvollzug nicht nur des kompositorischen Prozesses, sondern auch der außermusikalischen inspiratorischen Quelle aufzwingt. Freilich, die Grenzen zwischen absoluter Musik und Programm-Musik fluktuieren mit der Distanz des kompositorischen Bewußtseins zur selbstgestellten Aufgabe und damit der Qualität dieser Aufgabe und, selbstverständlich, ihrer Lösung. Das ingeniöse Gelingen des vordergründig Deskriptiven oder gar Imitatorischen, also etwa das Knirschen der Windmühlenflügel im *Don Quixote* von Richard Strauss, ist, so würde ich sagen, um eine Tiefendimension etwa vom evokativen Pathos der neunten Sinfonie von Gustav Mahler entfernt.

Ein qualitativer Unterschied offenbart sich also schon in der Wahl der Programme. Beethoven hatte ein Lebensprogramm. Er wollte der »leidenden Menschheit helfen«. In der Tat obwaltet in seiner späteren sinfonischen Musik, etwa im C-Dur-Satz der c-Moll-Sinfonie ein emphatischer Gestus, der beschwörend auf ein ethisches Engagement hinzuweisen scheint, zu dessen Verkündigung ihm denn auch schließlich, in der Neunten, die Macht der Musik nicht mehr ausreichte, so daß er zu Worten greifen zu müssen glaubte. Ob er diese Aussagekraft der Musik auch auf seine Klavier- und Kammermusik ausgedehnt wissen wollte, ist nicht bekannt. Ich selbst höre sie so abstrakt wie die absolute Musik Bachs oder Mozarts, das heißt als Höhepunkt des Sublimierten.

Was also sagt Musik aus? Können wir es ermessen, und haben wir ein Vokabular, es zu beschreiben? Vor allem aber – und darauf will ich hinaus –, sagt Musik mehr über ihren Schöpfer aus, als daß er seine Materie beherrscht und sich ihrer als Medium bedient, um die von ihm vorbestimmten Regungen in unserer Seele wachzurufen? Sagt irgendein Kunstwerk mehr über den Schöpfer aus, als daß er die, oft geniale, Fähigkeit besaß, unsere Emotionen zu beherrschen und unserem Geist ästhetische Erkenntnisse zu vermitteln? Wenn überhaupt – so sollte man meinen –, tut es nur die Musik. Die Welt, die etwa ein Balzac entstehen ließ, sagt nichts aus über den vulgären kleinen Mann, der sie schuf, um zu Geld und Ehren zu kommen. Jedes Bild, das wir uns von Shakespeare machen, ist Resultat unseres Wunschdenkens. Sein Werk hat sich von der Person gelöst und ist Objekt jenes Mythos geworden, den wir uns aufbauen, um unserem Leben einen zusätzlichen Wert zu geben. Aber eben weil die absolute Musik kein Objekt hat, projizieren wir den Schöpfer als Substitut des Objektes in seine Musik. Wir hören sie als Selbstoffenbarung und suchen mit Hilfe biographischer Daten und Fakten an die Seele des Schöpfers und damit an die Quelle seines Schaffens zu gelangen. Dies wird mit wachsendem zeitlichem Abstand immer schwieriger, da sich die biographische Verläßlichkeit zunehmend als Chimäre enthüllt und damit als Anhaltspunkt und Richtlinie im Nebel der verstreichenden Zeit hinter uns entschwindet. Und doch können wir von dem Versuch nicht lassen. Denn wir wissen, daß die Bedeutung jedes Kunstwerkes erst durch den Versuch einer Bestimmung seines Schöpfers relevant wird, auch wenn es nichts über ihn auszusagen und keinen Hinweis zu geben scheint, außer auf die, durch zunehmende Reife bedingten, Stilwandlungen. Jede wahre Kunstbetrachtung, jede künstlerische Rezeption überhaupt, ist ein Nachvollzug des kreativen Prozesses und damit ein potentiell kreativer Akt, der uns, je nach unserem Einfühlungsvermögen und unserer geistigen Elastizität, mehr oder weniger gut gelingt.

Zum Kunstwerk gehört seine Geschichte, und damit die Geschichte seines Schöpfers. Die Kenntnis seiner Umstände und Stationen erleichtert die temporale Zuordnung des einzelnen Werkes und schafft Entwicklungsgeschichte. Wer da sagt: »Mich interessiert nicht der Mensch, sondern seine Musik«, der hat – dessen kann man sicher sein – auch die Musik nicht erfaßt. Denn jedes Anhören von Musik, jede Kunstbetrachtung überhaupt, löst ein simultanes inneres Interpretationsgeschehen aus, zu dem die Vergegenwärtigung aller Aspekte gehört, und damit auch die Spekulation über seine Entstehung. Sie gehört zum Akt der Wahrnehmung, ohne den der Akt der Anerkennung nicht folgen kann. Dieses Interpretationsgeschehen ist natürlich bei Musik komplexer als bei bildender Kunst oder Literatur, denn da sich das Anhören von Musik in der Zeit vollzieht, ohne Möglichkeit wägender Retrospektion, bleibt der kritische Aufnahmeapparat dauernd in Aktion. Verweilt er auf dieser oder jener musikalischen Figur, einer sogenannten ›schönen Stelle‹, so muß er folgende Passagen überspringen. Die Konzentration auf das Werk und das gleichzeitige Interpretationsgeschehen machen somit das Anhören von Musik zu einem aktiven Vollzug. Ein Kunstwerk, dessen Verständnis wir uns nicht erarbeiten müssen, ist keines.

Was die Entstehungsgeschichte eines Werkes betrifft, sind wir, wohl oder übel, auf bestehende Biographik angewiesen. Das heißt: die unter Benutzung der entsprechenden Dokumente und Primärmaterialien niedergelegte Darstellung, wie sie, meist von Zeitgenossen des Künstlers begonnen, von späteren Biographen neu interpretiert wird, manchmal unter Zuhilfenahme neu aufgefundenen Materials.

Die grundlegenden Biographien – ich verwende das Wort »grundlegend« im wörtlichen, nicht im wertenden Sinne – sind im neunzehnten Jahrhundert geschrieben worden, zu einer Zeit also, zu der die Psychologie als wissenschaftliche Disziplin zwar schon existierte, aber ihr Objekt, die menschliche Seele und ihre Verhaltensweisen, noch nicht erforscht war. Es fehlten die Determinanten des Unbewußten und damit das Wissen von Trieb und Abwehr, jene Faktoren also, aufgrund derer wir heute nicht nur kollektive Gesetzmäßigkeiten rekonstruieren können, sondern die uns auch das Instrument in die Hand geben, ein individuelles Seelenleben an seinen symptomatischen und typischen Eigenschaften zu erkennen. Das gab es im neunzehnten Jahrhundert nicht. Daher ist die Darstellung der großen Künstler, so methodisch sie auch in der Analyse des Werkes sein mag, in der Analyse der Seele hilflos. Denn die Biographen statteten ihre Helden mit imaginären Attributen des idealen Genius aus, die aber in Wirklichkeit dem notwendig beschränkten Instrumentarium ihres eigenen Erfahrungsschatzes entsprangen. Damit sei nicht gesagt, daß diese Werke unwahrhaftig oder gar bewußte Täuschungen seien. Das gilt nur für Anton Schindlers Beethovenbiographie. Die erste umfassende Mozartbiographie von Otto Jahn oder Herman Grimms Goethebiographie sind exemplarische Werke, nicht nur in ihrer Akribie, sondern auch in ihrer Redlichkeit, ihrer subjektiven Wahrhaftigkeit und, nicht zuletzt, in ihrem moralischen Willen. Aber eben darin liegt auch ihr Fehler: Dieser moralische Wille ist so allgegenwärtig verteilt, daß überall die erzieherische Absicht durchscheint. Uns Lesern wird nahegelegt, daß wir der großen Menschen erst würdig werden, wenn wir ihnen nachzueifern suchen, wenn auch nicht eigenständig kreativ, so doch unter jenem ethischen Antrieb, dem das Kreative entspringe. Kreativität aber entspringt keinem ethischen Antrieb, sondern einem, oft dämonischen, inneren Zwang. Daher enthält das Leben des genial Überbegabten keine Komponente, die didaktisch auszuwerten ist. Größe ist nicht erlernbar. Ethische Grundhaltung und Selbstdisziplin sind zwar anerziehbar, aber darin kann das schöpferische Genie unser Vorbild nicht sein. Denn künstlerische Überbegabung entwickelt sich in der Regel – wenn auch nicht immer – auf Kosten gerade jener Eigenschaften, die den ›normalen‹ Kontakt mit der Mitwelt fördern. Die Konflikte zwischen dem Genie und seiner Mitwelt sind meist unterschätzt und beinah immer bagatellisiert worden. Betrachten wir uns die Fälle eines solchen Wirkens und Entgegenwirkens, so stellen wir fest, daß der moralische Wille des Künstlers auch dort, wo er deutlich wird – und wie oft vermissen wir ihn gänzlich! –, keineswegs zu moralischem Handeln geführt hat, oft sogar, wie im Fall Beethoven, zum Gegenteil. Wer diese Tatsache als schmerzlich empfindet, verkennt nicht nur den großen Menschen, er verkennt die Menschen überhaupt, einschließlich seiner selbst.

Wer ein sogenanntes ›Konversationslexikon‹ des neunzehnten Jahrhunderts durchblättert, wird feststellen, daß bei den Kurzbiographien berühmter Personen noch moralisch gewertet wurde. Das heißt, sie wurden Opfer anonymer Lexikographen, von denen wahrscheinlich keiner jemals den Versuch gemacht hatte, seine eigene Seele zu prüfen, geschweige denn die vermeintliche Seele seines Objektes an der seinen zu messen. Diese wohlbekannten subjektiven Kleinbilder haben sich bis in unser Jahrhundert fortgezeugt. Heute wissen wir, oder sollten wir wissen, daß es nicht an uns ist, die großen Geister der Vergangenheit zu werten, außer in der Eigenschaft, die ihre Größe ausmacht, Relationen zu anderen herzustellen, bei welchen Vergleichen das Absolute sich offenbaren mag. Das bedeutet aber nicht, daß wir nicht konstatieren sollen, wo es um belegte Fakten geht. Denn jedes Faktum wiegt bei der objektiven Rekonstruktion eines Lebenslaufes. Und umgekehrt: Nur die Fakten sind objektiv, und jede Auslassung verändert das biographische Bild. So hat sich zum Beispiel bis heute kein Biograph gefunden, der den seltsamen Sektionsbefund beim Leichnam Beethovens auch nur erwähnt hätte, vermutlich aus verdrängter Angst vor den sich daraus ergebenden Resultaten. Überhaupt scheint die Biographik im Fall Beethoven ihre eigene Psychopathologie gezeitigt zu haben. Der Amerikaner Alexander Wheelock Thayer, auf dessen Werk alle späteren Beethovenbücher aufbauen, mußte die Arbeit gegen Ende des vierten Bandes aufgeben, weil er nach einer Stunde Arbeit unerträgliche Kopfschmerzen bekam, während er andere Arbeiten ungestraft zu Ende führen konnte. Etwas in seinem Unbewußten also sträubte sich gegen seinen Helden, und wir dürfen annehmen, daß es die Diskrepanz zwischen der erträumten Idealgestalt und der dokumentierten Realität war. Ob er sich selbst darüber im klaren war, erscheint zweifelhaft.

Den Biographen des neunzehnten Jahrhunderts also fiel es nicht ein, sich selbst zu erforschen, bevor sie sich an die Erforschung ihrer Helden machten. Wir dürfen ihnen das als Vorwurf nicht entgegenhalten. Sie hatten kein umfassendes Bild der menschlichen Natur mit all ihren Potentialitäten des Unbewußten. So mußte sich das Maß ihrer Vorstellung notwendig auf das beschränken, was innerhalb ihres eigenen psychischen Erlebnisbereiches lag. Was sie an negativen oder scheinbar negativen Kräften in sich spürten, aber unterdrückten, unterschlugen sie auch in den Lebensgeschichten ihrer Helden. Was sie nicht wahrhaben wollten, war eben nicht wahr. So blieben denn gerade jene Dimensionen des Außerordentlichen ausgespart, die auf der einen Seite künstlerische Überleistung entstehen, aufgrund derer sie auf der anderen Seite manche Eigenschaft des ›normalen‹ Menschen entbehren lassen.

Otto Jahn hat seine Mozartbiographie nach bestem Wissen und Gewissen geschrieben und, so möchte man sagen, nach bestem Wissen und Gewissen jene Eigenschaften an seinem Helden ›beschönigt‹, von denen er meinte, daß sie dem Bild Mozarts Abbruch tun müßten. In Wirklichkeit aber hatte der Akt der Verdrängung wahrscheinlich *vor* dem des Schreibens stattgefunden, so daß sein Bewußtsein nicht mehr vor die Alternative gestellt war, ob es die Illusion einer Idealgestalt der Wirklichkeit gegenüber verteidigen müsse. Menschlich ist das nur allzu verständlich. Das Bedürfnis, im Genie eine Gestalt zu sehen, die uns dank ihrer geistigen Übermenschlichkeit ein überirdisches Gebiet erschließt, ist nicht nur den Biographen zu eigen. Es ist allen Menschen zu eigen. Der Wille zum Idealbild ist uns inhärent, er ist Teil unseres Mikrokosmos und ist wahrhaftig nicht das Schlechteste an uns. Und unser Widerstand gegen den Raub unserer Idealgestalten ist letztlich nur durch eine fundamentale Einsicht zu bekämpfen, nämlich daß es bei dem, was wir als ›Schattenseite‹ der Persönlichkeit zu betrachten gewohnt sind, sich meist um jenen Teil der Menschlichkeit handelt, der notwendigerweise unausgebildet bleiben mußte, um dem Kreativen Platz zu machen. Menschliche Schwächen haben wir selbst. Wir müssen uns nur erkennen lernen, um festzustellen, daß uns bei unseren Helden gerade jene Eigenschaften zu schaffen machen, die potentiell auch in uns stecken, und die wir, als ein Negatives, in uns selbst bekämpfen. Das Genie wird durch seine scheinbaren Schwächen nicht kleiner, im Gegenteil: In ihnen sollten wir die Menschlichkeit unserer Götter erkennen. Und gerade Beethoven gewinnt an Größe, wenn wir betrachten lernen, was er in sich erfolglos bekämpft hat, und welche Einsichten er sich nicht erarbeiten konnte. Indem die Biographen solche inneren Kämpfe ignorieren oder wegwischen oder hinwegerklären, berauben sie die Unsterblichen ihrer Sterblichkeit und damit ihres Menschlichen.

Im Falle Schindler ging die Verwirklichung dieser Absicht zu weit. Er war Zeitgenosse seines Helden Beethoven, dazu eine Art unbezahlter Sekretär und Vertrauter. Er hatte Zugang zu Beethovens schriftlichen Zeugnissen und zu den Konversationsheften, deren überwiegenden Teil er vernichtet hat, weil er dem Beethovenbild, so wie er es zu überliefern gedachte, widersprach. In dieser gewissensfremden Radikalität steht Schindler, soweit wir wissen, einzigartig da. Doch wurde seine Methode in kleinerem Ausmaß von mancher Künstlerwitwe bis in unser Jahrhundert hinein angewandt. Und wenn uns auch seine Verfahrensweise heute verwerflich erscheint, so muß dieser Meinung – nicht in Verteidigung der Person Schindler, sondern um der Gerechtigkeit willen – entgegengehalten werden, daß er nicht in eigennützigem Interesse gehandelt hat, sondern im Interesse seines Helden, so wie er es verstand, und, darüber hinaus, wie der Held es wahrscheinlich selbst verstanden hätte. Eigentlich war es also ein Akt der Treue.

Die biographischen Vergehen des neunzehnten Jahrhunderts haben zwar Befremden hervorgerufen, dennoch haben sie sich fortgesetzt und eingeprägt. Unsere Bilder historischer Gestalten entspringen dem Erlebnis der ersten Berührung mit ihnen und sind später nur noch mit Willensanstrengung zu korrigieren. Gewiß, wer heute die Elemente eines Goethebildes zusammentragen will, liest nicht mehr Grimm. Er liest wahrscheinlich Friedenthal, der seinen Helden so darstellt, als sei er einer von uns. Das war er nicht. Entmythologisierungsversuche an großen Menschen sind insofern sinnlos, als das Vokabular der Nivellierung jene Dimensionen nicht mehr erreicht und nicht mehr zu erreichen sucht, die das Genie von den anderen abhebt.

Thayers Beethovenbiographie ist wohltuend sachlich. Sie ist bis zur Pedanterie gewissenhaft und entwaffnend ehrlich in der Angabe dessen, was sie verschweigt. Dieses Verschweigen liest sich dann so: »Als Johann (*der Bruder*) mit Vorwürfen und Schmähungen in sein Zimmer trat, geriet er (*Beethoven*) ebenfalls in Zorn, und es folgte eine Szene – (*Gedankenstrich*) bei der wir den Vorhang fallen lassen. Leider war dieselbe entehrender für Ludwig wie (*!*) für Johann.« Wir haben allen Grund, das Fallen dieses Vorhanges zu bedauern, den Autor zu rügen, der ihn fallen läßt und uns damit einen aufschlußreichen Vorfall verschweigt. Anstatt uns die Möglichkeit einer Prüfung einzuräumen, spricht er leichtfertig eine Verurteilung aus: »entehrend«. Ein Beethoven verliert seine Ehre nicht, aber ein Biograph verliert sein Maß, wenn er meint, den Menschen Beethoven kritisieren zu dürfen.

Wer ein umfassendes Bild der Synchronie von Leben und

Werk Mozarts anstrebt, der ist heute noch auf das Werk von Hermann Abert angewiesen, das zwar auf Jahn aufbaut, ihn aber erheblich korrigiert und ergänzt. Er und Einstein, dessen Mozartbuch nicht chronologisch aufgebaut ist, waren profunde Kenner und gehören zu den bedeutendsten Musikwissenschaftlern unseres Jahrhunderts. Aber Kenntnis der menschlichen Seele gehört nicht zur Musikwissenschaft. Sie ist eine eigene Disziplin, und selbst wer sie als Wissenschaft ablehnt, muß sie als Empirie anerkennen, denn sie erhärtet sich aus einer umfassenden Geschichte individueller Fälle.

Die Motive unseres menschlichen Denkens und Handelns gehen auf Ursprünge zurück, die uns unbewußt sind, die aber im langen und nicht schmerzlosen Prozeß der Psychoanalyse so bewußt gemacht werden, daß sie zumindest für zwei Personen zutage treten: für den Analysierten und für den Analytiker, der den Weg zurück geöffnet hat. Ich will nicht vorbehaltlos der psychoanalytischen Therapie das Wort reden, sondern ihren Erkenntnissen, die sie, über den Einzelfall weit hinaus, vermittelt. Nur mit ihnen ausgestattet, und immer eingedenk unserer Subjektivität – denn objektive Betrachtung gibt es nur relativ – können wir es überhaupt wagen, uns an die Entdeckung der Seele eines Menschen zu machen, der vor zweihundert Jahren gelebt hat, und auch dann nur, wenn er sich, wie Mozart und Beethoven es taten, in reichem Maße selbst dokumentiert hat. Im Falle Bach zum Beispiel, der vor mehr als zweihundert Jahren gelebt hat, mußten und müssen die Biographen versagen. Denn sein Leben ist nur in unzulänglichen Anhaltspunkten dokumentiert, und seine eigenen überlieferten Äußerungen beschränken sich auf eine Handvoll privater Briefe, sonst auf Anträge, Gutachten, Bewerbungen und Beschwerden, in umständlicher, devoter Amtssprache, vermischt mit französischen und lateinischen Floskeln,

Material also, das mehr über seine Stellung und seinen Status aussagt als über den Menschen, der unter äußerer Form und Formalität völlig verschwindet. Unser Bild vom Menschen Bach – aufrecht und tief religiös, urwüchsig und unbeirrt, aber störrisch und unbequem – steht also nicht auf starken Füßen, obgleich manches daran wohl richtig sein mag. Denn wir erkennen auch hier eine Gesetzmäßigkeit, nämlich darin, daß der überbegabte Mensch meist unbequem ist und Spannungen mit seiner Mitwelt herausfordert.

Mozart war unbequem. Alle Zeugnisse weisen darauf hin, daß seine Versuche äußerer Anpassung meist versagten. Sie weisen aber auch darauf hin, daß er mitleidig und selbstlos war, im Gegensatz zu Beethoven, dem sein Leiden den Versuch einer Anpassung nicht gestattete und eine durch Argwohn und Mißtrauen bedingte Egozentrizität aufzwang. Dennoch bleibt seine Lebensmeisterung ein ewiges Beispiel menschlicher Größe. In seinem Ungestüm, seiner schroffen Unbedingtheit, erscheint er uns als die exemplarische tragische Künstlergestalt. Mozart war gesellig bis zur Narretei, manchmal manisch agitiert, doch in seiner Musik sprach er nicht zur Mitwelt. Beethoven war kompromißlos, elitär und ungesellig, aber in seiner Musik sprach er zur Mitwelt. In allem war er seiner selbst höchst bewußt. Mozart dagegen hatte kein Konzept von sich, bis er, kurz vor seinem Tod, zu verstehen begann, wer er gewesen war, und daß er sich an eine undankbare Welt verschwendet hatte. Anders also als Beethoven, der die Menschheit ansprach, von der er sich ausgeschlossen fühlte, hatte Mozart die Fähigkeit auf eine Bewertung seines Ichs gänzlich zu verzichten. Er hat sich niemals als einen Menschen gesehen, der Mitleid erheischt, außer natürlich in Briefen an seine Gläubiger. Die pathetische Gebärde des Berufenen fehlte ihm. Er sah sich begabter, tüchtiger und kompetenter als seine Kollegen. Der Maßstab des Absoluten aber, den

Beethoven mit Recht für sich anwandte, war Mozart fremd, er kannte ihn nicht. Er sah sich nicht als »der große Mozart«, obgleich dieser Begriff noch zu seinen Lebzeiten geprägt wurde, und zwar von seinem älteren Freund und Bewunderer Haydn.

Im September 1790 schrieb Mozart von seiner traurigen Reise nach Frankfurt an seine Frau: »... wenn die Leute in mein Herz sehen könnten, so müßte ich mich fast schämen. ... es ist alles kalt für mich – eiskalt.« Eine erschreckende und erschütternde Feststellung: Nicht die Leute, die an dieser Kälte schuld sind, müßten sich schämen, sondern *er*, der seiner Mitwelt Rechenschaft schuldig zu sein meint, schämt sich seines Versagens, das die Gesellschaft übel vermerken könnte, da er doch angestellt ist, sie zu unterhalten. In der Tat, zur Zeit als er den Brief schrieb, arbeitete er an Musik für eine mechanische Orgelwalze in einem Panoptikum, für ihn eines seiner elendesten kleinen Auftragswerke, für uns eines seiner herrlichsten kleinen Meisterwerke.

Mit dieser Synchronie sei nicht ein Bedeutungswert gegeben. Im Gegenteil: Ich meine, daß das Suchen im Werk nach Manifestationen der Lebenslagen, ebenso verständlich wie müßig, niemals ein Resultat gezeitigt hat. Daß Mozart in seiner e-Moll-Violinsonate und seiner a-Moll-Klaviersonate an den Tod seiner Mutter dachte, oder Brahms – der Behauptung seines Biographen Kalbeck zufolge – an den Tod der seinen beim Komponieren des es-Moll-Adagios im Horntrio, ist ebenso unbewiesen wie unwahrscheinlich. Die tragische Wirkung eines Musikstückes bedeutet nicht, daß es den Trauerfall verewigt. Auch schildert es kein Schicksal. Als Beethoven sein *Heiligenstädter Testament* schrieb, diese erschütternde Botschaft an die Mitwelt, Appell und Abgesang in einem, arbeitete er an seiner heiter-gelassenen D-Dur-Sinfonie. Mozart schrieb zur Zeit seiner größten

Not *Così fan tutte*. Die Musik schweigt über den Menschen – sofern man *über* etwas schweigen kann.

Alfred Einstein sagt über Mozarts dem Freund Haydn gewidmete sechs Streichquartette, sie seien »Musik aus Musik«, »filtrierte« Kunst. Selbstverständlich meint er es nicht abschätzig, sondern daß in dieser Musik, im Gegensatz zu der Haydns – ich interpretiere –, der zugrundeliegende Gedanke bereits aus rein musikalischem Erleben und nicht aus Reizen von außen herrühre. Wie *ich* die Musik von Mozart höre, ist sie *immer* Musik aus Musik. Das heißt, sie ist immer von einer Intensität des Erlebens diktiert und geprägt, das unerklärlich bleibt, und dessen Quellen sich dem verbalen Ausdruck entziehen. Den Inhalt einer künstlerischen Disziplin können wir nicht in eine andere übersetzen, und in die Sprache außerkünstlerischer Erfahrung schon gar nicht. Jeder große Künstler projiziert sein Leben in sein Werk. Das heißt aber nicht, daß er um ein künstlerisches Äquivalent einer außerkünstlerischen Erfahrung ringt. Der Weg vom äußeren Reiz zum Gedanken ist ein langer Weg durch das Unbewußte, am Ende dessen die Seele dem Verstand das durch sie gefilterte Material überantwortet, damit er, der Verstand, ans Werk gehe. Das Anhören von Musik bedeutet also nicht, daß sich die Seele der Seele mitteilt. Wer sie so hört, mißversteht ihre Quelle und ihre Funktion. Was sich der Seele mitteilt, ist die emotionsauslösende Macht des Komponisten. Die Ansicht also, daß das Werk oder seine Teile jenem Zustand entspringen, den sie hervorrufen sollen, ist irrig. Möglich ist allerdings, daß der Komponist sich in den Zustand versetzt hat, dessen Resultat nachzuerleben er uns gebietet. Komponieren ist ein Vorgriff auf das Hören, es ist die Kunst des Auslösens, der Bewerkstelligung, des Entrückens – wenn ich dieses Wort einmal transitiv gebrauchen darf.

Gustav Mahler schrieb an Bruno Walter: »Wenn ich

Musik höre – auch während des Dirigierens – höre ich ganz bestimmte Antworten auf meine Fragen und bin völlig klar und sicher.« Dieser Satz befremdet zunächst, denn Mahlers Fragen zielten stets auf die Rätsel des Absoluten, die sich in Musik nicht lösen lassen. Doch der nächste Satz korrigiert die Aussage. Mahler fährt nämlich fort: »Oder eigentlich, ich empfinde ganz deutlich, daß es gar keine Fragen sind.« Das heißt also eindeutig, daß die Musik sich und ihren Hörer dem Boden jener Ratio enthebt, auf dem es Fragen und Antworten gibt. Es heißt aber auch, daß die Musik weniger Mitteilung ist als Hervorrufung und das Hervorgerufene. Hervorrufung, wie sie sich zeitlich vollzieht, und das Hervorgerufene, wenn die Zeit abgelaufen ist und wir das Werk als Ganzes zeitlich hinter uns, als retrospektives Panorama aber vor uns haben.

Der Komponist schöpft aus dem im Unbewußten gespeicherten Vorrat, um das selektierte Material dem kreativen Bewußtsein zu überlassen, das ihm jene Form gibt, die zwar keine Frage nach dem Leben beantwortet, dafür aber, solange sie andauert, alle Fragen nach dem Leben irrelevant macht.

Andrew Marbot – den im Lexikon nachzuschlagen übrigens müßig ist, denn ich habe ihn erfunden –, Andrew Marbot sagt: »Die Antwort des Kunstwerkes richtet sich nach der Frage des Betrachters. Nur *eine* Frage beantwortet es nicht, nämlich die nach der Wurzel jener seelischen Notwendigkeit, der es seine Entstehung verdankt. Mit Gewißheit werden wir nichts von dem erfahren, was im Künstler vorgegangen ist, außer dem Gebot dessen, was in *uns* vorzugehen habe.«

Und was in uns vorzugehen hat, ist eben jenes »arithmetische Exerzitium der Seele, wobei diese sich nicht bewußt ist, daß sie zählt«. *1980*

Warum weinte Mozart?

Wer es unternimmt, über einen großen Menschen der Vergangenheit zu sprechen oder zu schreiben, sollte sich in die Gestalt eines Wundergläubigen versetzen, der es für möglich hält, daß dieser Mensch ihm jederzeit als Geist erscheinen könne, um das Gesprochene oder Geschriebene auf seine Wahrheit und seine Wahrhaftigkeit zu prüfen. Mit einer solchen Möglichkeit vor Augen würde mancher Biograph die Darstellung seines Helden in Konditionsalsätze kleiden oder auf andere Weise modifizieren.

Wahrheit und Wahrhaftigkeit sind inkommensurabel. Die Wahrheit existiert objektiv als ein Absolutes, auch wenn sie niemand in ihrer Ganzheit wahrnimmt. Wahrhaftigkeit aber ist subjektiv. Sie ist die Eigenschaft eines Menschen oder seines Denkens oder Handelns. Der Begriff drückt das persönliche Bemühen um die Erkenntnis der objektiven Wahrheit aus und den Vorsatz, sich danach zu richten.

Übertragen wir diese Ausführungen ins Konkrete, so bietet sich zu ihrem Beleg die Biographik an; nicht die Dokumentarbiographik, die niemals mehr als ein Gerüst für die These sein kann, sondern die These selbst, deren Erarbeitung und Ausführung ich hier ›spekulative Biographik‹ nennen möchte. Der Begriff erscheint mir adäquat, da er auch die Fragwürdigkeit dieser Disziplin wiedergibt. Die ›spekulative Biographik‹ kann niemals den Anspruch der Wahrheit erheben, denn sie arbeitet mit den Mitteln der Vorstellungskraft. Was sie aufstellt oder konstruiert, ist nicht beweisbar. Demnach bleiben ihre Aussagen Behauptungen. Der Biograph, der sich diese Unbeweisbarkeit zunutze macht, handelt unwahrhaftig. Der Biograph, der sich nicht permanent mit der Frage konfrontiert, ob seine Aussage mit dem Diktat seiner Überzeugung übereinstimmt, handelt leichtfertig und unverantwortlich. Subjektiv richtig handelt daher nur, wer seine Vorstellungskraft unter Kontrolle seines Gewissens hält. Ob er auch objektiv richtig handelt, ist damit allerdings nicht gesagt. Denn auch das makellose Gewissen ist kein Kriterium des Denkens, und der objektive Wert der Vorstellungskraft steht und fällt mit ihrer Qualität.

Diese Einleitung soll dazu dienen, Ihr kritisches Sensorium für meine Ausführungen wachzurufen; zu unterscheiden zwischen dem, was gewesen *ist*, also der Wahrheit – gleichsam als Generalbaß – und dem, was ich gewesen zu sein glaube – also den Stimmen darüber – als dem Resultat meiner subjektiven Vorstellungskraft. Indem ich Sie bitte, die Prämisse im Sinn zu behalten, meine ich nicht, daß ich hier als Biograph spreche. Ich spreche als einer, dem Mozart – neben Shakespeare – am meisten von allen Gestalten der Menschheitsgeschichte bedeutet, und der sich daher selbstverständlich über das Thema, das uns hier zusammenführt, Gedanken gemacht hat.

Es gibt da eine seltsame und einmalige Episode in Mozarts Leben. Als er sich im Jahr 1783 mit seiner Frau Constanze zu einem Besuch in Salzburg aufhielt, sang man eines Tages, vermutlich in kleinem Kreis, das Es-Dur-Quartett aus dem dritten Akt *Idomeneo*: »Andrò ramingo e solo«. Mozart sang Tenor, Constanze Sopran. Wer die anderen Beteiligten waren, weiß man nicht. Es kamen viele musikalische Freunde ins Haus des Vaters, von denen sehr wohl zwei die anderen Partien hätten singen können. Möglicherweise aber waren die anderen beiden der Vater selbst und die Schwester, in welchem Falle wohl sinnigerweise der Vater die Partie des Idomeneo und Mozart die des Idamante übernommen hätten. Wie dem auch sei: während sie sangen, brach Mozart plötzlich in Tränen aus und stürzte aus dem Zimmer. Constanze eilte ihm nach, und es dauerte, wie sie berichtet, eine lange Zeit, bis sie ihn habe trösten können.

Diese Episode hat Constanze Mozart im Jahr 1828 dem englischen Ehepaar Vincent und Mary Novello erzählt. Damals also lag sie fünfundvierzig Jahre zurück. Constanze war sechsundsechzig. Im allgemeinen erinnert man sich nach einer solchen Zeitspanne und in diesem Alter kaum noch mit Genauigkeit an lange Vergangenes. Im Laufe der Dekaden setzt das Gerüst des Geschehens Schichten unfreiwilliger Verbrämung an. Die Legende ergreift Besitz, sie wird vom Nachleben des Betreffenden geprägt, sie macht den Guten besser, den Schlechten schlechter. Aber in diesem Fall, nämlich im Fall eines plötzlichen heftigen Ausbruches, der alles momentane Erleben der Augenzeugen notwendigerweise auf sich zieht, dürfen wir annehmen, daß die Erinnerung nicht getrogen hat. Überdies wäre sie als erfundene Geschichte zu konstruiert. Obgleich Constanze nachweislich oft von der Wahrheit abgewichen ist, haben wir keinen Grund, sie in diesem Fall anzuzweifeln.

Leider ist der Bericht unbefriedigend. Ein übergroßes Taktgefühl, das wir heute als deplaciert betrachten, hat die Novellos von tiefergehenden Fragen zurückgehalten und sie gehindert, bei unzureichenden Antworten nachzustoßen. Dies wird um so unverständlicher, als der Zweck ihrer Salzburger Reise zum Teil der war, Informationen über Mozart zu sammeln, denn Vincent Novello trug sich mit der Absicht, ein Buch über ihn zu schreiben, was er jedoch, gewiß nicht zu unserem Verlust, unterlassen hat. Wir jedenfalls hätten beim Bericht dieser Episode nicht so schnell lockergelassen. Wir hätten gefragt, wie es zur Auswahl gerade dieses Quartettes gekommen sei, wer die Beteiligten waren, vor allem aber: worüber Constanze ihren Mann denn habe trösten müssen; wie sie diesen Ausbruch erkläre. Denn man dürfe doch annehmen, daß Constanze ihn gefragt habe, was geschehen sei. Stattdessen wird der Vorfall, wie übrigens das meiste psychologisch potentiell aufschlußreiche Material, von den Novellos zwar notiert, aber in seiner symptomatischen Bedeutung nicht zur Kenntnis genommen.

Die Episode ist deshalb so seltsam, weil sie als einzige ihrer Art in Mozarts Leben bekannt ist. Den weinenden Mozart finden wir sonst nur ein einziges Mal, und zwar 1778 in München, wo den Zweiundzwanzigjährigen ein heftiger und berechtigter Liebeskummer packt. Doch in den trostlosen und verzweifelten Situationen seiner letzten Lebensjahre finden wir keine Träne. Mozart hat, soweit wir feststellen können, seiner Mitwelt gegenüber immer die Selbstbeherrschung gewahrt, auch wenn sein seelischer Zustand manchmal das Gegenteil gerechtfertigt hätte, er hat Kränkungen mit Stolz quittiert und später mit Gleichmut bagatellisiert. Er war fähig, sich selbst bis zu einem hohen Grad zu objektivieren, das mag ihn davon abgehalten haben, seinen düsteren Stimmungen allzu tief nachzugeben. Er hätte sonst sein Leben wohl kaum ertragen können.

Vincent und Mary Novello muten uns zwar ein wenig biedermeierlich-spießbürgerlich an, ein wenig begrenzt auch in ihrer Aufnahmefähigkeit und ihrer emsigen Beflissenheit, sich ihr vorgeprägtes Mozartbild bestätigen zu lassen, aber sie waren grundehrlich und gewissenhaft. Das Kriterium der Wahrhaftigkeit ist hier also erfüllt. Die Qualität ihrer Vorstellungskraft jedoch war bescheiden; es war ihnen nicht gegeben, nach Dimensionen zu forschen, die ihnen nicht geläufig waren. Es mangelte ihnen an – sozusagen – rezeptiver Inspiration. Daher beschränkten sie ihre Fragen an die Gesprächspartner auf das Naheliegende, das mitunter freilich wissenswert ist. Welche seiner Kompositionen, so wollten sie wissen, habe Mozart am meisten geschätzt. Wohlgemerkt: sie fragten nicht, welche Opern! Constanze antwortete, er habe viel von *Don Giovanni* und von *Figaro* gehalten, doch habe er vielleicht den *Idomeneo* am meisten geliebt, da ihm diese Oper Assoziationen mit einer unvergleichlichen Lebensperiode heraufbeschworen habe. Vincent Novello gebraucht hier in der Tat das Wort ›associations‹. An anderer Stelle erzählt Constanze sogar ungefragt, daß Mozart in München sehr glücklich gewesen sei; vielleicht sei dies der Grund gewesen, daß er den Idomeneo so geschätzt habe. Wir dürfen annehmen, daß diese Aussagen auf Wahrheit beruhen: es liegt ihnen kein Zweckdenken zugrunde, Constanze hat sich mit ihnen keinen Vorteil verschafft. Im Gegenteil: man hätte sogar denken mögen, daß sie diese Periode verschweige, denn in ihr spielt sie noch keine Rolle, an Mozarts Glück hat sie nicht teil. Heirat und Partnerschaft lagen noch in einer unerahnten Zukunft. Es war durchaus nicht die Eigenschaft der Witwe Mozart, ihre Bedeutung für ihren Mann in den Schatten zu stellen. So gewinnt diese Information beinah den Charakter einer Konzession an die Wahrheit.

Demnach wissen wir also, daß *Idomeneo* im Leben Mozarts einen besonderen Platz einnimmt, und dies vielleicht noch nicht einmal aufgrund der absoluten Qualität, sondern der Assoziationen mit seiner Entstehungszeit. Daß ihm daher jede Beschäftigung mit dem Werk Einzelheiten dieser Entstehung vor Augen führen mußte, ist selbstverständlich. Es liegt nahe, anzunehmen, daß der Tränenausbruch beim Singen zweieinhalb Jahre später durch schmerzliche Erinnerungen an jene glückliche Periode ausgelöst wurde, der das Werk entstammt. Mozart – ich habe es gesagt – war groß in seiner bewußten Selbstkontrolle anderen gegenüber, doch er war psychisch labil und neigte zu emotionaler Instabilität. Plötzliche Ausbrüche von Freude oder Schmerz, von Mut oder Unmut, waren ihm nicht fremd, denn in seinem Inneren vollzog sich ein permanenter Konflikt zwischen internem Auftrag und externer Verpflichtung. Hier also hätte er einer jähen Aufwallung frei und heftig nachgegeben. Vielleicht wäre er sich sogar nachträglich eines Mangels an Kontrolle bewußt geworden.

Nur eben wundern wir uns darüber, daß diese anscheinend überwältigende Erinnerung ihn zu einem Zeitpunkt anfiel, zu dem er, allem Anschein nach, keineswegs unglücklich war. Seit zwei Jahren in Wien etabliert, wo seine *Entführung aus dem Serail* mit großem Erfolg aufgeführt worden war, seit einem Jahr scheinbar glücklich verheiratet, das erste Kind geboren – daß es schon wieder gestorben war, wußte er nicht, aber es hätte ihn nicht tief berührt –: die äußeren Umstände scheinen diese jähe Erschütterung weniger zu rechtfertigen, als sie es auch nur drei Jahre später getan hätten. Der Glückliche erfährt keine plötzliche Reminiszenz an früher erlebtes Glück; er genießt die Rückschau auf Stadien, die dazu führten, und genießt ihre befriedigende Kontinuität. Eine solche aber war im Falle Mozart nicht gegeben. Zwar lagen, als er mit Constanze Salzburg besuchte, noch zwei glanzvolle Jahre vor ihm – was er nicht wissen konnte –, aber es lagen weitaus mehr glanzlose, wenn nicht gar kümmerliche Jahre vor ihm – was er zwar ebenfalls nicht wissen konnte, aber, da er 1783 bereits den schweren Weg des freien Künstlers beschritten hatte, wohl erahnen mußte.

Reines ungetrübtes Glück ist in jedem Leben selten. Kaum einer erfährt es bewußt; feststellbar bleibt es vor allem in der Retrospektion, als ein Moment des ›damals‹. Im Leben des genial Überbegabten – und das können wir erfahrungsgeschichtlich belegen – kommt es nicht vor. Sein unbewußter aber omnipräsenter Wille zur Selbstverwirklichung kollidiert mit dem Treiben seiner Mitwelt. Er paßt sich nicht an und ordnet sich höchstens scheinbar ein. Sofern er nicht arbeitet, arbeitet es in ihm. Er mag sich durch den artifiziellen Glücksrausch zeitweilig betäuben, aber dieser befriedigt nur seine vegetative Seite; das Ziel seines Geistes, nämlich künstlerische Erfüllung, und damit Erlösung aus allem Streben, läßt sich nur in kurzen Momenten aus seinem Bewußtsein verdrängen. Es liegt im Wesen des kreativen Genies, daß es subjektiv diese Erfüllung niemals erreicht. Darin war Mozart keine Ausnahme.

Musik als die einzige der Künste, die primär kein Objekt hat, die also jeder nach seiner eigenen seelischen Veranlagung empfinden und deuten kann, ist daher diejenige Kunst, die den wunderbaren Rausch, den seligen Schauer am unmittelbarsten herbeiführen kann. Im Idealfall, also bei Mozart, ist sie von einer Suggestionskraft, die uns jene sublime Erfüllung vortäuscht, wie sie sich uns im Leben entzieht. Sie löst eine Katharsis aus, aus der geläutert und erneuert hervorzugehen wir uns wünschen, während wir bereits wissen, daß wir nach dem Ende der Musik – wenn nicht gar nach dem Verstreichen der sogenannten ›schönen Stelle‹ – wieder die alten sein werden. Dieses Erleben löst, wie man weiß, bei manchem Hörer Tränen aus. Denn niemals kann die sinnliche Hör-Erfahrung als die Erfahrung reinen Glückes auf uns kommen: unser Verstand bleibt eingeschaltet und löst jenes Interpretationsgeschehen aus, das nicht nur dem Objekt – also der Musik – gilt, sondern auch dem Subjekt – also uns selbst und unserem eigenen Erleben dieser scheinbaren Metamorphose, die uns jedoch wieder der Wirklichkeit zuführt und uns mit der Empfindung eines schmerzlichen Verlustes zurückläßt.

Brach nun also Mozart in Tränen aus, weil er, von seinem eigenen Werk erschüttert, sich in thematischem Anklang unwillentlich mit einem eigenen Verlust konfrontieren mußte? Gewiß ist diese wunderbare Komposition dazu angetan, die Seele aufzurühren, und um so mehr die Seele dessen, der sie schuf; der überdies die Gunst der Umstände nacherlebt, unter denen der kreative Akt stattfand. Aber hier fragt es sich, ob diese von uns konstruierte Assoziation sein Bewußtsein wirklich erreichte. Es ist die Meinung geäußert worden, und zwar von zwei hervorragenden Mozartkennern, daß diese Episode gleichsam ein autobiographisches Zeugnis darstelle; das Quartett enthalte Parallelen zu Mozarts eigenem Leben, sowohl zu der Vater-Sohn-Beziehung als auch zu seiner ehemaligen Liebesbeziehung zu Aloisia Weber. Es stelle selbsterlebten »Kummer der Trennung, der Entfremdung und der Lieblosigkeit« dar. Der Weinkrampf Mozarts sei so zu verstehen, daß er hier »die ganze Wirklichkeit seines Schicksals in seiner eigenen Musik noch einmal erleben« müsse. Ich halte diese Deutung für unwahrscheinlich. Denn wenn wir die Relation zwischen Fiktion und Wirklichkeit hier ganz analysieren, so ergeben sich in diesem Musikstück und seinem Thema völlig andere Konstellationen als in Mozarts vergangenem Schicksal. Die opera seria zeichnet sich ja in ihrer inhaltlichen Modellstruktur eben dadurch von anderen dramatischen Gattungen ab, daß sie Ideales darstellt und daher in ihrer teils papiernen, teils steinernen Stilisierung keinen Anklang an persönlich erlebbare Wirklichkeit zuläßt. Und textlich ist auch *Idomeneo* zutiefst opera seria, wenn auch natürlich Mozart weit darüber hinauskomponiert hat. Allerdings wurde die opera seria damals nicht als ein solches Artefakt empfunden, und aus vielen Briefen der Zeit, auch aus denen Mozarts, geht hervor, daß ihr Stil mitunter modellbildend für schriftliche Gefühlsäußerungen wirken konnte, und damit vielleicht auch für die ausgedrückten Gefühle selbst. Dennoch schließe ich die erwähnte autobiographisch orientierte Deutung aus, freilich immer eingedenk meiner Prämisse: stiege Mozart herab und sagte: du hast unrecht, die anderen hatten recht, so wäre ich der Verlierer, und es bliebe mir nur, Mozart zu überzeugen, daß der Schein und damit die Wahrscheinlichkeit mir recht geben.

Und diese Überzeugung möchte ich hier mit Nachdruck verteidigen. Warum weinte Mozart? Nicht weil das Singen des Quartetts eine Assoziationskette in Bewegung gesetzt hätte, die ihm das Gefühl entschwundenen Glückes als Element der Reminiszenz vor Augen führte, sondern weil irgendeine musikalische Figur – ja, vielleicht war es auch nur ein bestimmtes Intervall – einen Mechanismus des *Unbewußten* ausgelöst hat, der zu dieser heftigen psychischen Reaktion führte; zu einem Vorgang der Erinnerung also, der sich in einer anderen, tieferen Schicht vollzieht als jene Automatik unwillkürlicher Gedankenverbindungen, die wir rekonstruieren können. Hier, in diesem Fall, waren die Gedanken nicht involviert, sondern nur die Seele. Wir finden solche Reaktion ja auch bei Minderen als Mozart, bei denen es sinnlos wäre zu fragen: Warum weinst du? Sie wissen es nicht, denn ihr Weinen hat kathartischen Charakter: Katharsis aber, so bewußt auch das auslösende Moment vom Komponisten oder vom Dichter konstruiert sein mag, bedeutet ein *unbewußtes* Abreagieren der Affekte. Und so hätte auch Mozart wohl kaum sagen können, was ihn überkommen hatte. Wir dürfen annehmen, daß Constanze ihn gefragt hat. Wir dürfen auch annehmen, daß der Grund seines Weinens tatsächlich jenes entschwundene Glück *war*; aber es war ihm in diesem Augenblick der Erschütterung nicht *bewußt*.

Ich sagte ›entschwundenes Glück‹. Ich glaube nämlich, daß Mozarts vier Münchener Monate die relativ glücklichste Zeit seines Lebens waren, zeitweise genährt von der Hoffnung, hier immer bleiben zu dürfen. Zum ersten Mal in seinem Leben war er sein eigener Herr, unbeaufsichtigt und auch in seinem außermusikalischen Stundenplan niemandem Rechenschaft schuldig. Er arbeitete an seinem ersten Opernauftrag nach einer Pause von fünf Jahren. All sein Denken und Handeln war dem Augenblick verhaftet, die Zukunft war verdrängt, und mit ihr der – objektiv gesehen, über Gebühr verhaßte – Dienst beim Erzbischof, in den er freilich nicht wieder zurückkehren sollte, aber das wußte er nicht. Alles spricht dafür, daß er in einer euphorischen – damit ist nicht gesagt: manischen – Verfassung war, beflügelt offensichtlich vom Gelingen der Oper, das ihm von allen Seiten, auch vom Kurfürst selbst, bestätigt wurde. Er schwelgte im Vollgefühl seiner schöpferischen Macht, von der die Oper denn auch zeugt, die nach Einstein »ewig das Entzücken aller echten Musiker bleiben wird«, und wir ergänzen: nicht nur der Musiker. Sie ist die Krone aller opere serie, vor allem weil sie so viel mehr ist als das. Aber große Werke hat Mozart auch zu Zeiten geschrieben, in denen es ihm, nachweislich, sehr schlecht ging. Bezeichnend also für seine Hochstimmung ist vielmehr seine Selbstdokumentation in den Briefen an den Vater. In ihnen erscheint er gereift in seinem analytischen Denken und legt eine wägende Vernunft an den Tag wie niemals zuvor und auch später nicht mehr. Tatsächlich erscheint es uns, als hätten die technischen Widrigkeiten der Inszenierung eine innere Kraft und eine souveräne Selbstsicherheit in ihm erweckt, wie sie in seinem Leben einmalig sind. Die männlichen Sänger waren, jeder auf seine Weise, unbefriedigend; es bedurfte eines gehörigen Maßes einsichtiger Geduld, ihnen die Rollen nahezubringen, das Optimale aus ihnen herauszuholen und gleichzeitig ihre Eitelkeit zu befriedigen. Der Text des Salzburger Hofkaplans Abbate Varesco war ein rhetorisch aufgebauschtes Machwerk, dessen endloses Beiseitesprechen und monologische Suada Mozart nicht in

Kauf zu nehmen gewillt war, und so forderte er von dem Abbate wiederholt Beschränkung auf handlungsfördernde Elemente, er wollte Striche und Kürzungen, wobei er auch noch auf dessen Dichter-Allüren Rücksicht nehmen mußte. All dies tat er mit einer inspirierten Sachlichkeit, einer Konzentration auf das Wesentliche, ja, einer pragmatischen Weisheit, die uns manchmal phänomenal erscheint. Ein Beispiel sei herausgegriffen: Für die Stimme des Orakels hatte Varesco eine wahre Verkündungsrhapsodie verfaßt, mit evokativen Einschüben. Mozart verlangte Kürzung. Varesco kürzte um die Hälfte, und diese Hälfte kürzte Mozart nochmals um die Hälfte und hatte, was er brauchte, einen imperativischen Satz von wenigen Wörtern. In dem Brief an den Vater, in dem er das Streichen zum ersten Mal angeht, schreibt er:

»sagen Sie mir, finden Sie nicht, daß die Rede von der unterirdischen Stimme zu lang ist? Ueberlegen Sie es recht. – Stellen Sie sich das Theater vor, die Stimme muss schreckbar seyn – sie muss eindringen – man muss glauben, es sey wirklich so – wie kann sie das bewirken, wenn die Rede zu lang ist, durch welche Länge die Zuhörer immer mehr von dessen Nichtigkeit überzeugt werden? – Wäre im Hamlet die Rede des Geistes nicht zu lang, sie würde noch von besserer Wirkung seyn. ...«

Hier haben wir also, in einem ›A-propos-Satz‹, eine scharfsinnige und eminent zutreffende Kritik an Shakespeare, die um so mehr wiegt, als sie von einem Ebenbürtigen kommt. Solche alerten Seitenblitze haben wir im späteren Mozart nicht mehr. Von der Münchener Zeit an beginnt – und zwar sofort – ein Leben der Bindungen und der daraus sich ergebenden Verstrickungen, zunächst nur latent, aber allzubald bis zum Gehetztsein akut. Sie haben ihn veranlaßt, eine Art Doppelleben zu führen, geteilt in alltägliche Mühsal und Freiwerden bei der Arbeit, die allmählich Fluchtcharakter annahm. Bei ihr erholte er sich zwar von seiner materiellen Misere, doch niemals mehr so völlig, daß es ihm gestattet gewesen wäre, sich einen geistigen Horizont zu erarbeiten, vor dem er sich selbst und seine Arbeit reflektieren konnte.

Gewiß, als er 1783 mit Constanze und zwei anderen das Quartett sang, wußte er das noch nicht. Doch einen endgültigen Verlust hatte er erahnt, als er München verließ. Die wehmütige Einsicht des ›nevermore‹, also die Bewußtmachung des Unwiederbringlichen, ist ein machtvolles Agens der Seele, das sich alsbald festsetzt und sie kontrapunktisch zu beherrschen beginnt. Auch Mozart hat es gespürt und verdrängt, bis er es, in letzten Briefen, formuliert hat. Wahrscheinlich hat Mozart ein wirkliches Glück nicht gekannt, doch ebenso wahrscheinlich hat er darüber niemals nachgedacht. Das Mißliche, Nichtsversprechende schob er meist von sich, auch das wissen wir aus seinen Briefen. Aber es hat Momente gegeben, in denen es als eine jähe Eruption aus seinem Unbewußten hervorbrach, und das Quartettsingen damals in Salzburg war ein solcher Moment. Wenn Musik die Kunst ist, das Unsagbare zu sagen, so war Mozart, als ihre Verkörperung, der Mann, dieses Unsagbare unmittelbar zu erleben, ohne sich darüber im klaren zu sein. Schließlich war es ihm an seinem Ende noch nicht einmal vergönnt, sich letzte Klarheit darüber zu verschaffen, wer er in Wirklichkeit gewesen war.

1981

Büchners Melancholie

Lassen Sie mich als erstes den Dank aussprechen.

Der Deutschen Akademie für Sprache und Dichtung danke ich für die Zuerkennung des Georg-Büchner-Preises. Ich danke dem Magistrat der Stadt Darmstadt und der Regierung des Landes Hessen für das damit verbundene Geldgeschenk. Ich danke meinem Freund Walter Jens für die Laudatio. Und ich danke Ihnen, meine Damen und Herren, daß Sie hier sind, um mir zuzuhören.

Der Preis kam als Überraschung. Ich hatte ihn nicht erwartet. Ich freue mich über ihn und werde mich noch mehr freuen, wenn die Rede, die ich jetzt zu halten habe, hinter mir liegt. Denn ich muß gestehen, daß der Gedanke an diese Rede meine Freude gedämpft hat. Ich habe die Jahrbücher der Akademie durchgesehen, und es schien mir, als habe eine Reihe illustrer Preisträger bereits alles über Büchner gesagt, was zu sagen ist, und mehr. Ich habe versucht, mich damit zu trösten, daß es der Preisträger etwa des Jahres 1976 – falls es bis dahin auf der Welt noch Literatur und Literaturpreise gibt – weitaus schwerer haben wird als ich. Zwar wird sich, solange es deutsche Justiz gibt, immer eine Parallele zu Büchners Zeit herstellen lassen, es wird jedoch bis dahin kaum noch ein Aspekt übrig sein, im Lichte dessen Büchner selbst zu deuten ist. Aber auch dieser Gedanke brachte mich der Aufgabe nicht näher. Kurz, ich habe mich noch niemals vor einem Thema so versagen sehen, wie vor diesem, denn dies ist das erste Mal, daß ich mir mein Thema nicht selbst gestellt habe.

Dennoch habe ich die Verpflichtung zur Rede gern auf

mich genommen. Die Tradition, alljährlich einen großen Mann zu ehren, der steckbrieflich verfolgt wurde, weil er sich in seinem Land für soziale Gerechtigkeit eingesetzt hatte, der aus der Stadt fliehen mußte, in der wir heute seiner gedenken, erfordert Anerkennung. Man muß der Deutschen Akademie für Sprache und Dichtung dafür dankbar sein. Es ist leider in Deutschland um die Traditionen nicht zum besten bestellt – soweit ich weiß, dient keine von ihnen der Toleranz, dafür viele dem Gegenteil –, wenige ragen als sinnvoll hervor, und unter den wenigen ist diese: eine Tradition der Vernunft, der Einsicht, der Würde und der Kultur.

Nun befasse ich mich zwar – wie man sagt – beruflich mit Literatur, aber es ist mir nicht gegeben, mich mit ihrer Entstehung oder gar mit ihrer Entstehungsgeschichte zu befassen. Lesen ist mir eine vertraute Beschäftigung, aber den Wunsch, zu wissen, wie das Gelesene zustande gekommen ist, verspüre ich nicht, gehe ihm daher nicht nach. Literatur ist für mich nicht gleichbedeutend mit ihrer Wissenschaft. Ich muß deshalb hier eine Betrachtung vortragen, die nicht nur unakademisch, sondern wahrscheinlich auch ohne System ist. Allerdings kommt mir der Gegenstand meiner Betrachtungen – Georg Büchner – entgegen. Mehr als alle anderen deutschen Dichter entzieht sich Büchner als Erscheinung einer ausschließlich literaturwissenschaftlichen Analyse. Dichtung war nicht Büchners Hauptbeschäftigung, seinem literarischen Schaffen hat er nicht mehr als ein Dreivierteljahr seines Lebens gewidmet; so war es denn auch kein Dichterleben. Eine Entwicklung, die in Perioden zu gliedern ist, hat er nicht durchgemacht. Auch hat er kein Doppelleben geführt, das uns ermöglichen würde, die Hälfte des Dichters separat zu beleuchten. Sein dichterisches Werk ergänzt sein Leben, aber er lebte nicht für dieses Werk. Er war alles in einer Person, politischer Agitator,

Wissenschaftler, Schriftsteller, potentieller Menschenfreund, Menschenverächter aus bitterer Erfahrung. Wesentlich erscheint es mir, daß er sich nicht als Dichter sah. Er wollte von seinem Schreiben – wie er selbst gesagt hat – »Ruhm haben, nicht Brot«. Immerhin, den Ruhm wollte er. Die Berufung spürte er unter anderen Berufungen, aber als Beruf wählte er sich einen anderen. Auch rezeptiv haben die Künste in seinem Leben eine untergeordnete Rolle gespielt. Äußerungen über Musik oder bildende Kunst sind nicht überliefert, als Genießer etwa italienischer Kultur oder überhaupt als müßig Reisender ist er schwer vorstellbar, und schon gar nicht als Betrachter von Gemmen wie Goethe. Sein soziales Gewissen erlaubte ihm nicht, sich als Auserlesener zu betrachten. Er war kein Weiser, sondern ein Systematiker. Aphoristisches Denken war ihm völlig fremd. Im Gegensatz zu vielen Dichtern hat er nur über Dinge gesprochen, die er verstand. Seine Lebensspanne war zu kurz für ein vielseitiges Œuvre, seine Sprache hat sich nur wenig gewandelt, blieb, bis auf die parodierenden romantischen Ausschweifungen und die parenthetischen Kommentare in *Leonce und Lena*, immer die gleiche bewußt und willentlich prosaische Prosa und wandelte sich nur mit dem Thema. Zum Schluß im *Woyzeck* wird sie ein wenig atemloser, gedrängter, ein staccato. In allem weht der Atem eines Mannes, der nicht viel Zeit hat. Sein Werk würde uns, zumindest thematisch, um eine Facette bereichert erscheinen, hätte nicht seine Braut das Manuskript eines fertigen Theaterstückes vernichtet. Zwar war es nicht zur Heirat gekommen, dennoch hat sie nach seinem Tod von ihrem Witwenrecht Gebrauch gemacht, hat Geschriebenes verschwinden lassen und ist damit einer schlechten Tradition gefolgt, die von Constanze Mozart bis in die heutige Zeit reicht. Indem die Witwen, mögen sie Nissen, Jaegle, Goll, Kandinsky oder Berg heißen, Züge ihrer verstorbenen Gatten zu verhüllen suchen, enthüllen sie sich selbst. Das sollte man ihnen vielleicht einmal sagen.

Wie dem auch sei: die Verschiedenheit der Berufe und Berufungen war für Büchner kein Gegenstand des Konflikts, zumal da er sie als Ausdrucksmöglichkeiten einer einzigen menschlichen Haltung und damit nicht verschieden voneinander sah. Der Konflikt wurde durch äußere Umstände verursacht, nicht durch eine innere Konstellation; wir finden keinen Riß im Wesen Büchners. Der Zwiespalt begann nach der Flucht aus Darmstadt, als sein Antrieb und sein Drang zur Aktion erlahmt waren, als seine Hoffnung sich zu Enttäuschung und schließlich zu Resignation wandelte, als er seiner – von je latenten – Melancholie zumindest ein Theaterstück lang freien Lauf ließ. Auch Büchner hat schließlich eingesehen, daß er und seinesgleichen das Rad der Geschichte nicht drehen würden, daß Leute seines Schlages die Politik nicht ändern, daß er es mit den Mächtigen nicht aufnehmen konnte. Daß der freie Geist in Deutschland nicht willkommen ist, auch bei den Unfreien nicht. Sein Traum war ausgeträumt, und so flüchtete er für kurze Zeit in einen anderen Traum. Dieser Traum heißt *Leonce und Lena*, er ist ein melancholisches Meisterwerk, eine Tragikomödie des Leerlaufs und der Frustration.

Von diesem Stück möchte ich sprechen, von seiner Bedeutung im doppelten Sinne: erstens im Leben Büchners – denn das Stück ist der Ausdruck jener angedeuteten Wendung, wenn auch nicht einer Wandlung –, zweitens: Bedeutung als Anlaß zur Interpretation. Hier sind Vorbehalte angebracht: Interpretation bedeutet nicht die Auffindung absoluter Wahrheit, sondern bestenfalls einen subjektiven Beitrag zu ihrer Auffindung. Jeder Zuhörer sollte meine Ausführungen für sich selbst ins Konditional transponieren. Es wäre Unfug, wollten wir ein Genie nach unseren Maßstäben messen und ihm unsere Impulse unterschieben.

Ich deute also nicht, sondern spreche von Möglichkeiten einer Deutung.

Leonce und Lena ist zwar ein Lustspiel, entzieht sich aber weitgehend den dramaturgischen Gesetzen. Die aristotelischen Forderungen sind außer acht gelassen. Es kündigt sich hier schon die radikale Abkehr von ihnen an, wie sie sich in Büchners letztem Theaterstück, dem *Woyzeck*, manifestiert. Die Einheit der Zeit im *Leonce* ist zufällig, und die Einheit des Ortes ergibt sich aus der Tatsache, daß das Reich Popo, in der satirischen Absicht des Stückes, nicht viel größer ist als der Bühnenraum. Zwar zählt Valerio die Überschreitung der Grenzen eines halben Dutzend Herzogtümer und einiger Königreiche, aber auch diese Entfernungen scheinen tatsächlich nicht viel größer zu sein als die extremen Flügel in einem Palast. Die Exposition ist von klassischer Klarheit, aber allmählich stellt man fest, daß sie niemals ganz aufhört. Eine Peripetie im strengen Sinn hat das Stück also nicht, da sich die beiden Träger des Geschehens, Leonce und Lena, einander nur sehr zögernd, buchstäblich schlafwandlerisch nähern, einander zunächst nur in Gedanken betasten, gleichsam trunken von Traum und immer sterbensmüde von der Anstrengung des Lebens, das sie gar nicht kennen. So kommentieren sie einander, bevor sie einander begegnet sind – das heißt: eigentlich begegnen sie einander noch nicht einmal, sie nehmen einander wahr als etwas vage Erhofftes, aber Unwahrscheinliches, atmen die Luft des anderen und verfallen – immer träumend, sinnend, flüsternd, immer in einer Art »Beiseite« – in Umschreibungen der Liebe. Diese Umschreibungen sind denn auch mehr Kommentar als Bühnensprache. Man kann bei diesem Stück nicht eigentlich sagen, daß der Dialog die nachvollziehende Phantasie des Zuschauers entlastet. Aber sie braucht auch nicht entlastet zu werden. Denn die Fabel ist denkbar einfach, so einfach, daß sie auch pantomimisch ausdrückbar wäre. Nichts wird als gegeben vorausgesetzt, alle Aktion ist direkt, nirgends Teichoskopie, und nur einmal Botenbericht, der beinah eine Satire in sich ist. Der Büchner-Literatur entnehme ich, daß *Leonce* thematisch bei Brentano ein Vorbild hat. Ich muß hier bemerken, daß ich bei den Klassikern – und natürlich bei den Romantikern – in der deutschen Schule gefehlt habe; ich saß damals schon in England in der Schule und lernte Shakespeare. Ich mag mich daher irren, wenn ich behaupte, daß dieses Stück als *dramatisches Gebilde* kein Vorbild hat, es ist in Struktur und Diktion einzigartig. Es gibt, meines Wissens, kein anderes Stück, dessen Handlung vom Dialog so wenig vorwärtsgetrieben wird wie dieses, in dem jeder gesprochene Satz ein retardierendes Moment ist. Denn dieses Stück spielt in den entrückten Regionen einer Opernrealität – in Popo und Pipi –, wo man anders redet, wo Zweck und Ziel, im positiven wie im negativen Sinne, unbekannt sind, wo zudem seltsame Gesetze herrschen. Wo eine Prinzessin mit ihrer Gouvernante einfach ins Unbekannte aufbrechen kann, wie Donna Elvira im *Don Giovanni*, die nachts allein an einer Straßenecke den Verlust ihres Verlobten beklagt. Ein Land, in dem alle die gleiche bilderreiche Sprache sprechen, in dem selbst den Dienern der Wortschatz für ironisch souveränen Kommentar zur Verfügung steht. Und der einzige, der den Faden stets verliert, ist der König, der somit der einzig Glaubhafte wird. Passagenweise scheint der Wortwitz, wenn nicht gar der Kalauer, den Text zu beherrschen, ein Homonym jagt das andere. Dies – unter anderem – hat Büchner Shakespeare abgeguckt: eine wirksame Komik, erzeugt durch falsches Hören und falsche Wiedergabe des Gehörten. All dies retardiert, läßt zeitweise die Handlung schleppen, das Sprechen wird zum Selbstzweck, aber das vergißt man über dem Reichtum an Einfällen, über dem Wechsel zwischen knapper rhythmischer Präzision und euphonischer Breite. Dennoch: beinahe überall offenbart sich zugleich die Hast, das Atemlose, Überhitzte, das gleichsam Fiebrige eines Autors, der manches zu überspielen hat und in Eile ist: er muß disponieren, drängen, muß aus seinen seismographischen Feststellungen ein Stenogramm machen, muß in Stichworten Unaussprechliches, Hintergründiges beschwören. Wie später im *Woyzeck*, so ersetzen schon hier Satzfetzen ganze Sätze und werden gerade durch ihre Kürze zu genialischen Würfen, jederzeit verfügbar und jederzeit verwerfbar: sogar die Paralipomena sind voller Schätze. Und alles, Sätze, Fetzen, Bilder, ist in tiefe Melancholie gehüllt. Nun schafft die Darstellung der Melancholie stets eine Verzauberung, denn sie bedeutet Abgewandtheit von den realen Dingen des Lebens, die ja für den Melancholiker nicht real, weil allzu vergänglich sind. Melancholische Lethargie auf der Bühne ist ein vollwertiger Ersatz für Aktion. Sie wird vom Publikum gern nachvollzogen, mitunter bis zur Ansteckung genossen. Der Melancholiker auf der Bühne greift nicht ins Geschehen ein, er bleibt passiv und läßt sich treiben. Er wandelt wie im Schlaf und schafft sich und dem Publikum Ersatz durch Tagträume. Aber das Publikum darf den Traum vollziehen und das Suggerierte auskosten, während der Bühnenfigur der Vollzug mißlingt. Und das Mißlingen schafft neue Melancholie. Das wußten außer Büchner auch Shakespeare und Tschechow.

Leonce und Lena sind melancholische Figuren. Aber nicht nur das: sie sehen und kommentieren nichts anderes als Melancholie, und zwar nicht nur ihre eigene, sondern auch die ihrer Partner. Wir haben es also mit einfacher und dazu mit doppelt verfremdeter, das heißt sozusagen mit einer dreifachen Manifestation der Melancholie zu tun. So sagt Lena von Leonce: »Er war so alt unter seinen blonden Locken. Den Frühling auf den Wangen und den Winter im Herzen.« Das ist vortrefflich gesagt, es charakterisiert

Leonce erschöpfend. Sie fährt fort: »Der müde Leib findet sein Schlafkissen überall, doch wenn der Geist müd ist, wo will er ruhen?« Die Antwort wäre »Im Jenseits«, aber das können wir von dem Kind Lena nicht erwarten, so weit ist sie erst in ihrem nächsten Satz. Denn nun sagt sie: »Es kommt mir ein entsetzlicher Gedanke: ich glaube, es gibt Menschen, die unglücklich sind, unheilbar, bloß weil sie *sind.*« Dieser Gemeinplatz ist objektiv wohl mit ihrer Jugend zu entschuldigen, und subjektiv vielleicht damit, daß er in dieser Form hier zum ersten Mal ausgedrückt wird. Immerhin bezeichnet er den Moment, da Lena, indem sie in der Definition einer ihr fremden Anomalie des Partners auch die Definition ihrer eigenen Krankheit findet und damit, im Sinne des Stückes, erwachsen wird. Hier ist ein gleichsam fortgewischter Wendepunkt, ein minimaler Ersatz für die Peripetie. Denn hier offenbart sich, daß Leonce und Lena füreinander bestimmt sind. Glücklich werden sie freilich niemals werden, im Gegenteil: sie werden ein trauriges Paar abgeben, die Melodie beginnt in Moll – bei Mozart wäre es g-Moll gewesen. Von beiden Seiten wird die Desillusion in die Ehe eingebracht, die Langeweile, das zum Nichtstun-Verdammtsein und die Ahnung, daß das Leben nicht lebenswert sei. Hinter alledem erscheint denn auch die Desillusion des Autors, der sich bemüht hatte, das Leben für andere lebenswert zu machen, und nun festgestellt hatte, daß sein Einsatz vergebens gewesen war. Wie Büchner im Leben, verzichtet Leonce im Spiel darauf, ein positiver Held zu sein, oder vielmehr: er kann es gar nicht sein, seine Schwermut verhüllt ihm die Möglichkeiten des Eingriffs. Statt dessen schwelgt er in selbstauferlegtem Verzicht.

In der Rosettaszene baut er sich sogar Requisiten auf, um zwischen ihnen seinen Schmerz voll auszukosten. »Stellt die Lampen unter Kristallglocken zwischen die Oleander, daß sie wie Mädchenaugen unter den Wimpern der Blätter hervorträumen. Rückt die Rosen näher, daß der Wein wie Tautropfen auf die Kelche sprudle.« Genaugenommen sind diese Bilder nicht allzu glücklich. Aber sie sind nicht gesucht, sondern gefunden, Beispiele eines poetischen Zugriffs, der nicht immer kontrolliert, was er greift. Vor allem aber eröffnen sie die Sicht auf eine neue, ungeahnte Seite ihres Sprechers Leonce und damit seines Schöpfers Büchner: sie führen den trockenen bitteren sarkastischen Leonce-Büchner ein, der sich in dieser Szene für sein Nichtstun selbst bestraft, indem er seiner Natur entgegenhandelt und grausam gegen seine Mitmenschen ist. Der Mitmensch ist hier Rosetta, wahrscheinlich bis zu dieser Szene die Geliebte Leonces, ein anmutiges Geschöpf, das uns bereits bei ihrem Auftritt klargemacht hat, daß sie lieber unter der Erde wäre. Denn auch Rosetta ist schwermütig. Und ihre Schwermut erhält reichlich Nahrung. Sie sagt: »Deine Lippen sind träg. Vom Küssen?« – »Vom Gähnen«, sagt Leonce und setzt damit einen Antiklimax, der den Dialog schlagartig verstummen und zu einem neuen Atemzug ansetzen läßt. Ich brauche die Dramatiker nicht aufzuzählen, die aus dieser Art der Dialogführung gelernt haben. »Du liebst mich?«, fragt Rosetta, und Leonce antwortet: »Ei warum nicht?« Wie viele langatmige Darstellungen der Frustration sind hier nicht nur vorweggenommen, sondern mit einer erschöpfenden Replik abgetan! So also offenbart sich die Grausamkeit des Melancholikers, der sich für seine Indolenz und seinen Ennui die Strafe auferlegt, sich von einem geliebten Partner zu trennen. Und hier denn muß der Name fallen: Hamlet.

Anklänge an das *Stück Hamlet* gab es im *Leonce* zur Genüge schon zuvor. Wer dächte bei der arroganten Servilität des Hofmeisters nicht an Polonius oder an Osric! Auch im *Hamlet* geht das Gespräch über Wolken. Aber hier, in der Rosetta-Szene, klingt Hamlet als *Figur* an, hier wird eine Affinität, wenn nicht gar Abhängigkeit, sichtbar. Die zurückgewiesene Rosetta wird zur zurückgewiesenen Ophelia, der Hamlet, freilich in fingiertem Wahnsinn, den Rat gibt, in ein Kloster zu gehen. Wäre Ophelia mit ihren Gefühlen nicht zurückhaltender als Rosetta es ihrer Natur nach ist, so könnten manche Worte Leonces die Worte Hamlets sein: »Tränen, Rosetta? Ein feiner Epikureismus, weinen zu können. Stelle dich in die Sonne, damit die köstlichen Tropfen kristallisieren, es muß prächtige Diamanten geben. Du kannst dir ein Halsband daraus machen lassen.« Hier scheint es in der Tat, als genieße Leonce seine Fähigkeit, äußerste Gefühlskälte vorzutäuschen. Und als Rosetta sie ihm nicht glaubt und ihn umarmen will, sagt er: »Gib acht! Mein Kopf! Ich habe unsere Liebe darin beigesetzt.« Das ist kaum weniger deutlich als Hamlets Aufforderung an Ophelia, in ein Kloster zu gehen.

Welche Autoren Büchner gelesen haben mag, weiß ich nicht, aber seinen Shakespeare hatte er auf jeden Fall gelesen. Als wolle er einen Hinweis geben, setzt er als Motto über den ersten Akt des *Leonce* ein Zitat aus *Wie es euch gefällt*: »O wär ich doch ein Narr! Mein Ehrgeiz ging auf eine bunte Jacke.« Dieser Wunsch, den Leonce selbst in einem seiner koketten Momente geäußert haben könnte, wird bei Shakespeare von Jacques geäußert, und in dieser Figur erkennen wir ein weiteres Modell für Leonce. Jacques ist ein Edelmann, weitgereist, mit einer sehr subjektiven Weltsicht, ein gebildeter Ästhet, potentieller Poet und schwerer Melancholiker. »Ich kann Melancholie aus einem Liede saugen wie ein Wiesel Eier saugt«, sagt er. Auch er also erlebt seine Melancholie bewußt, ist sogar stolz auf sie, ein halber Narr und ein halber Weiser, ein ewiger Zuschauer und selbstbeobachtender Müßiggänger wie Leonce. Hamlet, Jacques und Leonce sehen alle drei die Welt negativ.

Hamlets Gründe sind die besten, denn seine Welt ist in der Tat furchtbar, und er kann sie mit einer besseren vergleichen, die er noch gekannt hat. Jacques' Gründe sind die schlechtesten, denn seine Welt ist besser, als er sie sieht. Dennoch zieht er die Konsequenz aus seiner subjektiven Sicht und geht in die Einsamkeit. Leonces Welt Popo ist gewiß nicht gut, aber sie wäre vielleicht durch das Gute veränderbar, es wäre einen Versuch wert, den Leonce jedenfalls nicht macht. Statt dessen will er sich das Leben nehmen.

Büchner hat sich sein Leben lang mit dem Freitod beschäftigt. Während der Arbeit am *Leonce* schreibt er an seinen Freund Eugen Boeckel: »... ehe ich mir neulich meinen hohlen Zahn ausziehen lassen, habe ich im vollständigsten Ernst überlegt, ob ich mich nicht lieber totschießen sollte, was jedenfalls weniger schmerzhaft ist.« Ohne Zweifel ist dieses Briefzitat bedeutungsvoller, als es aussieht. Die Bagatelle – der hohle Zahn – ist nur das auslösende Moment, der vorweggenommene Antiklimax. Die Betonung liegt auf den Worten »im vollständigsten Ernst ...«. Wie Hamlet also denkt Leonce-Büchner an Selbstmord, kommt ihm auch näher als Hamlet. Aber er läßt sich vom Narren Valerio gern daran hindern. Nur einen Moment lang also sieht es so aus, als greife er zur – freilich ichbezogenen – Aktion. Einen Moment lang scheint es, als richte sich die Grausamkeit des Melancholikers gegen ihn selbst, als wolle er die Strafe an sich selbst vollziehen. Aber er wagt den Sprung nicht. Er läßt sich beruhigen. Versöhnt mit der Welt tut er den Schritt zurück in jene Romantik, die er überwinden wollte und die sein Schöpfer Büchner durch dieses Stück in sich selbst hatte überwinden wollen.

Mit Selbstverachtung, mit einer Art grimmiger Genugtuung konstatiert Leonce, daß er »um den schönsten Selbstmord gebracht« sei. »Ich werde in meinem Leben keinen so vorzüglichen Augenblick mehr dazu finden, und das Wetter ist so vortrefflich. Jetzt bin ich schon aus der Stimmung.« Damit ist die Angelegenheit erledigt, weggewischt. Leonce-Büchner ist aus der Stimmung und wird sich von nun an anderen Dingen zuwenden. Und am Schluß hören wir ihn wieder tief in der Romantik als Thronfolger phantastische Neuerungspläne äußern: »Wir lassen alle Uhren zerschlagen, alle Kalender verbieten und zählen Stunden und Monden nur nach der Blumenuhr, nur nach Blüte und Frucht. Und dann umstellen wir das Ländchen mit Brennspiegeln, daß es keinen Winter mehr gibt und wir uns im Sommer bis Ischia und Capri hinaufdestillieren und das ganze Jahr zwischen Rosen und Veilchen, zwischen Orangen und Lorbeer stecken.« Dies also die Zukunftsvision Leonces. Hier denn, am Schluß, trennt sich sein Schöpfer deutlich von ihm, denn für Büchner waren diese Sätze nichts anderes als eine bittere Parenthese, ein ins Phantastische gesteigerter Traum von Wohlstand für alle und von einer Regierung, die diesen Wohlstand anstrebt. Hier endet die Identifikation. Büchner verabschiedet seinen zweifelhaften Helden, der in romantischen Gefilden weitervegetiert, während er selbst von seinem Traum aufsieht und sich einer bösen Wirklichkeit gegenüberfindet, in der er nichts hat ausrichten können. Er hat statt dessen ein Stück geschrieben.

Das Stück entstand im frühen Sommer des Jahres 1836 in Straßburg, etwa fünfzehn Monate nach der Flucht aus Darmstadt. Ob die Flucht selbst ihn seelisch belastet hat, können wir schwer beurteilen. Aus seinen Briefen geht es nicht hervor, denn in ihnen neigt er dazu, Flucht, Verschwörung und Mittäterschaft zu bagatellisieren, zweifellos, um den Vater zu beruhigen. Dennoch, er wußte, daß damals einige seiner Mitverschwörer bereits im Gefängnis mißhandelt wurden, andere zumindest sehr gefährdet waren. Er wußte auch, daß sie sich ihrem Schicksal nicht einfach durch Flucht entziehen konnten, wie er es getan hatte. Da er der einzige seines Kreises war, der die Gabe hatte, klar zu denken, wußte er auch, daß sein Bleiben niemandem genutzt hätte. Dennoch litt er unter dem erahnten Vorwurf der Fahnenflucht. Zwar schreibt er von der Sinnlosigkeit des Aufstandes, schreibt, daß »nichts zu tun ist, daß jeder, der im Augenblick sich aufopfert, seine Haut wie ein Narr zu Markte trägt«, aber wer weiß, ob sein Gewissen einverstanden war mit diesen Sätzen, die zweifelsohne sein Verstand kontrolliert hatte. Und schließlich schreibt er: »Hoffen wir auf die Zeit!« Damit hat er das Politisch-Aktivistische abgestreift, ein Teil von Büchner liegt in Zukunft lahm. Und dann beginnt er mit *Leonce und Lena*, einer Selbstdarstellung, in der er das Objekt seiner Identifikation nicht schont. Im Gegenteil: unbarmherzig gegen sich selbst, verschweigt er das Positive, nämlich, daß er den Versuch gemacht hat, die Welt zu ändern, und gescheitert ist. In bitterer Satire werden die Zustände angedeutet, die er verändern wollte – die Bauernszene ergibt ein konzentriertes Bild grausamer übertragener Wahrheit –, aber Leonce ist bei diesen Szenen wohlweislich nicht anwesend: Büchner ist nicht *mehr* anwesend, er hat sich zur Untätigkeit verurteilt. Er ist gescheitert.

Was sich Büchner von seinem politischen Abenteuer versprochen hatte, das läßt sich heute nicht mehr rekonstruieren. Daß er und seine Freunde wirklich an die Möglichkeit eines Aufstandes geglaubt hatten, scheint uns, nach furchtbarer Erfahrung, kaum möglich, kaum vorstellbar seine Hoffnung, daß die Empfänger des *Hessischen Landboten* anstatt Angst und Untertanengeist den Mut zur Freiheit aufbringen und sich seiner Sache anschließen würden, anstatt ihr Exemplar der Polizei auszuliefern. Aber was auch immer er erwartet hatte, er hatte die Erwartung aufgegeben und schrieb nun *Leonce und Lena*, um sich von ihr zu heilen. Er flüchtete in die totale Poesie, aber den Fluchtweg hat er sich gepflastert mit bitterer Reminiszenz des Erlebten. Seine gesamte Erfahrung mit politischer Aktion hat er hier verarbeitet, nur seine eigene Rolle verschweigt er: der Melancholiker Leonce, der Ästhet, der Müßiggänger hat niemals versucht, in die Politik einzugreifen wie sein Schöpfer; hier verrät sich Büchner nicht, vielleicht, weil er seine Erkenntnisse nicht durch Resignation subjektiviert sehen wollte. Die Erkenntnisse nämlich, daß die deutschen Herrscher und Politiker ihr Volk verachten. Daß Leute seines Schlages weder Einfluß auf das öffentliche Leben nehmen, noch das Volk aus seiner Lethargie wecken können. Daß aller Wille zur Reform verpufft angesichts des Unwillens zu denken. Daß das Volk »Vivat« ruft, wann immer es von ihm verlangt wird. All dies steht im *Leonce*, und mehr. Im Schulmeister und im Landrat erkennen wir die damalige hessische Obrigkeit in ihrer zynischen Menschenverachtung. Sogar der Steckbrief ist in den Paralipomena parodiert. Nur vor der politischen Justiz scheint Büchner verstummt zu sein, jene politische Justiz nämlich, von der Hans Magnus Enzensberger meint, daß sie »von 1819 bis auf den heutigen Tag, allein durch ihre Selbstdarstellung jede Polemik brotlos macht«. Büchner konnte nur den Anfang dieser Zeitspanne überblicken, wir überblicken sie ganz: die Parallelen drängen sich auf. So wenig den Unterdrückten zu Büchners Zeit daran lag, den *Hessischen Landboten* auf seine Wahrheit zu prüfen, so wenig liegt auch der Mehrzahl heute daran, die Konsequenzen aus schrecklichen Dokumentationen über die deutsche Justiz zu ziehen. Zwar wird, wer die Wahrheit sagt, nicht mehr gehenkt, aber er wird auch nicht gehört. Die Resignation vor dieser Tatsache, denke ich, wäre heute wie damals ein Grund zur Flucht in die Poesie. »Hoffen wir auf die Zeit«, schrieb Büchner an Boeckel. Dieser Satz, der damals zwar weniger abgedroschen geklungen haben mag als heute, da man von der Zeit wahrhaftig wenig zu hoffen und alles zu befürchten hat, mutet uns dennoch lahm an. Es drängt sich der Verdacht auf, daß Büchner diese Hoffnung schon längst begraben hatte. Und um den Verlust der Hoffnung zu verschmerzen, schrieb er *Leonce und Lena*, ein romantisches Märchenspiel und eine Anklage voller bitterer Wahrheit, die bis heute ihre Gültigkeit behalten hat. Und von nun an hat er nicht mehr einzugreifen versucht. In der bitteren Erkenntnis, daß in Deutschland Selbstlosigkeit, Gerechtigkeitswille und Integrität nicht zu den Qualifikationen gehören, die zur Verwirklichung eines politischen Zieles beitragen, hat er sich aus der Politik zurückgezogen, und wer diesen Rückzug mißbilligt, der hat die deutsche Wirklichkeit nicht begriffen. Einen Büchner haben wir heute nicht unter uns, wohl aber genug Georgis – und Schlimmere –, um einen potentiellen Büchner zu verfolgen.

Ich bin vom Thema *Leonce und Lena* nicht abgewichen. Ich habe die letzten Worte nicht in polemischer Absicht gesagt, nicht um einer Dankrede ein Pflichtpensum von Aggressivität gewaltsam anzuhängen; nicht weil sich hier die Gelegenheit *bot*, sondern weil sie sich *aufdrängte*, an unumstößliche Wahrheiten zu erinnern, die – und das möchte ich unterstreichen – an Hand von statistischem Material nachprüfbar sind. Dennoch hätte die Höflichkeit es mir verboten, dieses Thema bis zu seinem Ende zu behandeln, wüßte ich nicht, daß hier keiner unter uns ist, der nicht gegen jede Obrigkeit für einen Büchner Partei ergreifen würde.

1966

The End of Fiction

›The End of Fiction‹ – this may seem a somewhat sensational and highly provocative title for a talk. However, I do not mean to be apodictical, though I *shall* be highly subjective. Any writer would be, speaking about writing, although he may not – and generally does not – know or admit it. Objectivity you might – ideally speaking – find in a judge, but not in a writer speaking about his craft. He will always speak about himself, and I, for one, do not intend to make a secret of it. I couldn't even if I wanted to.

Let me begin with a quotation:

»The more books we read, the clearer it becomes that the true function of a writer is to produce a masterpiece and that no other task is of any consequence. Obvious though this should be, how few writers will admit it, or having drawn the conclusion, will be prepared to lay aside the piece of iridescent mediocrity on which they have embarked! Writers always hope that their next book is going to be their best, and will not acknowledge that they are prevented by their present way of life from ever creating anything different.«

This was written thirty years ago. It is the opening passage of a book which in its day was as much discussed as any book written by an intellectual for intellectuals can be. In fact, it makes fascinating reading even today, but not entirely on account of its quality, its style or erudition. Its fascination today lies largely in its nostalgic value: although written during the world war, it throws light on a happier past, when a writer would permit himself to escape from the hardships of everyday life and treat himself to writing page after page of self-observation and memory; to minute registration of his reaction to atmosphere, to good or bad company of people and of books – in short: to creative exploitation of his pleasures and – more often – his depressions.

I daresay that some of you know the book I am talking about. It is called *The Unquiet Grave*. The subtitle is *A Word Cycle*. Its author called himself Palinurus, after the sea-captain in the Aeneid, who fell into the sea in his sleep and was miraculously saved, only to be killed by the inhabitants of the shore which he was driven against by the waves. But the nom de plume was not meant to be a disguise. Behind it its author was intentionally recognizable: Cyrill Connolly, the writer, critic and editor of the famous and indeed in its time unparalleled monthly literary magazine *Horizon*. Connolly certainly wrote his masterpiece with this book, relatively speaking.

On the second page Palinurus names fifteen masterpieces by twelve authors: the Odes and Epistles of Horace, the Eclogues and Georgics of Virgil, the Testament of Villon, the Essays of Montaigne, the Fables of La Fontaine, the Maxims of La Rochefoucauld and la Bruyère, the Fleurs du Mal and Intimate Journals of Baudelaire, the Poems of Pope and Leopardi, the Illuminations of Rimbaud, and Byrons Don Juan.

At a first glance this choice seems arbitrary even to one who confesses his subjectivity and would therefore let it pass in others. But apart from the fact that one can hardly speak of collections of essays or poems as *one* masterpiece – Leopardi after all spent the best part of his life writing *his* – the choice seems to demonstrate intellectual superiority a little too obviously: most of us would have no understanding for the fact that their favourite is missing – at least I haven't.

But then Palinurus goes on to explain: »Such a catalogue reveals the maker. What is common in thought to these twelve writers? Love of life and nature; lack of belief in the idea of progress; interest in, mingled with contempt for humanity.« To me it seems somewhat difficult to discover love of life in – say – Baudelaire, and Leopardi's potential love of life was platonic and far removed from – say – that of Villon, but that is not the matter in question. What would strike us most is that the ›great classics‹ are missing, Homer, Shakespeare, Goethe and others. The explanation we find on the third page. Here it says: »There are no novels, plays or biographies included in the list and the poetry is of a kind which speculates upon life. They have been chosen by one who most values the art which is distilled and crystallized out of a lucid, curious and passionate imagination.« Evidently Palinurus does not believe that fiction or drama can fulfill these conditions. For him there seems to be no satisfactory substitute either for the first person singular or for the subjective omnipresence of the lyrical poet in his poems in expressing a »lucid, curious and passionate imagination«. Although this seems subjectivity carried to the extreme I for one who have never been able to write about anything but my potential self can well understand it.

I feel that before proceeding I ought to make clear my position. I have been invited to give a talk – I shall not call it a lecture – at this university and I have accepted because I love Ireland and I come here whenever a chance offers itself. Moreover I wanted to stand here where James Joyce, the greatest prose writer of them all, has sat, listening to, let us hope, someone better and certainly someone less unacademic than myself. Incidentally, to make my position even clearer and, if you like, to emphasize my subjectivity: to my mind Joyce's masterpiece *Finnegans Wake* is unequalled in »passionate imagination«, in beauty and –

excuse my pathos – eternal truth by at least those of Palinurus' fifteen masterpieces that *I* know, and it speculates upon life in a more profound, a more intense and more sovereign manner than any work by any writer writing about himself. But this is by the way.

Ireland and Joyce then have induced me to come here and talk to you, *not* my occupation with literature. I admit that I should have preferred to speak about art or music, both of which have been the subject of my reflection and speculation, whereas literature has not. I am a writer and a moderate reader, but not a theoretician. It has always seemed to me slightly contradictory that »word cycles« – to borrow Palinurus' expression – should serve to corroborate, as it were, other word cycles, thus a work of art be interpreted in its own medium. In the other arts the relationship between theory and practice is clear: I cannot do a painting in order to explain another painting. Moreover I have always been suspicious of writers of fiction who write or speak about the writing of fiction. I have to come back to this subject explicitly.

I feel myself unqualified to hold forth on theory and anyway had no desire to do so. Therefore, to make these notes I retired to my cottage in Italy where I was left alone with the voices of opinion and conviction but without a library: no reference books, no dictionaries – you will therefore have to excuse my mistakes – and no more than about a dozen other books, *The Unquiet Grave* being one of them. Thus I did not set out to begin with quoting this book. But it seemed to offer itself.

It provided material, most controversial, if not contestable material, its very beginning provoking contradiction, as for instance the statement that »writers always hope that their next book is going to be their best«. They do not. They think that the book just written is their best, as they do not realize that it is more often than not »a piece of iridescent mediocrity«. And if they never get beyond it is certainly not for lack of good intention but of genius, poor souls. It is not given to every writer to write a masterpiece, and it is certainly *not* merely – as Palinurus puts it – »their present way of life« that »prevents them from creating one«. Also there is an objective and a subjective viewpoint to a masterpiece, and a writer having written his may have reached *his* peak, but how seldom have these peaks coincided with those in the history of literature! To come back to Joyce – not for the last time! –: in *Finnegans Wake* we have both. Eleven years of virtually ruinous writing, of complete and unique abandon to this ›work in progress‹ were dedicated, if not, indeed, sacrificed to the tremendous risk of being able to say everything or nothing, always the anxiety in the back of mind whether this great score of many voices caught in a one-line-system would come across or not. Neither T. S. Eliot nor Ezra Pound believed in it, but Joyce went on with it, increasingly aware that this book *had* to be not only his but *the* absolute masterpiece which it has become. His was an exemplary writer's life. End of this digression.

But let me come to the point: the question which concerns us, arising from the opening passage of *The Unquiet Grave* is this: is it really the task of the writer *today* to write a masterpiece? And while I, an older writer, would say: yes, it is, it always has been and will be until the end of literature, you would find a majority of younger writers – at least in Germany – who would sneer at you at the very mention of the word masterpiece. The task of the writer, they would say, is to contribute towards the changing of society. The more moderate ones see this task in sharpening consciousness and receptive faculties of the reading public in preparation of this change; the extremist ones would say: a writer who does not put his writing into the immediate service of world revolution is no writer but a parasite.

Now I should be reluctant to appear before you as a reactionary. My political position is left. While I am against terror and violence of any kind, I am of the opinion that capitalism has to be abolished, that the rich should be deprived of their privileges and that the hungry must be fed. That, in other words, society *has* to be changed. I fully realize that this is easily said. But then: it is just as easily written. It was, of all people, Ezra Pound, the mislead romantic, who demanded that the writer should become politically active, and he set an example, unfortunately on the wrong side, thus becoming a verbose champion of the irrational. His poetry was a lifelong literary adventure, a story in instalments; the majority of his theoretical writing strikes us today as involuntarily funny – I would go so far as to recommend his *Guide to Kulchur* for humourous reading – and his political activity was fortunately ineffective. He was not taken seriously even at the wrong side. This seems to me a negative but significant example of the anomalous relationship between politicians and intellectuals: the intellectual is *not* taken seriously by the politician, neither as an adversary nor as a support. Malraux may have been taken seriously by de Gaulle, but then Malraux was not the revolutionary writer anymore he had once been.

The writer should make use of his name and his prominence to support a good cause, although we generally find him overestimating the value of his appeal. To despots and dictators he is just a tiresome grumbler. There has never been any proof whether for instance an eminent writer like Günter Grass who participated actively in the German election campaign of 1968 brought in votes for *his* party or for the opposition. All the writer *can* do is to justify the moral credit given to him by those who still believe in the ethics of his art and mission and do good in every sphere offering itself – and by that I mean: also materially, if he can afford it. But I doubt that the writer of fiction will ever be able to extend his *professional* activity to serve a great human cause; in fact, I doubt whether he has ever been able to. He has to rely on his personal hope that his message as an essential constituent of his inner microcosm, which is or should be his individual gift as well as his professional heritage expresses itself automatically, unconsciously in his work. But he cannot choose this message. The message has to choose him.

I have to quote Ezra Pound again, but cannot do so literally, as I remember this aphorism only in German. He says: »The man who tries to express his time instead of himself is doomed.« Being without a library I could not look up the exact wording, but I am certain that »doomed« is the word. It is with some reluctance that I share a belief with Ezra Pound, but I am convinced of the validity of this statement.

I am no authority on the natural sciences – I shall have to come back to them all the same later –, but that much we all can say: that we have not only profited by them but that we are also increasingly affected by their pernicious results. And that they will have changed our world *before* it is changed by social upheaval. Because in spite of all revolutionary movements we have no sufficient indication that our political systems *are* changing, and certainly not for the better. The poor are getting poorer. At least there seems to be no indication that the rich are getting still richer, but even that does not set the balance, the less so as world population is increasing daily by the size of a city like – say – Cork. Our world is still governed by arbitrariness and abominable injustice. Let us then examine the following thesis: the writer, by the nature of his calling, is more sensitive to this state of affairs than others. More than those who actually suffer because they cannot see beyond their suffering; and who suffers must necessarily regard himself as the centre of the world. He is more sensitive than the exploiter who refuses to see beyond the realm of his interest at the expense of everybody else. More sensitive than all other professionals who have to dedicate their thinking to their day's work, if not their survival. But the writers survival depends on thinking, he therefore should be free to think coherently about what keeps the world together and what breaks it apart, taking collective reality as his point of departure. And what is there to think about but misery, madness and crime? But can he write about it? He cannot. All he can do is to construct a subjective fictitious model of a singular case which *he* may regard as typical of our condition. But this case, being invented and therefore artificial, will never even reflect that part of reality it is meant to represent, and to those who have actually experienced it, the sufferers, it must appear as a terrible simplification of a terrible subject. The attempts of literature, including the littérature engagée, to master our situation by setting fictitious models, have failed, which does not necessarily mean that they will not figure in the history of literature. But they are a matter of the past. No form of novel will do to express our situation, and the endeavours that have been made by young writers – at least in the German-speaking countries – who not only take their own experiences as examples but who take exercises in experience by undergoing self-imposed hard labour in order to write about it, must fail: spending six months in a coal mine is different from having been born to spend your life in it. The singular case can never substitute even that particular part of reality which it is meant to reproduce, as the additional element, the writers mental and psychological constitution turns it into case history. Admittedly, these case histories are often tragic ones: circumstances which belong into the sphere of practical sociology have turned their victims into neurotics who consequently belong into the sphere of psychiatry. But the function of literature is not to turn truth into fiction but to turn fiction into truth: to condense truth out of fiction. I am not saying that social misery or neurosis, the one objectively, the other subjectively, preclude literature. On the contrary, as impulses they belong to the writers material or instruments: Dickens who stepped out of the world of gentlemen into that of their victims has extended literature by a new field of action: by hardship and exploitation. And with Kafka, for one, neurosis was an intrinsical part of his creative impulse. He did not use it, it used him. But they are writers of the past, of two different pasts. At Dickens' time literature had an additional function: that of information which today is the function of mass media, mostly misused. And Kafka's time was that of the discovery of the human soul and its functioning – although we find yound writers today writing as if it had never been discovered, trying to rid themselves of their psychoses by writing instead of by psychoanalytical treatment which would enable them to differentiate between subject and object.

Thus now the dream is returning into the German novel. But it is by no means the scientifically explored voice of the unconscious which sets a definable and interpretable counterpoint to the dreamer's day-life, but an obscure, almost mythical deus ex machina which serves the purpose of supplementing the inner life of the hero with such elements as could not be made to fit into his waking day, therefore being a primitive return to the novel of the early nineteenth century, only so much more feeble, blurred and indistinct, as in the nineteenth century novel the dream, either as a sinister foreboding or as a mirror of psychical condition, was in accordance with the state of psychological knowledge. The writer of today should know better.

Being without my library I was unable to read up whether for instance it was Dickens' merit to have made the public aware of the outrageousness of child labour and thus contributed towards its abolishment. If he has, it might be argued that my thesis be refuted as long as a hundred years ago. But the argument would be wrong. A hundred years ago personal experience counted more, it was the essential element a writer could rely upon. People's lives provided visible evidence, cause and effect of institutional crime were found next door to each other. The villain sat in a room just above his victim, they could be described in one breath, the breath of a poet. Today villainy is worldwide, its syndicates defy treatment by fiction, they appear almost as an abstract principle. At Dickens' time realism was a form of art and literature. It was still, when D. H. Lawrence wrote his *Sons and Lovers*. But it has ceased to bc long ago, whatever the attempts may be to revive it or keep it alive. All possible thematic positions and combinations of the novels have been exercized ad nauseam, its possibilities of reproducing reality are exhausted, the more so as we know less and less about what we have to understand by reality, the scientist's reality being an entirely different one from ours.

Realism died as early as 1934, when at the first General Congress of Soviet writers in Moscow it was proclaimed as a programme of directives and thus became an institution. At this congress the word ›Individualism‹ was turned into a term of abuse, and Karl Radek, the Soviet Politician, launched his famous attack against Proust and especially and explicitly against Joyce's *Ulysses* which however was *not* generally approved of. Had *Finnegans Wake* been out by then the invectives seem unimaginable.

The documents of this congress were *not* among the dozen books in my cottage. I had taken them with me. They make fascinating reading after more than forty years: speeches which must have gone on for a whole day, and most of them say exactly the same, they are unanimous in their affirmative enthusiasm: literature which is not put into the service of progress and antifaschism is no literature. While we – at least I – sympathize with the moral attitude of the speakers, not however with the political consequence – we must remember that faschism in Germany had just outgrown the state of mere menace and had become the terrifying reality as which some of us have experienced it –, the consequences as to literature and art seem inacceptable if not downright preposterous today, untrue and, what is worse, insincere.

Reading these documents I asked myself: what great writer – admittedly with the exception of Maxim Gorkij – would ever have taken part in a writers' congress, let alone one which constitutes itself in order to work out directives as to how to write? How many writers, creators of potential masterpieces, would ever occupy themselves with the theory of writing? Who of them would have ever found it necessary to render account either for himself or for others of what he was doing *except* in his work which, by the nature of its quality, *has* to include this account on every page? No one. Moreover: who of the great writers has ever made a theory of his work, proclaiming his style or manner of expression as a valid rule for all? No one. And yet, you will find numbers of younger and young writers – and among them good ones too – who more and more often escape from their creative work into didactic theory; in order to take stock of contemporary or classical literature under the aspect of our changing society; or to form groups with congenial minds, to edit and contribute to anthologies of theoretical writing. What else – we ask ourselves – could that mean as that they have lost grip over their craft, having become insecure as to the value of fiction and its possibility of describing reality! They no longer trust the stream of their narrative and make the examination of its reason their subject of research. While it is quite natural that they no longer find a story to tell they repress the original idea of what they set out to do: to create, not daring to take the final step and give it up irrevokably. They work under the misconception that the decision to become a professional writer is a decision for life. Whereas in reality it is no decision but a destiny which may change after every new book.

The point in question seems to me: is being a writer really a profession? I myself have never regarded it as such, but rather as a way of saying something which I thought worth saying and becoming silent when it is said. But history seems to teach us that it *is* a profession, – or at least a calling. After all we have evidence of lives passionately dedicated to the expression of subjective reality on the most various levels of transcendency; of writers consuming themselves in their self-imposed tasks. They are the great ones, in this century Kafka, Joyce, Proust, dominated by one single theme which exhausted itself while they exhausted themselves. None of these writers could ever have written about himself autobiographically because he was in his work which was often painfully identical with his life, reality carried to the sublime, disregarding realism.

The decline of fiction set in not only with the changing concepts as worked out at the Moscow congress – art is not killed by rules –, but also by the organic dying of the opposite, exactly that which the Soviet writers were up against: bourgeois literature. I am not certain whether the term was coined then, but it certainly still exists, abundantly used by many for practically every work of prose which does not condemn the suppression of the underprivileged. Its great exponent was Thomas Mann, a man who would be unimaginable living in our time. A novelist who would depict and dispose of his subjects ad libitum, taken from any epoch, from biblical times until the beginning of this century, without even attempting to establish any relationship or parallele with our time; writing out of a sense of awareness and enjoyment of his brilliance, telling his stories and making masterpieces of them; building up world after world, dispassionate, without transcendency but with immaculate consistency and logic. A writer's life without outward problems producing – to put it maliciously – high class reading matter without problems. His world was certainly different from the worlds of Kafka and Joyce who were his contemporaries and whose lives were spent in unending obsessions, although both of an entirely different nature.

Thomas Manns stylistic method, that of ironical distance, seems historical today; applied to what would be the material of the present day novelist, it would appear almost facetious. Yet it cannot be denied that he has enriched literature by the creation of a great number of characters who will forever live in the memory of his readers evoking pleasure in the unique art and artifice of the language which introduces them and leads them on. This is no mean merit. But they will never penetrate our very existence like Joyce's HCE or Kafka's K, many-named or nameless archetypes, either objects of intense identification of their authors or eternal prototypes of humanity, if not both. The question whether Thomas Mann's work will survive our time seems irrelevant in as far as the survival of works of art is no longer a question of their eternal validity but of whether our struggle for survival will become our sole occupation which forces us to abandon all our cultural heritage. – I cannot help feeling that this must have been said before by somebody or other.

However this may be, the days of the great novelists are gone. Our time will neither bring forth nor nurse a writer who in the midst of growing and unpredictable chaos can sit down and dedicate himself to the realization of a timeless concept. For someone whom his sensibilities have made a writer it is less a matter of conscious decision then a challenge to take position, but I doubt whether he can do so as a man of letters. He can by taking action or by exercising silence. But turning our present time into fiction is delayed action. It will not allow him the leisure for reflecting it, making it the object of his imaginative power and his art. Art means creativeness, not reproduction – I daresay this too has been said before. I realize only too well that the words *art, artist, creativeness* sound ridiculous if not odious to the politically engaged writer, going in his distaste very much further than his historical colleagues: during the Soviet congress the word *art* was the most used word next to progress. There is no getting away from the fact that the writer's activity is an art like painting or composing music. The fact that words, unlike colours and musical notes have a determinable meaning and semantic significance does not alter the fact that literature shares at least one decisive receptive criterion with the other arts: the extent as to which it transcends its object and by doing so awakens our responsive faculties. It does not have to be emphasized that the creative impulse is *not* a direct reaction to outside events but to an inside process of sublimation, as such not touched by the conscious mind. The writer, although conscious of his *search* for an adequate descriptive or circumscribing equivalent of his experience has no control over his ability of *finding* it. Therefore he is not to be judged by his ability to experience joy or pain, anguish or despair, but by the quality of transcendency in his creative reaction. What I mean by transcendency ought to be clear: the quality which raises a passage of words above the level of a newspaper article or a letter by turning reality into subjective truth. But what is quality?

Let me come back to Palinurus. One entry reads: »In the small hours when the acrid stench of existence rises like sewer gas from everything created, the emptiness of life seems more terrible than its misery. ›Inferum deplorata silentia‹.« In contrast to this late example of Weltschmerz let me quote from a book by a young German worker, a non-professional: »If you have to drudge for that bit of money as I have to the whole life is fouled up.« Offhand one would say that these two quotations cannot be compared as one of them is literature, the other is not, although there is a growing group of writers and critics in Germany who would assure you that it is; that this is, in fact, the literature of our time. But whatever it is, it is a sincere statement, and a tragic one at that. More than that: it is a direct accusation of society of a kind which could never be expressed in literature, and the critics and writers who encourage and cultivate it as such *degrade* it by classifying hard and bitter fact as fiction. As to Palinurus' statement: it is admittedly literature, very much so, but the only element that might save it from appearing embarassingly precious is the fact that it was written thirty years ago when a writer in lack of existential worries was permitted to abandon himself to his mental suffering which here seems suspiciously identical with its verbal expression, thus flirting with the delighted reader who might have experienced the same kind of depression but was unable to put it into words, while he has never experienced the depression of the young worker whose life is fouled up for entirely different reasons.

Palinurus then goes on with an evocation: »Streets of Paris, pray for me; beaches in the sun, pray for me; ghosts of the lemurs, intercede for me; plane-tree and laurel-rose, shade me; summer rain on the quays of Toulon, wash me away!« The young worker goes on: »Every evening I am afraid of the next morning.« *His* despair is less beautiful, *he* cannot hope for the catharsis of being washed away at Toulon, as he has to drudge for his bit of money. What then about the ›quality of despair‹? Have we here a case of truth against beauty? Not entirely, in as far as the Palinurus-passage too is true subjectively. The sensation he felt seems credible enough although it seems to have offered itself to its victim in a somewhat laboured perfection. We do not want to rob him posthumously of his precious depression – where would he have been without it! –, but we cannot help feeling that the extravagance of emotional imagery is not worth its cause. We have here two cases of occupational therapy, one patient being only too conscious of it and turning it into communicative coquetry; the other unaware of it, trying, as it were, to write himself free.

But the comparison is not fair. An intellectual egocentric like Palinurus woud not grow well in our time; his whimsical irritability would not pass the critics of today. Moreover, conscience would hardly allow his subjectivity to disregard objective misery. As to the young worker: aesthetics may be adaptable, but not to the extent as to make us accept these passages as anything else as what they are: case history of an accusing nature and as such concerning us all, whereas Palinurus does not concern us anymore. But then: can the diary-entries of Palinurus be regarded as fiction? By what passes as fiction today they can; because what is written today by those young writers who have *not* yet turned to theory as an outlet is different only in as far as the first person singular is substituted by a fictitious hero and – admittedly – the causes of emotional upset – if not downright displacement – appear as the faults of our corrupt society. This would be completely justified if it did not serve as too welcome a deus ex machina, as it is precisely the suffering under present society which has turned its victims into writers; cause and effect defy each other. If we were aware of an objective reality today it could be rendered into literature only by a writer who is at peace at least with his soul. But never by the neurotic. The neurotic can – and will – consciously or unconsciously write about his soul but he cannot make us believe that his reality is an objective one – even if we agreed that it existed.

This brings me to my final point. I realize that I still owe you an argument not only for the non-existence of collective reality but also for my thesis that fiction has met its end – although of course I can convince only those of you who tend towards my opinion already; who have felt growing uneasiness if not downright boredom when confronted with an invented story, intended to be a parable of reality and of truth.

I contend that our future is unknown to us; that futurology, far from being an empirical science, let alone a real one, is a farce, as it draws its theses from daily changing pseudofacts and from uncoordinated sources. In face of the unpredictable and – what is worse – the uncontrollable there is prevailing today a feeling of helpless expectation, aroused by every new scientific discovery and technical progress, because this progress takes place outside the scale of moral values, each scientist being responsible, at most, for his own field, and therefore irresponsible. This state of affairs has widened our consciousness by a terrible dimension, a ubiquitous and, indeed, monstrous element of fear. It is only natural that this should nurse our longing for a past of comparative security, this security still being the premises the writer of fiction moves in. He may regard himself as a realist at the top of his time, but he still works on the assumption that the conditions of human life in this world can be changed by reason and, as we have seen, the adherents of – so-called – realism will judge him by the degrees of this belief. His urge of working up experience will forever prevent him from realizing that he is *not* acting towards a changing society but *in* a changing universe in which our life is getting out of control. That our premonitions of today are the realities of tomorrow, unknown in their effect even to the sciences who have evoked them.

I am not a theoretician, as I believe to have demonstrated. Let me finish therefore in an even more unacademic manner: with an imaginary dialogue I have written to drive home my point.

Time: today. Place: anywhere. Dramatis personae: a scientist at the top of his profession, let us say a research worker in genetics, and a novelist at the top of *his* profession for all it is worth.

SCIENTIST So you are still writing novels.

NOVELIST I am.

SCIENTIST Do you know what the world looks like?

NOVELIST I am afraid you mistake the task of literature. I am not writing about or interpreting current events or discoveries.

SCIENTIST I realize that. But even if you allow yourself to be judged by aesthetic categories you have to know what the world looks like.

NOVELIST I have to rely on my quality as an artist to be able to build up parabolic reality.

SCIENTIST To substitute objective reality?

NOVELIST You know as well as I do that there is no such thing.

SCIENTIST Very well: to substitute perceptible reality then.

NOVELIST ›Substitute‹ is the wrong word. ›To make it transcend‹ is the right word.

SCIENTIST Whatever the right word may be: you could do that only if you actually perceived the *whole* of reality.

NOVELIST Art is selective *even* in the choice of its subject.

SCIENTIST But *you* don't even know what reality to select from. Remember that reality includes the possible, the probable, the potential. I tell you: you and your readers don't know what you are in for.

NOVELIST Thanks to science.

SCIENTIST Now that is an entirely different matter. We were not talking about that. But if you like: yes. Anyway, it is too late to blame science. We cannot stop its development and therefore not its effect.

NOVELIST You see? Warning is part of our reality.

SCIENTIST That is how *you* see it. And what you make your reader believe. But it could be that only if you were ahead of us. Whereas in fact you are lagging behind.

NOVELIST Of science perhaps. But not of fear of its effect on humanity.

SCIENTIST Humanity will soon be what science makes of it.

NOVELIST You are a cynic.

SCIENTIST That is the typical response of the writer. I, unlike you, neither speak *of* myself nor *for* myself. I speak about *facts*.

NOVELIST That is what I mean: you are a cynic. One must be able to speak *for* the work one is doing!

SCIENTIST Well – I admit to a lack of coordination at the top. But that has nothing to do with my work.

NOVELIST You see! That makes an excellent theme for a writer.

SCIENTIST If you make fiction of that, *you* are the cynic.

NOVELIST You mean: if I make public what *you* are doing!

SCIENTIST As it is, we shall soon be able to breed the perfect writer *and* the perfect public. What is the relation to be. Tenthousand to one?

NOVELIST *You* are the cynic *and* you are lagging behind. You still take it for granted that there will be enough space on earth to sit down and read a book. Or vice versa: that we are *not* all extinguished by an unforeseen catastrophy, a miscalculation of science.

SCIENTIST Miscalculation? You mean continuation and development. But I am not guilty of *that*. As far as *that* is concerned you have to turn to a representative of another discipline, I would suggest a nuclear physicist. *If* you, as a writer, understand his language! But on second thought: better leave it and go on with your fairytales. Enjoy yourself and entertain your public, as long as there is time. *1975*

Die Subjektivität des Biographen

Dieser Vortrag hatte zuerst einen anderen Titel, nämlich: *Der Biograph als Autobiograph*. Bei der ersten Niederschrift unterlief mir eine Fehlleistung; ich schrieb: *Der Biograph als Ant-*, war also daran zu schreiben: *Antibiograph*. Dazu möchte ich sagen, daß dieses Unwort, wie es vielfach, wenn auch meist in guter Absicht, auf mein Mozartbuch angewandt wurde, natürlich nicht von *mir* stammt, sondern von der Kritik. Die Kritik bediente sich auch des Wortes *Entmythologisierung*, das ich selbst niemals angewandt hätte, denn es wurde ja nicht geschrieben, um Mythen abzubauen, sondern um die Mythologen und Mythographen anzufechten und ihren und meinen Helden so darzustellen, wie meine Vorstellungskraft es mir diktierte.

Dazu möchte ich übrigens betonen, daß ich das Wort *Biographie* für ein unglückliches Wort halte. Denn sinngetreu hätte es ja darzustellen, was die *Biologie* erforscht hat. Aber *Monographie* ist ein ebenso mißlungenes Wort, denn es hätte das darzustellen, was die *Monologie* erforscht hat, die es zwar – weiß der Himmel! – gibt, nicht aber als literarische oder wissenschaftliche Kategorie. Jedenfalls habe ich mein Mozartbuch niemals als Biographie empfunden, denn die Absätze bezeichnen *weniger* die Entwicklung des Themas, als die verschiedenen Sichten auf ein nicht erschöpfbares Phänomen.

Das Buch wurde im Jahr 1977 fertig. Es war ihm eine lange Arbeitszeit vorausgegangen. Wenn ich die Essays in ihren verschiedenen Fassungen dazurechne, waren es sechs Jahre. Dennoch stammt auch das Klappentextwort *Lebens-*

buch nicht von mir, zumal da ich gar nicht weiß, was ein Lebensbuch ist.

Der Arbeit an *Mozart* gingen zwei größere Arbeiten voraus, Romane, wenn man so will. Ich selbst würde sie *Monologe* nennen, aber, wie gesagt, der Monolog ist keine literarische Gattung. In diesen beiden Büchern war die Identifikation des Helden mit mir selbst ausgeprägt und wohl auch evident. Nicht daß ich selbst erlebt hätte, was der Ich-Erzähler erlebt und erzählt und verschweigt – dazu enthalten diese Bücher zuviele unwahrscheinliche äußere Umstände und Begebenheiten –, aber ich habe seine Erfahrungen im Geist vorerlebt oder nacherlebt. Im ersten der beiden Bücher, *Tynset*, liegt der Ich-Erzähler im Bett und monologisiert vor sich hin, unterbrochen von einem nächtlichen Gang durch sein Haus. Am Morgen verspürt er keinerlei Lust aufzustehen, und in dieser Verfassung verläßt ihn der Leser. Im zweiten Buch, *Masante*, hat er sich *doch* wieder aufgemacht, und zwar zweimal. Aus seinem früheren Wohnsitz, der eine große Ähnlichkeit mit dem meinigen hat, ist er nach Italien gezogen und hat dort einen Bauernhof, der *Masante* heißt. So hieß der Bauernhof, der zehn Jahre lang mir gehörte. Aber von dort hat er sich *wieder* aufgemacht, in einer mächtigen und zwingenden Anwandlung von Fatalismus, zu einer zufällig gewählten Station am Rand der Wüste. Sie heißt *Meona*. Den Namen habe ich gewählt, weil er mir gut klang, wie der eines irischen Mädchens. Es gibt eine Siedlung in Israel, die *Meoná* heißt. Aber hier ist das Geschehen nicht angesiedelt, sondern in der Nähe eines Kibuzzes, der *Yòtvata* heißt. Dazu ist zu sagen, daß alle von mir dargestellten Geschehnisse, wirklich oder fiktiv, sofort atmosphärisch und topographisch an bestimmten Orten angesiedelt sein müssen. Das heißt, diese Festlegung vollzieht sich automatisch, und oft schon war ein Ort oder eine Atmosphäre Ausgangspunkt einer Erzählung oder Fixpunkt einer Fiktion. So ist seltsamerweise Mozarts Tod für mich in seinem Salzburger Geburtszimmer angesiedelt. Und dieses ganz und gar irrige Bild ist aus meiner visuellen Vorstellung nicht mehr zu verscheuchen. Ähnlich geht es mir mit Namen. Sie bilden sich *mit* einer Person, oft schon vorher, und sie sind dann nicht mehr von ihr zu trennen, selbst wenn mir geeignetere Namen einfallen.

Wie auch immer: von diesem Ort *Meona* geht der Ich-Erzähler bei einem Sandsturm in die Wüste, verliert dort die Richtung und kehrt nicht mehr zurück. Während also am Ende des Buches *Tynset* mein Ich noch lebte, wenn auch nicht gern, so hatte ich es am Ende des Buches *Masante* im wahren Sinne des Wortes in die Wüste geschickt.

Nun also hatte ich kein Ich mehr. Dadurch war denn auch mein Erzählen am Ende. Denn als Erzähler konnte und könnte ich niemals objektiv sein, weshalb es sich denn auch für mich verboten hat, etwa einen wirklichen Roman zu schreiben, in dem *ich* nicht als Hauptfigur und als Auslöser allen Geschehens vorkomme. Ich habe mich niemals für einen Romancier gehalten. Es wäre mir niemals möglich gewesen, *eine* der Konstellationen eines Romanes durchzuspielen, deren es ja nur eine beschränkte Anzahl geben *kann*, und die heute – nicht zuletzt durch die Psychoanalyse – untypisch für menschliches Verhalten geworden sind.

Mit Mozart habe ich mich mehr oder minder aktiv beschäftigt, seit ich als Schüler zuerst seine Klaviersonaten, dann seine Violinsonaten zu spielen versucht habe. Aber ich erinnere mich nicht an die Art der Beschäftigung. Erinnerungen daran werden mir hin und wieder von außen zugetragen. So schrieb mir ein englischer Freund vor ein paar Jahren, kurz vor seinem Tod: »Weißt Du noch, wie wir uns kennenlernten? Du sprachst intensiv über die *Zauberflöte*, und ich fragte mich, wie ernst Du es damals meintest.« Ich erinnere mich natürlich nicht mehr an dieses Gespräch und weiß daher nicht, wie ernst ich es meinte; es muß etwa vor fünfundvierzig Jahren stattgefunden haben. Ich erinnere mich noch nicht einmal, aufgrund welcher Eigenschaften oder gar Verdienste mir der Bayerische Rundfunk im Mozartjahr 1956 den Auftrag erteilte, den Mozartvortrag zu halten, der alsbald meine zunehmende Beschäftigung mit Mozart veranlaßte und gewissermaßen zum Kern des Buches wurde. Jedenfalls gingen dem Buch diverse Erweiterungen des Vortrags und Essays voraus, die aufzuzählen nicht mehr interessieren kann und mich selbst auch nicht mehr interessieren.

Ich habe also den Ursprung dieser Arbeit als Willensakt vergessen. Er muß jedoch damals mit meinem Wunsch zusammengehangen haben, etwas oder jemanden *außerhalb* der Möglichkeiten einer Selbstidentifikation zu interpretieren. Dazu kam das schon erwähnte mangelnde Vertrauen in die Aussagekraft von Fiktionen. Um es kraß und überspitzt zu formulieren: Für mich ist der zeitgenössische Roman gleich Trivialroman.

Ich beschäftigte mich also zunehmend mit Mozart, mit dem Wunsch, diesmal einen *großangelegten* Essay über ihn zu schreiben. Zum inneren Diktat aber wurde der Wunsch erst, nachdem ich die seriöse musikologische Sekundärliteratur gelesen hatte. Der domestizierte Mozart, der mir aus ihr entgegentrat, entsprach *nicht* dem dionysischen Mozart, wie ich ihn – wahrscheinlich im Überschwang des Widerspruchswillens – sah. Heute sehe ich ihn sowohl dionysisch als auch apollinisch, sofern ich ihn *überhaupt* sehe. Und immer natürlich war ich abgestoßen von dem didaktischen Wunschdenken der Biographen, die ihn an ihrer eigenen Erlebnis- und Erfahrungs-Skala maßen und ihn entsprechend deuteten. Dennoch – so denke ich heute – kann auch der Wunsch zur *Korrektur* dieses Mozartbildes nicht der

einzige Anstoß gewesen sein, denn damals meinte ich, daß in Wirklichkeit kein ernsthafter Leser, Mozarthörer oder Interpret mehr an dieses im neunzehnten Jahrhundert gemalte Bild glaubte. Noch während des Schreibens der ersten Fassung meinte ich, offene Türen einzurennen. Später, als ich die Reaktion auf das Buch prüfte, stellte ich fest, daß ich so manche geschlossene Tür noch nicht einmal habe *öffnen* können. Einer der primären Anlässe muß daher wohl gewesen sein: die Herausforderung, das Rätsel für mich *selbst* zu lösen, das heißt, dem Geheimnis des Kreativen, vor allem des Überbegabten auf die Spur zu kommen. Ich bin ihm so nahe gekommen, daß ich das Rätsel in seiner Größe zwar erkannte, aber von einer Lösung kann die Rede nicht sein. Dieses Scheitern war freilich eingeplant, und meine Hoffnung ist, manchem potentiellen Biographen zwar nicht das *Scheitern* beigebracht zu haben, denn das beherrscht er nur allzu gut, aber vielleicht das *Gewahrwerden* dieses Scheiterns. Schon in der Einleitung habe ich so manchen Entmutigungsversuch unternommen, wie etwa diesen:
»Da nun aber gemeinhin zwischen der Psyche des Genies und der des Interpreten wenig Affinität besteht, sollte der Interpret die Erkenntnisse der Psychoanalyse, und zwar einer an sich selbst erfahrenen, anwenden. Denn sie hat ihn gelehrt, den Grad seiner Beziehung *zu* und der Identifikation *mit* seinem Gegenstand zu bestimmen und zu regulieren, somit den positiven wie den negativen Affekt so weit wie möglich auszuschalten. Weiterhin hat sie ihn gelehrt, die typischen Reaktionen der Psyche in all ihren Möglichkeiten bis in die tiefsten Traumata zwar als probates Werkzeug der Erkenntnis parat zu haben, nicht aber die potentielle Reaktion der eigenen Seele als Maßstab anzuwenden.«
Ich zeigte diesen Absatz einer befreundeten Analytikerin,

die sagte: »Schön wär's natürlich, wenn das so einfach wäre« – das heißt: wenn der Psychoanalytiker so allmächtig wäre. Natürlich sah ich, daß ich hier im Glauben an die Psychoanalyse zu weit gegangen war. Dennoch habe ich den Absatz stehengelassen, und zwar aus didaktischen Gründen. Nach *meiner* Erfahrung muß man den Stoff zu Überzeugungsversuchen ein wenig dehnen, damit der Leser ihn versteht, ja, damit er ihn überhaupt zur *Kenntnis* nimmt. Noch nicht einmal das war hier der Fall. Während die differenzierenden und analytischen Leser an dieser Formulierung keinen Anstoß nahmen, wahrscheinlich weil hier mein Wunschdenken in einer Richtung lief, die auch sie anerkannten oder gar erwünschten, hat die Schar der verknöcherten Altmozartianer die Forderung gar nicht erst zur Kenntnis genommen, obgleich ich sie in einem kurz darauf folgenden Satz der Einleitung zu verdeutlichen versucht habe:

»Ich begebe mich also bewußt in Abhängigkeit vom Leser, nicht nur in seinem Vorstellungsvermögen, sondern auch in seinem Vorstellungswillen. Denn natürlicherweise hört die Macht der Überzeugungskraft dort auf, wo auf der anderen Seite der eherne Wille zum Unverständnis herrscht, das heißt: die automatische Abwehrreaktion vor einer dargebotenen Erkenntnis, bevor diese vom Willen des potentiellen Empfängers geprüft ist. Gehen wir den Ursachen einer solchen rezeptiven Versagung nach, so können wir ihr nur dort Gültigkeit zuerkennen, wo ihr Träger sich mit derselben Materie befaßt hat, aber darin zu einem anderen Resultat gelangt ist. Wir erkennen sie aber nicht an, wo sie als Reaktion dessen erscheint, der sich eben nun einmal an ein anderes oder gegenteiliges Bild gewöhnt hat, an das er so fixiert ist, daß er sich nicht mehr davon trennen kann oder will, und daher jede Korrektur der alten, als schön erkannten, Lösung zurückweist. Es gilt demnach für den Leser nicht nur die Wahrhaftigkeit dieses Versuches zu prüfen, sondern auch seinen eigenen Willen, ein vorgefaßtes Bild abzustreifen.«

In der ersten Fassung meines Buches steht dann der Satz: »Ich rate dem Leser, diesen Absatz *zweimal* zu lesen.« Als ich diesen Text meiner Frau zeigte, sagte sie, so könne der Absatz nicht enden, ich verärgere damit den Leser, der sagen würde: Schließlich kann ich wohl doch noch *lesen*! Natürlich hatte sie recht darin, daß ich den Leser verärgern würde, und daß er behaupten würde, *lesen* zu können. Nur behaupten es die meisten zu Unrecht, die Mehrzahl der Leser kann eben *nicht* lesen. Dort wo ein Text Bewältigung erfordert, indem er alte Vorstellungen zu löschen versucht, versagt *und* versagt *sich* der Leser. Es fehlt ihm nicht nur der Wille, sondern auch der Wille zum Willen.

Manchmal empfinde ich, daß es zwischen dem Analysierten und dem Nicht-Analysierten keine Möglichkeit der Verständigung gibt. Mit der Bezeichnung *der Analysierte* meine ich noch nicht einmal den durch psychoanalytische Therapie Geheilten, sondern den, dem sie, *über* die eigene Person hinaus, Einblicke in die menschliche Seele vermittelt hat. Denn für den einigermaßen geschulten und intelligenten Analysand enthält seine Analyse gleichsam Elemente einer Lehranalyse, indem sie, sich den Pfad hinab ins Unbewußte ertastend, Nebenwege aufzeigt, das heißt: das, was hätte sein können, aber in diesem Falle nicht ist. So vermittelt sie denn auch die wesentliche Erkenntnis, daß die Begriffe *gut* und *böse* einen anderen Stellenwert enthalten, als den allgemein angewandten, daß also die *sogenannten* positiven und negativen Eigenschaften eines Menschen einander durchdringen, wenn nicht gar notwendig machen. Diese Erkenntnis macht übrigens den zwischenmenschlichen Verkehr nicht etwa leichter, sondern eher schwerer, denn sie erfordert dort Toleranz, wo wir lieber intolerant geblieben wären. Das Unangenehme an einem Gegenüber wird leider dadurch nicht angenehmer, daß wir den Ursprung kennen.

Mehr als einer der Musikfachleute, die mein Mozartbuch gelesen haben, behaupteten, ich hätte Mozart als einen *schmutzigen* oder *unreinen* Menschen dargestellt, wobei natürlich keiner von ihnen die Definition der Wörter *schmutzig* und *unrein* mitlieferte. Dieses große Unbehagen der *Sauberen* und *Reinen* wurde mitunter geradezu militant. Bei einem Vortragsabend im Rahmen des großen Mozartfestes in Hamburg 1978, bei dem zwei Musikologen zum Thema *Hildesheimer und die Mozartforschung* referierten – was sie gesagt haben, weiß ich nicht, ich war nicht eingeladen, und auf einen Bericht habe ich verzichtet –, stand während der anschließenden Diskussion ein Herr auf – man hat mir gesagt, wer es gewesen sei, aber ich habe es vergessen –, erklärte sich als offiziellen Vertreter des Mozarteums Salzburg und sagte, er wolle hiermit dokumentieren, daß das Mozarteum mein Buch einmütig ablehne. Wie eine solche Einmütigkeit zustande kommt, weiß ich nicht. Vielleicht in einer Abstimmung.

Ich habe diese Fälle aus der Wirkungsgeschichte meines Buches erwähnt, weil sie zu meinem Thema gehören. Ich hatte diese Reaktion natürlich vorausgesehen. Wo es mir also nicht gelingen wollte, das Lesepublikum zu Verbündeten gegen eine Schar Unverbesserlicher zu machen, machte ich meinen Helden zum Verbündeten, der dieses Mißverständnis weder herausgefordert noch verdient hat. Auf meine Methode komme ich zurück.

Freud sagt: »Jeder Biograph ist auf eigentümliche Weise an seinen Helden fixiert.« Diesen Satz habe ich immer als eine Binsenwahrheit betrachtet, bis mir klarwurde, daß uns der Inhalt dieser Aussage ohne Freud vermutlich gar nicht bewußt geworden wäre. In meinem neuen Buch *Marbot* gehe ich weiter, indem ich behaupte, daß der Biograph, je tiefer er in die Seele seines Helden zu dringen scheint, allmählich von dem Gefühl überkommen wird, von diesem Helden *erwählt* worden zu sein. Die Periode des *Schreibens* hat für mich denn auch in den intensiven Phasen gegen Ende einer Arbeit immer etwas durchaus Unwirkliches, die Gestalten kommen mir nah, nehmen mich so in Besitz, daß ich die reale Gegenwart darüber nur mangelnd zur Kenntnis nehme: ein überaus romantischer Vorgang, dem ich mich jedoch um wesentliches lieber aussetze, als in der Realität zu bleiben. In einer solchen Phase wählte mich Mozart zum Anwalt und zum Verteidiger dessen, was Biographen – ich zitiere – *kindisch, infantil, allzu menschlich, allzu ausgelassen, grob-humorvoll, gepfeffert, nicht salonfähig, geschmacklos* etc. nennen, *oder* was sie kurzerhand auslassen, womit sie Mozart verwischen oder zu einem *noch* rätselhafteren Fragment reduzieren, als er ohnehin schon ist und war. Mozarts Wahl erschien mir insofern gerechtfertigt, als ich mir darüber im klaren war, daß es keine biographische Objektivität *gibt*, das heißt, daß *ich* ein Gesetz durchzuführen mich bemühte, nach dem man seine Subjektivität nicht nur einzugestehen hat, sondern auch zu ihr stehen und sie immer wieder betonen soll. So wurde mein Buch zum Resultat der *Vorstellungs*kraft, nicht zu verwechseln mit *Einbildungs*kraft.

Überdies wurde mir mit dem Fortschreiten der Arbeit klar, daß mein Buch nicht zuletzt ein Arbeits- und Rechenschafts-Bericht über die Schreibperiode werde, eine Art ›action writing‹. Ich wollte, daß der Leser mir nicht nur glaube, sondern daß er die Gedankengänge durchlaufe, die mich zu meinen Schlüssen geführt haben. Ich habe alles versucht, um zu überzeugen. Mein Plural war nicht etwa der *maiestatis*, und auch nicht *modestiae*, sondern ich erfand den Pluralis *concordiae*, eine List also, einen Überredungsversuch, der so viel besagen will wie: Im Grunde bist

Du, Leser, mit meiner Aussage einverstanden. Wenn Du es noch nicht spürst, so wirst Du es schließlich, nach Aufnahme meiner Argumentation, *doch* spüren. Aber wie gesagt, es können nicht alle Leser lesen, und so scheiterte denn auch der Versuch, den sogenannten ›eingefleischten‹ Altmozartianer oder Biographieleser zu überzeugen, sofern ich ihn *überhaupt erreichte*. Er war an das tradierte Bild gebunden und nicht gewillt, sich das meine anzueignen, weil ihm meine Art der Sicht und der daraus sich folgernden Methode der Entschlüsselung fremd, ja, suspekt war. Denn er lehnt die Psychoanalyse ab, und erst recht als Hilfsmittel und Korrektiv der Biographik. Nach *meiner* Erfahrung sind die heftigsten Ablehner der Psychoanalyse immer diejenigen, die ihrer am dringendsten bedürfen – aber das ist ein anderes Thema.

Der typische Biograph – und man sage nicht etwa, daß es ihn nicht gebe! – neigt dazu, Primärquellen, wie vor allem zeitgenössische Protokolle, gerade dort anzuzweifeln, sogar schlankweg zu verschweigen, wo das Außergewöhnliche, das unverständlich Exzentrische, das Unheimliche oder Unbehagliche an seinem Helden allzu stark in Erscheinung treten, wo es ihm daher nicht gelingt, ein Ereignis oder Erlebnis, eine Handlung oder eine Reaktion oder einen Gedanken nachzuvollziehen. Dabei müßte er einsehen, daß gerade *hier* am genauesten zwischen Dichtung und Wahrheit, zwischen Wahrscheinlichem und Übertreibung unterschieden werden kann. Denn es gibt Verhaltensweisen, die *niemand* erfindet. So der auf Aussagen von Sophie Haibl sich stützende Bericht des Staatsrats Nissen über Mozarts unstetes, quecksilbriges, manchmal beinahe spastisch sich gebendes Verhalten. Wie er zum Beispiel »in der Früh' beim Händewaschen« seine Hände reibend hin- und herhüpft oder stolziert und dabei die Hacken aneinanderschlägt. Oder der Bericht von Caroline Pichler, wie Mozart in *einem*

Moment hinreißend auf dem Klavier phantasiert, im *nächsten* auffährt, über Tisch und Stühle springt und wie eine Katze miaut. Nur eine einzige Mozartbiographie erwähnt diese Verhaltensvariationen und hält die Berichte denn doch für stark übertrieben. Die anderen Biographen erwähnen nichts davon, sie nehmen meist abnormale Handlungen nicht zur Kenntnis, lassen sie daher kurzerhand aus. Und keiner von ihnen hat sich je gefragt, ob der pedantische und völlig phantasielose Herr Nissen oder die trockene Chronistin Caroline Pichler solch außergewöhnliches Betragen hätten erfinden können. Natürlich hätten sie es *niemals* gekonnt. Der Schauspieler Joseph Lange, Mozarts Schwager, ein überaus ernsthafter und glaubhafter Mann, der Mozarts närrisches, mitunter Anstoß erregendes Verhalten vor allem während der Entstehungszeit seiner größten Werke schildert, wird von den späteren Biographen ignoriert.

Ich selbst – und hier liegt beinah so etwas wie aktiver Identifikationszwang – habe meinen Helden nachzumachen versucht, habe, beim Händewaschen hin- und herlaufend, die Hacken aneinandergeschlagen, habe wie eine Katze miaut – über Tische bin ich nicht gesprungen, denn es dürfte sich bei Frau Pichler um niedrige Ziertischchen gehandelt haben –, und mir erscheinen solche Handlungen überaus plausibel, wahrscheinlich sogar *notwendig* als ausgleichende Reflex-Symptome einer intensiv kreativen Natur in ihren kreativsten Perioden. Ich wurde also zu Mozart, mit dem mich zu messen natürlich Unfug und Unsinn wäre, dessen Lebensäußerungen ich jedoch, sofern sie sich nach außen *so* deutlich mitteilten, nachfühlen zu können meinte. Und ich denke, daß dies eine wesentliche Vorbedingung für jede Biographie ist: nicht nur die Fixierung an das Objekt, sondern größtmögliche Annäherung durch den Versuch der Identifikation. Doch gerade das hat

kein mir bekannter Biograph vollzogen, alle haben sie das sogenannte Negative zurückgewiesen, als handle es sich um eine Zumutung. Wenn man dann ihren *eigenen* Biographien nachgeht, so vermitteln sie mitunter überraschende Aufschlüsse. Der amerikanische Beethovenbiograph Thayer, auf dessen Werk sich, was den *Menschen* Beethoven betrifft, *alle* späteren Beethovenbücher aufbauen, mußte die Arbeit daran kurz nach Fertigstellung des dritten Bandes aufgeben, da er nach *einer* Stunde der Beschäftigung mit seinem Helden unerträgliche Kopfschmerzen bekam, während er andere Arbeiten unbehelligt zu Ende führen konnte. So ist sein Werk unvollendet geblieben. Die Ursache dieser Erscheinung ist unschwer zu erkennen. Er war in der Herstellung seines Beethovenbildes auf Wahrheiten gestoßen, gegen die er sich in seinem Inneren sträubte, die er andererseits nicht aus der Welt schaffen konnte. Sein Beethovenbild war zerstört, und dies nach mehreren Rettungsversuchen, die sich etwa folgendermaßen lesen:
»Als Johann« (der Bruder) »mit Vorwürfen und Schmähungen in sein« (Ludwigs) »Zimmer trat, geriet er« (Ludwig) »ebenfalls in Zorn, und es folgte eine Szene« – (›Gedankenstrich‹), »bei der wir den Vorhang fallen lassen. Leider war dieselbe entehrender für Ludwig, wie« (!) »für Johann.«
Hier also ging es Thayer um nichts Geringeres als die Ehre. Und schließlich hat er wohl eingesehen, daß er, hätte er das Buch fertiggeführt, allzu oft den Vorhang hätte fallen lassen müssen. Er gab die Arbeit an seinem Lebenswerk auf.

Beethovens Leben ist denn überhaupt nur fragmentarisch überliefert. Wäre es das nicht, so hätte sich hier die unvergleichliche case history zur Psychopathologie eines genial Überbegabten ergeben. Schon sein erster Biograph, Anton Schindler, hat zwei Drittel seiner Konversationshefte vernichtet, weil sie dem Beethovenbild, wie er es zu überliefern gedachte, im Wege standen. Kein einziger Biograph erwähnt denn auch, daß Beethoven einen Nachttopf unter dem Klavier stehen hatte, dessen er sich während der Arbeit bediente, und der Gedanke, daß er dies auch während der Niederschrift der neunten Sinfonie getan haben *könnte*, erschien als ein Gedanke, dem man nicht nachgehen durfte. Keiner erwähnt, daß er, auch in Gesellschaft, in sein Taschentuch spuckte und das Sputum betrachtete. Niemand hat den – tatsächlich grausigen – Befund bei der Sektion seines Leichnams auch nur angedeutet. Denn die Biographen haben befürchtet, ihren Helden durch Weitergabe solcher Einzelheiten kleiner zu machen, da er ihnen selbst nicht mehr makellos erschien. So haben sie *Wunschbilder*, also *falsche* Bilder, hergestellt.

Kant masturbierte jeden Tag, »um« wie er meinte, »einen klaren Kopf zu haben«. Macht ihn das kleiner, oder reduziert es ihn gar zu einer, wenn auch nur partiell, verächtlichen Figur? Ich kenne die Kantbiographien nicht, aber die Mozartbiographen hätten mit *ja* antworten müssen, hätten sie den Tatbestand nicht verdrängt. Mit einer solchen Affirmation oder Unterschlagung geben sie selbst einen wesentlichen Teil ihres Inneren preis, von dem der Leser aber nichts wissen will, außer ob sie sich ihrer Subjektivität bewußt sind oder nicht. Vor allem verwischen sie – und dies vielleicht noch nicht einmal bewußt, sondern verdrängend – die sehr scharfen Grenzen zwischen Objektivität und Subjektivität, also zwischen Mitteilung und Meinung, zwischen Interpretation und Spekulation, auf die es in der Biographie ankommt.

Ich habe in der Einleitung zu meinem Mozartbuch meine Subjektivität so deutlich erklärt wie nur möglich, und habe später im Text jede Möglichkeit wahrgenommen, sie nicht nur zu betonen, sondern mich stets wieder zu ihr zu bekennen. Ich habe sie als einzig richtige Methode dargestellt, einen solchen Stoff zu bewältigen. Ich habe versucht, den

Leser zu überzeugen, daß nur durch Intersubjektivität ein objektives Bild des Gegenstandes entstehen kann, eine Bilanz aller Darstellungen. Nur eben bedürfte es dazu anderer Biographen, nämlich solcher, die durch eine Psychoanalyse gegangen, denen daher auch die geheimen Regungen der Seele eines Menschen bekannt sind. Überdies aber sollten es solche sein, die selbst kreativ tätig sind, die daher von der äußeren Freiheit und der inneren Unfreiheit dessen wissen, der Kunstwerke schafft. Wohlgemerkt: Ich spreche jetzt nicht von der Qualität der Kunstwerke, sondern von dem inneren kreativen Zwang. Delacroix hat gesagt: »Die meisten Bücher über Künstler stammen von solchen Leuten, die selbst keine Künstler sind. Daher alle die falschen Vorstellungen.« Dasselbe könnten die großen Vertreter aller künstlerischen Disziplinen gesagt haben, sofern sie selbst die Wurzeln ihres Künstlertums hätten ergründen wollen. Zu diesen gehörte Mozart nicht.

Auch ich würde daher als Vorbedingung zum Schreiben einer Biographie bestimmen, daß der Schreibende selbst schöpferisch tätig, also ein Künstler sein müsse, damit er sich von der alles dominierenden Rolle der Tätigkeit im Leben seines Objektes eine Vorstellung machen kann. Der Zeichner Horst Janssen, der übrigens ein ebenso hervorragender Schriftsteller ist, schrieb mir einmal: »Die Leute können sich eben nicht vorstellen, daß ich *immer* zeichne.«

Günter Grass hat einmal gesprächsweise gesagt: »Schriftsteller ist man nur von Mal zu Mal.« Damit wollte er nicht etwa sagen, daß er in den Perioden zwischen zwei großen Arbeiten nicht Schriftsteller, sondern – sozusagen – ›nur Mensch‹ sei, sondern daß der Beruf – oder wenn man so will, die Berufung – niemals vom zu verarbeitenden *Stoff* erzwungen sei, wie beim Journalisten, sondern von einem durch den Stoff entzündeten inneren *Vorgang*, der die Auswahl treffe, den Ausdruck erst ermögliche und plötzlich zeitweise oder für immer ausbleiben könne. Dem pflichte ich bei.

Biograph ist aber nun *wirklich* kein Beruf. Der Biograph ist ein Schriftsteller, der, wenn überhaupt, dann nur einmal ausschert, um über eine Gestalt zu schreiben, die ihn lange schon rezeptiv beschäftigt oder sogar lange sein Denken und Fühlen bestimmt haben mag, über die, und seine Beziehung zu ihr, er sich Klarheit zu verschaffen sucht. Er hat nur *eine einzige* solche Gestalt, höchstens eine in allen Disziplinen, die er darstellen will, um dann als *Biograph* wieder zu verstummen. Ich spreche nicht von der Wirklichkeit, sondern von einem Idealzustand. Denn ich bin der festen Ansicht, daß, wer *eine* Gestalt nach der *anderen* abhandelt, sich seiner Glaubwürdigkeit begibt.

Sie sehen also, daß nicht nur das Bild meines Helden subjektiv ist. Meine Ansichten über die Möglichkeit seiner Darstellung mögen manchem als geradezu subversiv erscheinen. Denn genaugenommen müßte eine solche Bindung an eine einzige Figur zu einer Art der Glorifizierung führen, wie sie für jeden Leser unzumutbar wäre. Aber gerade hier gewinnt die Rolle der Psychoanalyse ihre entscheidende Bedeutung. Denn erst sie schafft für den designierten Gelegenheitsbiographen jene Distanz, die nach der Selbst-Identifikation – gleichsam als Katharsis – eine Loslösung ermöglicht, so daß er in der Lage ist, sich selbst weitgehend zu objektivieren. Bitte verstehen Sie das nicht als einen Widerspruch! Der Biograph bleibe immer eingedenk seiner Subjektivität: dem *Helden* gegenüber. Mit Objektivierung meine ich hier, daß er, der *Biograph*, sich *selbst* als einen sieht, der sich von Vorurteil und Affekt weitgehend freigemacht hat, und der wohl einen Schritt näher zur Einschätzung *seiner selbst* gekommen ist als andere, vor allem als jene, denen er sich mitteilt. So forderte denn auch die Arbeit an meinem Mozartbuch ein Hineinversetzen nicht nur in die Seele des Helden, sondern auch in die des Lesers, zum Beispiel dessen, der mein Buch als empörend empfand.

Mozarts sexuelle Phantasie, seine stark zur Koprolalie neigende Anal-Erotik waren leicht anhand seiner eigenen Dokumentation zu demonstrieren. Was weniger leicht war, erschien mir, dem *Leser* dafür das Verständnis, ja, überhaupt die Hinnahme, und damit das richtige Lesen überhaupt beizubringen. Es ist mir denn auch nur partiell gelungen. Was der Leser nicht wissen will, verdrängt er entweder sofort, oder er macht den Vermittler, also den Biographen für sein Unbehagen an allen sogenannten negativen Eigenschaften des Helden verantwortlich. Der Biograph wird für ihn identisch mit dem verunstalteten Objekt – ein psychischer Prozeß, der allen Seelenkundigen hinlänglich bekannt sein dürfte.

Mein Mozartbuch ist daher mein einziges Buch, bei dessen Entstehen ich an den Leser gedacht habe. Was mir vorher und nachher beim Schreiben gleichgültig war, nämlich ob ich verstanden werde, war mir beim Schreiben dieses Buches von entscheidender Wichtigkeit, nicht um meinetwillen, sondern um Mozarts willen. Denn gänzlich vorstellen kann ich ihn mir auch nicht, und wenn es mir gelungen ist, etwas von dieser Unvorstellbarkeit zu vermitteln, zu demonstrieren, daß Mozart *nicht* einer von uns ist, dann ist mein Buch gelungen.

1981

Arbeitsprotokolle des Verfahrens »Marbot«

Der Titel meines Vortrags lautet »Arbeitsprotokolle des Verfahrens ›Marbot‹«. Er gibt nicht genau das wieder, über was ich hier zu sprechen gedenke. Denn während der vier Jahre, in denen ich an diesem Buch geschrieben habe, hätte ich niemals Protokoll führen können, weil tatsächlich alle kreative Energie, die ich aufbringen konnte, dem Buch selbst galten, und zwar nicht nur dem Konzept und seiner Niederschrift, sondern auch der Aufnahme von Literatur über den Gegenstand, von der ich dann allerdings nur einen Teil anwenden konnte. Ich sage Gegenstand. Natürlich meine ich damit nicht den Helden, Sir Andrew Marbot, sondern die Welt, in die er geboren wurde, die Zeit, in der er lebte, die Zeitgenossen, die er traf und die Gebiete, auf denen er sich bewegte.

Dazu kommt aber noch ein für das Verfahren sehr wichtiger Faktor: es war mir darum zu tun, nach Möglichkeit die Spuren des Arbeitsprozesses zu verwischen, der aus Phantasie nicht etwa Fiktion, sondern Realität machen sollte. Und dies nicht nur anderen gegenüber, sondern auch gegenüber mir selbst. Ich mußte mir ständig einreden, daß Marbot existiert hätte, und es ist mir beinah gelungen. Er wurde mir zwar nicht präsent, das heißt, er behielt sein Geheimnis und damit sein Charisma, dennoch wurde er für mich wirklich. Denn im Gegensatz zu dem Wort Realität schließt das Wort Wirklichkeit auch das Mögliche ein, und möglich wäre die Existenz meines Helden gewesen. Wenn ich also das Material, das sich während der Jahre des Schreibens bei mir ansammelte, mit allzuviel dokumentarischem Gewicht belastet hätte, so hätte ich mir den Weg verbaut, der es mich so bald wie möglich vergessen lassen sollte. Ich wollte Marbot als Zeugen seiner Zeit sehen. So habe ich ihn seit der Entstehungszeit so oft wie möglich zitiert, um ihn einzuführen: zweimal in meiner Rede zur Eröffnung der Salzburger Festspiele 1980, dazu mehrmals bei anderen Eröffnungen oder in Katalogtexten, immer mit bestem Gewissen und immer ungestraft, ja, unangefochten.

Allerdings fehlt mir nun auch jeglicher Hinweis auf Motiv und Impuls des Buches. Für diejenigen, die meine Arbeit von Anfang an verfolgt haben, kam dieses Thema ja wohl nicht völlig unerwartet. Denn es handelte sich bei mir meistens um Fälscher oder um Gescheiterte. In Marbot haben wir nun beides: den Fälscher als Subjekt – und dieses Subjekt bin natürlich ich, der Biograph – und den Gescheiterten als Objekt: Sir Andrew Marbot, der ich ebenfalls manchmal bin. Zudem aber klingt das Thema ja schon in meinem ersten Buch an, den *Lieblosen Legenden*, und zwar in der Geschichte des Gottlieb Theodor Pilz, 1789–1856, dessen Motto »Mehr Worte, weniger Taten!« heute leider nicht mehr Schule macht und der sein Leben damit verbracht hat, die großen Männer seiner Zeit von ihrem Schaffen abzuhalten und damit das Überhandnehmen von Hervorbringungen der Romantik verhinderte. Konsequenterweise hat er selbst nichts Schriftliches hinterlassen als sieben ebenso kurze wie prosaische Briefe, die, nach meinem Willen, Karl Ferdinand Gutzkow später herausgegeben hat. Diese Geschichte, vor mehr als dreißig Jahren geschrieben, war ein Scherz, darüber hinaus eine Parodie auf den hergebrachten biographischen Stil – und damit den Topos –, der sich seit dem mittleren neunzehnten Jahrhundert nicht wesentlich gewandelt hatte. Damals habe ich es mir leichtgemacht, weil man es sich damals leichtmachen konnte. Man brauchte die Satire an nichts Wichtigerem und Wesentlicherem aufzuhängen als den Auswüchsen des Kulturbetriebs.

Das kann man heute nicht mehr. Ein Thema muß weiter gespannt sein als die Behandlung eines Symptoms. Marbot ist denn auch alles andere als ein Scherz oder eine Satire oder eine Parodie, und wer das Buch in diese Kategorien einordnet, hat den Ernst der Absicht, den freilich auch ich nicht genau definieren könnte, nicht erfaßt, das Thema verkannt und das Buch mißverstanden. Andrerseits mag es für einen Leser, der mit meinen Büchern nicht vertraut ist, schwierig sein, zu verstehen, was das Buch soll und sein will. Ehrlich gesagt: ich weiß es selbst nicht genau. Doch wird die Frage letztlich gegenstandslos durch die Gegenfrage: was soll ein Roman? Jedenfalls reichen die beiden Interessenkreise, die das Buch beherrschen, nicht aus, um seine Entstehung zu erklären, nämlich: die Rezeption der zeitgenössischen wie auch der früheren bildenden Kunst im frühen neunzehnten Jahrhundert, vor allem der Romantiker, und damit der Beginn aller Kunstästhetik; zweitens: der Inzest als psychopathologisches Verhalten, und zwar vor allem der Mutter-Sohn-Inzest, der in der mir bekannten psychoanalytischen Literatur nicht vorkommt – obgleich es da wohl eine Dunkelziffer geben muß – und den es ja als einen bewußten Vorgang auch weder in der Sage noch im Mythos gibt. Selbst Ödipus weiß ja nicht, daß seine Gemahlin seine Mutter ist. Der Mutter scheint es zu dämmern, aber sie verdrängt ihre Ahnung.

Gewiß gehört zu den Motiven des *Marbot*, wie schon im Falle meines *Mozart*, wo ich es gleich am Anfang eingestehe, die Flucht aus der Gegenwart, über deren Schrecken und Unerträglichkeit ich hier wohl nichts zu sagen brauche. Auch diese Flucht ist mir gelungen; ich habe mir vier schöne, wenn auch oft sehr anstrengende und aufreibende Jahre gemacht, an die ich, da man die Höhepunkte besser im Gedächtnis behält als die Tiefpunkte, mit Sehnsucht zurückdenke.

Aber was auch immer das ausschlaggebende Moment gewesen sein mag: nach wenigen Wochen Vorarbeit war ich tief in der Materie. Die Vorarbeit bestand darin, auf zwei eigens dazu angefertigten schrägen Tischplatten eine synchron-optische Darstellung des geistigen Westeuropa zwischen 1800 und 1830 zusammenzustellen. In diese habe ich dann meinen Helden eingeflochten und durchgezogen. Es war nicht immer leicht. Denn da Marbot nicht alle seine bedeutenden Zeitgenossen getroffen haben kann, galt es hier und dort, zwischen zwei oder drei Möglichkeiten zu wählen, und diese Wahl stellte dann meist die Geleise zu späteren Begegnungen. Zu dieser Zeit war Marbot noch, zumindest teilweise, als Literat angelegt, und so kam es, daß mancher meiner Freunde seinen Favoriten untergebracht wissen wollte – Walter Jens plädierte für Hölderlin, Günter Grass für Jean Paul. Als er dann beinah ausschließlich auf das Gebiet der Malerei geschoben wurde – ein Gebiet, auf dem auch ich weitaus mehr zu Hause bin als auf dem der Literatur –, verbot sich für mich der Umgang mit jenen Gestalten, deren Kenntnis oder Verständnis ich mir zuerst selbst hätte erarbeiten müssen. Denn daß man sich die Themen nicht erarbeiten kann, um sie unmittelbar sofort anzuwenden, ist, wie ich es sehe, ein primärer Grundsatz aller erzählenden Literatur. Ein Thema muß sich erst in den Labyrinthen des Unbewußten verloren haben, bevor es geläutert und sublimiert wieder ins Bewußtsein dringt und damit der Weg zur Verarbeitung frei ist. Wenn daher heute mancher Kritiker bedauert, daß nicht noch dieser oder jener Zeitgenosse untergebracht ist – etwa die Brüder Schlegel oder E. T. A. Hoffmann oder Heine oder, näherliegend, Caspar David Friedrich –, kann ich nur fragen, was er gesagt hätte, wenn ich meinen Helden von Berühmtheit zu Berühmtheit geschickt hätte. Nämlich in ein solches Schema gezwängt, wäre das Buch wirklich ein Scherz geworden, und kein guter. Ich hatte sogar eine Zeitlang mit dem Gedanken gespielt, Marbot einen der wenigen kulturreisenden Engländer sein zu lassen, die Goethe *nicht* besucht haben. Aber das war unmöglich, denn ich brauchte Goethes anfechtbare Kunsttheorien, sein eigenartiges Kunstverständnis, und ich brauchte die Person Goethe als Kommentator des jungen Marbot, und der Kommentar ist ja denn auch einigermaßen abundant ausgefallen, ja, für mich gibt er sogar Aufschluß über Goethe selbst. Und ich brauchte die – im wahrsten Sinne des Wortes – anglophile Ottilie als Marbots ablenkende Geliebte für kurze Zeit im Zuge seiner Entwöhnung von der Muttergeliebten. Selbstverständlich war ich mir dabei im klaren, daß der mit Ottilie von Goethe vertraute Leser sagen würde: natürlich, das mußte ja kommen. In der Tat, es mußte wirklich kommen, und es wäre unwahrscheinlich, wenn es nicht gekommen wäre. Es war eben nicht gänzlich möglich, den Scherz-Verdachten und Vorwürfen zu entgehen. Das Auf-der-Hand-Liegende hat seinen positiven und seinen negativen Wert, und die entsprechende Auslegung des Lesers läßt sich weder steuern noch bestimmen. Ich durfte mich einfach nicht scheuen, das offensichtlich Sich-Anbietende, ja, den literarischen Topos zu gebrauchen. In meinem Buch über Mozart konnte ich frei von Thema zu Thema springen, ein Stichwort das nächste auslösen lassen, ohne temporalen Zwang, denn ich durfte voraussetzen, daß die Chronologie von Mozarts Leben hinlänglich bekannt sei. Das durfte ich bei Marbot selbstverständlich nicht, denn ihn mußte ich erst aufbauen, ich mußte sein Leben auf deutlichere und festere Weise untermauern, und damit mußte die Biographie um einige Grade konventioneller und traditioneller ausfallen. Ich mußte mich einiger Kunstgriffe bedienen, oder vielmehr: ich mußte sie erst schaffen, damit das Buch den für eine Biographie notwendigen didaktischen Charakter erhalte. Denn der Raum für das Phantasiespiel mit Stoff und Form ist zwar unbegrenzt, aber im einzelnen Werk, zumal in einer Biographie, schließt das eine das andere aus. Ich erfand daher einen früheren Biographen Marbots, namens Frederic Hadley-Chase, der natürlich – seine Marbot-Biographie erschien 1888 – noch nicht das Material hatte, das mir zur Verfügung stand, und den ich mitunter ein wenig beckmesserisch behandle. In solchen Augenblikken war natürlich mein Identifikationsakt mit dem Biographen unterbrochen, und ich schrieb Rollenprosa. Denn der Schulmeister oder der Pedant will ich natürlich selbst nicht gewesen sein. Dennoch scheint mir dieser Sprung in die Rolle des konventionellen Biographen besser gelungen zu sein, als meine individuelle Erzählerrolle des Ich immer durchzuhalten. Einige meiner Freunde haben denn auch diese oder jene Passage, die ich als mein eigenes Ich durchaus ernst gemeint habe, für die Sprache eines ein wenig hochtrabenden, nicht uneitlen und ein wenig pedantischen Anderen gehalten. In diesen Passagen scheine ich also versagt zu haben. Ich war darauf bedacht, mein eigenes Ich als Objekt immer kontrollieren zu können, aber anscheinend wird es öfter ein anderer, als ich vorhatte. Manch einer fühlte sich sogar hier und dort an Serenus Zeitblom gemahnt. Dieser Gedanke wäre mir selbst niemals gekommen. Ich wollte ja keinen Roman schreiben, in dem auch die Rahmenfigur eine Fiktion ist, und keine Fabel erfinden müssen, in der ein erfundener Protagonist und die erfundenen Mit- und Gegenspieler unter sich sind, zusammengehalten durch eine kommentierende Kunstfigur. Ich wollte nichts Geringeres, als den Teilaspekt einer kulturgeschichtlichen Epoche schildern, in der sich die von mir beigesteuerte und damit selbst beisteuernde Gestalt *ad libitum* kommentierend und beleuchtend und erleuchtend bewegt, und dabei wollte ich mich selbst als ihren Erfinder vergessen können. Außer Andrew Marbot und seiner Familie, der Urbinater Geliebten Anna Maria Baiardi und ihrer Familie und dem Pater haben denn auch alle meine Personen existiert, ich sehe sie so, wie ich sie in ihren Auftritten schildere, und auch ihre Extravaganzen, sofern sie welche haben, sind historisch belegt. Hätte ich eine Biographie über eine von ihnen geschrieben, so wären sie nicht anders angelegt als in diesem Buch. Auch daraus dürfte hervorgehen, daß es sich nicht um einen Scherz handelt.

Aber mit diesen Erläuterungen habe ich noch immer nichts über die Motive meines Buches gesagt, habe also den Vorwurf – sofern es einer ist – des Scherzes noch nicht erschöpfend widerlegt. Ich kann also nur versichern, daß ich selbst das Buch nicht so verstanden wissen wollte, und daß man nicht vier Jahre an einem Scherz arbeitet. Und wenn mancher Leser und mancher Kritiker auf meine Täuschung hereingefallen sind, kann ich nur versichern, daß dies nicht meine Schuld ist. Zwar wollte ich Marbot zum Leben erweckt haben, aber ich wollte niemanden hintergehen, wenn ich auch heute einsehe, daß meine Demonstration des Fiktionscharakters vielleicht allzu versteckt und schwach war. Sie findet sich zunächst im Klappentext, wo es heißt, Marbot sei in die Kulturgeschichte des neunzehnten Jahrhunderts gleichsam eingewoben – was niemand gelesen zu haben scheint; zweitens im Register, das ausschließlich Personen enthält, die existiert haben, und das damit zum Schlüssel des Buches wird. Es ist mir daher rätselhaft, daß auch mancher differenzierende und genaue Leser darauf nicht gekommen ist. Denn nicht nur hätte er dem Register entnehmen müssen, daß da etwas mit der Historizität nicht stimmt, sondern er hätte die Nichtexistenz Marbots der Encyclopedia Britannica oder Goethes Gesprächen mit Eckermann oder Schopenhauers oder Ottilies Briefen oder Platens oder Delacroix' Tagebüchern oder

Berlioz' Selbstbiographie oder Karl Blechens Aufzeichnungen seiner Italienreise oder dem ausführlichen Diarium Crabb Robinsons entnehmen können. Daß er es *nicht* getan hat, spricht letztlich für die Wahrscheinlichkeit der Existenz Marbots. Weiterhin konnte es selbstverständlich nicht ausbleiben, daß mancher Witzbold unter den Lesern und Kritikern weitergedichtet hat, und unter der Behauptung, Marbot habe sich 1830 nicht das Leben genommen, ihm diverse Schicksale anzuhängen versuchte, wahrscheinliche und unwahrscheinliche. So hat sich denn die Tatsache, daß man die genaueren Umstände des Freitodes nicht kennt, gerächt. Ich selbst habe diese Art der Rezeption in ihrer ganzen Vulgarität zwar vorausgeahnt, dennoch scheint hier mein Humor versagt zu haben: sie hat mich unwillig gemacht. Denn diese Leser haben das Buch nicht verstanden: Gestalten wie Andrew Marbot und seine Mutter, Lady Catherine, lassen sich nicht ins Triviale oder ins Frivole hinabziehen, sie sind nicht jeder Albernheit offen. Gewiß, ich habe mich zu Täuschung oder Vortäuschung einiger Tricks bedient, aber doch nur, um den Biographie-Charakter zu potenzieren, und nicht zu parodieren. Der Zweck hat die Mittel, wenn auch nicht geheiligt, so doch in ihrer Notwendigkeit bestätigt.

Da sind zum Beispiel die gefälschten Bildnisse – selbstverständlich verrate ich jedem, der es wissen möchte, gern, um wen es sich handelte, bevor die Portraitierten in meinen Besitz übergegangen sind. Natürlich habe ich mich juridisch absichern lassen, und kein Nachkomme kann mir etwas anhaben. Er kann sich freilich ärgern, aber ich wüßte wirklich nicht, weshalb er es sollte. Weiterhin sind da die englischen Zitate. Auch sie sind natürlich fingierte Echtheitsausweise. Aber sie sollten noch mehr leisten als das: Wer Übersetzungen liest, der kennt den plötzlich auftauchenden Wunsch, diese oder jene Passage in der Originalsprache zu lesen, weil ihn die deutsche Fassung nicht gänzlich befriedigt. So habe ich denn vor allem jenen Passagen, die vielleicht auch eine andere Übersetzung zugelassen hätten, das englische Original beigefügt. Alle Aufzeichnungen, Briefpassagen und Aussprüche Marbots habe ich im Geist in beiden Sprachen durchprobiert, weil ich nicht Unübersetzbares wiedergeben wollte. Zum Beispiel kommt in Marbots Brief an den Pater Gerardus über die Mantegna-Fresken in der *camera degli sposi* in Mantua der Satz vor: »Der einzige Mann in Bewegung ist der herbeieilende Sekretär, zu dem der Herzog sich zurückneigt, um ihm etwas ins Ohr zu schweigen.« Nun gibt es aber im Englischen kein Wort für das Verb schweigen. Da jedoch Andrew einige Briefe an den Pater auf deutsch geschrieben hat, das beide vollkommen beherrschten, schreibt Andrew auch diesen Satz auf deutsch und fügt in Klammern hinzu: »why do we not have a word for the verb *schweigen*?« Wenn man so will, ein Scherz, aber, wie ich es sehe, ein legitimer. Oder ich brauchte das Wort *empathy* für *Einfühlung*, stellte aber beim Nachschlagen im Oxford Dictionary fest, daß dieses Wort erst 1848 manifest wurde. So habe ich hinter das englische Wort in Parenthese gesetzt: »Marbot dürfte der erste gewesen sein, der dieses Wort gebraucht hat.« Ich denke, dies sind verzeihliche Kunstgriffe, und ich glaube, daß der Text sie gut tragen konnte. Wie gesagt: es kam mir darauf an, den Wirklichkeitsgehalt meines Helden und seine Art der Artikulation zu etablieren. Dennoch – dies waren die Augenblicke der Verfremdung, in denen ich mir seiner Fiktivität nur allzu bewußt wurde, und damit natürlich auch meiner Rolle.

Freud sagt: »Jeder Biograph ist auf eigentümliche Weise an seinen Helden fixiert.« Dieser Satz könnte uns beinah als ein Gemeinplatz erscheinen, wäre nicht die Erkenntnis, daß er uns so erscheinen könnte, ebenfalls von Freud. Meine

Biographie Marbots hat es mir erlaubt, mich nach Belieben an den Helden oder an den Mittler zwischen ihm und dem Leser, also den Biographen, zu fixieren. Der Anreiz meiner Arbeit lag nicht zuletzt im Wechselspiel mit diesen beiden sich bietenden Möglichkeiten. Natürlich bin ich nicht der Andrew Marbot, der eine Liebesaffaire mit seiner Mutter hat, aber der gescheiterte Marbot bin ich doch, denn ich wäre, wie er, gern Maler geworden. Ich bin auch der, der eine negative Beziehung zum Leben hat, der Anhänger Schopenhauers und der, wenn auch kritische, Verwandte Leopardis. – Verzeihen Sie den Geständnischarakter dieser Worte, aber ohne ein gewisses Bekennertum ist eine Interpretation eines solchen Buches nicht möglich. Wie ich sagte, bin ich nur zum Teil der Held, zum anderen Teil bin ich, als Verfasser eines Buches über ihn, ein sozusagen didaktisches Ich, das seine Biographie so schreibt, wie meiner Ansicht nach jede Biographie geschrieben werden müßte, nämlich im richtigen Maße zwischen belegbaren Fakten und Spekulation, zwischen Vermutung und Wissen, zwischen Überzeugung und Zweifel, und immer das eine vom anderen streng und genau getrennt.

Natürlich habe ich alle diese Ausführungen später zusammengetragen, als ich mit dem Schreiben fertig war und ich mir den Vorgang ins Bewußtsein zu rufen versuchte, und zwar ausschließlich zur Konzeption dieses Vortrages. Während des Schreibens hatte ich das Gefühl, als betreibe ich das Natürlichste, das es gibt, nämlich die Verwirklichung dessen, was meine Einbildungskraft mir eingibt. Und da erschien mir denn der Unterschied – wohlgemerkt: ich spreche weder hier noch irgendwo von qualitativen Werten oder Vergleichen –, der Unterschied also zwischen meinem Buch und dem *Doktor Faustus* gar nicht so groß. Nur habe ich es mir leichter und schwerer gemacht. Leichter, indem ich die Mit- und Gegenspieler meines Protagonisten nicht habe erfinden müssen, sondern aus der Kulturgeschichte greifen und das Leben und die Entwicklung meines Helden entsprechend einrichten konnte, denn Reaktion zu erfinden, ist mir immer leichter geworden als Aktion. Schwerer, indem ich, eben durch dieses Verfahren, an kulturhistorische Fakten, Zahlen und Erscheinungen gebunden war und damit eine Wirklichkeit herstellen mußte, die dem Leser – und mir – als wahr anzunehmen, keine Schwierigkeit bedeutet. Schwerer freilich auch darin, daß ich Passagen aus den Schriften meines Helden wiedergeben mußte, die genug Gewicht haben, um das Nachleben ihres Autors als Objekt einer Biographie zu rechtfertigen, und zwar – noch schwerer – durch ihre absolute Qualität. Denn der – sozusagen – prophetische Gehalt seiner Worte reichte dazu nicht aus. Zu Erkenntnissen dessen gelangt zu sein, was Freud erst hundert Jahre später entdeckt und niedergeschrieben hat, mag zwar eine beträchtliche wahrsagerische Leistung sein, ist aber in der Retrospektion nur ein peripheres Element. So ging es mir denn vor allem darum, daß Marbot mit seinen Bildinterpretationen Denkanstöße gegeben und damit eine ästhetische Disziplin in die Wege geleitet habe. Es ging mir tatsächlich um das Verhältnis der Kunst zum Leben, also um *art and life*, wie denn auch der, freilich postum entstandene und etwas hilflose, Titel der Schriften Marbots lautet. Das war gewiß keine kleine Aufgabe, und ein Urteil, ob ich es gemeistert habe, steht mir nicht zu. Jedenfalls habe ich mit meinen Mitteln versucht, nicht nur so tief wie möglich in die Entstehungsgeschichte eines Kunstwerkes einzudringen, sondern ebenso tief in die Psyche eines Menschen, der das Format hat, diese Entstehungsgeschichte nachzuerleben. Sie werden mir zugestehen, daß so etwas kein Scherz ist. Denn gerade hier waren wieder die Gefahren einer allzu intensiven Identifikation mit meinem Objekt gegeben. Daher mußte ich die meine als des Biographen Sicht von denen des Helden hier und dort abweichen lassen. So hat denn Marbot ohne Zweifel das Selbstbildnis des Giorgione überinterpretiert, vor allem freilich, weil er nicht wissen konnte, daß es beschnitten war, denn auch Zustand und Sichtbarkeit der Kunstwerke zu jener Zeit mußten in meiner Arbeit berücksichtigt werden. Goethes *Werther* lehnt Marbot ab, ich nicht, und ich bedauere, daß hier sein Qualitätsgefühl versagt hat. Oft habe ich mich gefragt, was Marbot wohl zu diesem oder jenem Kunstwerk gesagt hätte, hätte er es gekannt – ein Spiel, das ich nicht in das Buch übernehmen konnte, denn es hätte zu viele Ansatzpunkte des Weiterspielens nach sich gezogen. Manche Auslassung ist mir nicht ganz leicht geworden.

Wie auch immer: ein solches Buch schreibt man nicht zweimal – wieder spreche ich nicht von der Qualität, sondern von meiner Beziehung zu ihm –, und ich weiß, daß ich mir mit ihm die Möglichkeit verstellt habe, jemals wieder ein erzählendes Buch zu schreiben. Nicht, daß das Buch unübertrefflich sei, aber *ich* kann es nicht übertreffen, noch nicht einmal wieder erreichen. *1982*

Schopenhauer und Marbot

Meine Damen und Herren,

dieser Vortrag, zu dem mich die Schopenhauer-Gesellschaft eingeladen hat, ist ein kleines Experiment, so wie sein Gegenstand, mein Buch *Marbot*, dessen Kenntnis zur Verständlichkeit meiner Ausführungen wesentlich beiträgt, ein *großes* Experiment war. Das Problem ist beiden Unternehmen gemeinsam: die Konfrontation einer Gestalt aus der Wirklichkeit, eines Menschen also, dessen Leben und Wirken wir kennen oder zu kennen meinen, mit einer Gestalt der reinen Einbildungskraft. Die beiden Gestalten sind natürlich als Objekte des Berichtes oder der Erzählung oder der Analyse inkommensurabel. Diese Inkommensurabilität galt es zu überwinden, was natürlich nur zum Schein gelingen konnte – und der Schein war denn auch mein eigentliches Thema und meine eigentliche Aufgabe. Es ging mir um die *Qualität* dieser Scheinbarkeit, wenn natürlich auch nicht ausschließlich darum.

Eine weitere Aufgabe war es, die ideale Biographie zu schreiben, was natürlich, obgleich ich mir meinen Helden selbst modellieren durfte, ebenfalls nur zum Teil gelingen konnte – sofern das Ideale aufteilbar ist. So wie sich die allertiefsten Motive des Handelns eines wirklichen Menschen der forschenden Nachwelt entziehen, so entziehen sie sich auch bei einer fiktiven Gestalt. Hätte ich diesen Motiven bis in die tiefste Tiefe der Seele folgen wollen, so hätte ich der Herrschaft der Unwahrscheinlichkeit und der Offensichtlichkeit der Fälschung Tor und Türe geöffnet. Denn das Ausmaß und die Maßstäbe der Erkenntnis einer erfundenen und einer realen Figur dürfen ja nicht divergieren.

Ihnen gegenüber, meine Damen und Herren, Schopenhauer deuten zu wollen wäre Vermessenheit und ebenso müßig, wie wenn *Sie* versuchten, mir Marbot nahezubringen. Schopenhauer hat seinen – wenn auch vielleicht noch nicht den ihm gebührenden – Platz in der Geschichte der Menschheit. Es mag an ihm als Mensch manches neu zu *deuten* geben – eine psychoanalytische Interpretation steht noch aus, aber erschöpfend wird auch eine solche niemals sein. Zu *entdecken* jedoch gibt es an seinem äußeren Lebenslauf wohl nichts mehr. Marbot dagegen ist ganz und gar erfunden und damit eine Ausgeburt der Fiktivität. Er ist sozusagen eine ›offene Figur‹. Es steht jedermann frei, seine Motive neu zu beleuchten und neu zu untermauern, denn jedermann kann natürlich dem Tun und Lassen der Person Marbot noch weiteres Tun und Lassen andichten. Das letztere wurde denn auch ausgiebig getan. Die feste Annahme mancher Leute, daß es sich bei diesem Buch um einen Scherz handle, an dem jeder aktiv teilhaben dürfe, hat manche Trivialdeutung provoziert, deren Gemeinsames – mit zwei oder drei Ausnahmen – in der Banalität der Absicht und der Vulgarität der Ausführung lag.

Für jene unter Ihnen, die das Buch *nicht* kennen, möchte ich seinen Inhalt kurz umreißen. Andrew Marbot wurde 1801 als erster Sohn des katholischen Großgrundbesitzers Sir Francis Marbot in Marbot Hall, Northumberland, geboren. Er wird zu Hause erzogen, und zwar von dem Kaplan der Familie, Gerardus van Rossum, einem gebildeten und aufgeschlossenen holländischen Jesuitenpater. Durch seinen Großvater mütterlicherseits, Viscount Claverton, Exdiplomat und Kunstkenner, wird der junge Andrew früh in die Welt der Malerei eingeführt und entwickelt ein leidenschaftliches Interesse an Kunst und Künstlern, stellt aber zu seiner Trauer fest, daß er selbst nicht kreativ veranlagt ist. Seinen Vater lehnt Andrew als einen ungebildeten Barbaren ab, wobei er freilich in seinem Urteil nicht völlig gerecht ist. Dagegen entsteht eine starke Mutterbindung, die stetig an Gegenseitigkeit wächst, und die schließlich zum Vollzug des Inzestes führt. Es geschieht zuerst unmittelbar vor Andrews obligater Kavaliersreise, the grand tour. Andrews Reise, von welcher Mutter und Sohn sich eine Erlösung aus ihrer unseligen Verstrickung erhoffen, dauert zwei Jahre, während deren Andrew, im Oktober 1822, in Florenz Schopenhauer begegnet. Der Tod des Vaters ruft ihn nach Northumberland zurück, und nun beginnt die skandalschwangere Affaire zwischen ihm und seiner Mutter, Lady Catherine. Reines Glück beschert sie natürlich keinem von beiden, denn das Verhältnis bedeutet, vor allem für die – religiöse – Mutter, eine sich potenzierende Quelle der Schuldgefühle. Nach zwei Jahren trennen sich die beiden endgültig. Andrew reist über Deutschland – wo er auch Goethe trifft – nach Italien, wo er sich zunächst ohne festes Programm, von Stadt zu Stadt, vor allem aber von Kunstwerk zu Kunstwerk treiben läßt, um sich schließlich in Urbino niederzulassen, wo er fortan seinen Studien lebt: der Forschung nach der psychischen Konstitution des Künstlers, vor allem der Genies. Das heißt, er sucht in den Werken, in Thematik und ihrem Verhältnis zu Komposition, Duktus, Bildaufteilung und Ausdruck der menschlichen Figuren nach der Seele des Malers, und, sensibilisiert durch sein eigenes anomales Verhalten, kommt er zu Thesen, die ihn in manchem zu einem Vorgänger Freuds machen. Die entsprechenden Aufzeichnungen, von ihm selbst in dieser skizzenhaften Form noch nicht als Buch konzipiert, erschienen, mangelhaft ediert, postum und erregten in den Kreisen der Künstler und Ästhetiker erhebliches Aufsehen, mitunter sogar Befremden und Unbehagen, die erst unsere Generation beschwichtigen konnte. Turner, John Ruskin, Walter

Pater, Herman Grimm und viele andere haben sich mit ihm befaßt.

In den letzten beiden Jahren, also 1828 und 1829, in Urbino zur Ruhe gekommen, wenn auch niemals wieder im Besitz des vollen seelischen Equilibriums, überdies ein echter Melancholiker – einer von jenen nämlich, die das Wort Melancholie niemals aussprechen –, liest Marbot viel, unter anderen den bedeutenden italienischen Dichter Leopardi, dessen Lebensverneinung ihm zu subjektiv und ungenügend fundiert erscheint, und Schopenhauer, der ihm als Bruder in der Lebensverneinung auf vorher niemals verspürte Weise entgegenkommt. 1830 nimmt sich Marbot, neunundzwanzigjährig, das Leben.

Diese Gestalt also habe ich in die Kulturgeschichte des frühen neunzehnten Jahrhunderts gleichsam eingewoben. Es war nicht ganz leicht, weil ich der geschichtsgegebenen Chronologie zu gehorchen hatte. Das heißt, ich wurde hin und wieder mit Alternativen konfrontiert wie: hat Marbot *hier diesen* oder *dort jenen* getroffen? Die temporalen Gegebenheiten und die geographischen Distanzen verboten mir manche Begegnung, die aufschlußreich hätte sein können. So hat er leider weder Heine noch Mendelssohn-Bartholdy kennengelernt, was ich insofern bedauere, als vielleicht eine solche Begegnung Marbots Verhältnis zum Judentum beleuchtet hätte, von dem wir nun also nichts wissen. Wenn ich Marbot richtig einschätze, hat ihn die sogenannte Judenfrage nicht interessiert.

Natürlich wollten Freunde ihren Favoriten untergebracht haben – Walter Jens plädierte für Hölderlin, Günter Grass für Jean Paul. Aber allzuviel Verkehr mit den Großen der Zeit hätte den Scherzcharakter des Buches überwiegen lassen, der zwar anfangs teilweise zu walten schien, jedoch zunehmend zu – wörtlich – todernster Biographik wurde. Man arbeitet nicht vier Jahre an einem

Scherz. Zudem: Scherze mit tödlichem Ausgang gibt es nicht.

Die Begegnung mit Schopenhauer war von Anfang an eingeplant. Schopenhauer sollte dem negativen Lebensgefühl Marbots die gedankliche Untermauerung liefern. Daher durfte er nicht fehlen, ihm habe ich immerhin Caspar David Friedrich geopfert, der für Marbots Forschungen wahrscheinlich nützlich gewesen wäre. Aber hier war mir die Weltsicht wichtiger als die Kunstbetrachtung. Daher hat sich mir das Dilemma Ethik oder Ästhetik nicht gestelllt, zumindest nicht in *diesem* Falle. Jedenfalls sollte Schopenhauer Marbot bestätigen und ihm, natürlich ohne daß es einem der beiden bewußt geworden wäre, praktische Lebenshilfe spenden.

Zuerst hatte ich ein Zusammentreffen im Jahr 1825 erwogen, also nach Andrews endgültigem Abschied von England und der Mutter. Aber zu dieser Zeit war Schopenhauer in Dresden und Berlin, und das war mir für die geplante Reiseroute zu kompliziert. Denn ein Besuch zu dieser Zeit und in diesen Regionen hätte notwendigerweise das Zusammentreffen mit anderen thema-erweiternden Personen der Zeit bedeutet, und das galt es zu vermeiden. Ich hätte damit *ihn* und *mich* – buchstäblich – verzettelt, denn das Wirken und Leben solcher Personen hätte ich mir erst erarbeiten müssen. Wer Fiktion schreibt, der weiß oder sollte wissen, daß man niemals ein Erlebnis oder Ereignis oder auch nur eine angestrebte Atmosphäre heranholen oder forcieren kann, um anschließend darüber zu schreiben. Jedes Schreiben muß der inneren Notwendigkeit entspringen, und damit ein Zurückgreifen auf im Unbewußten gespeichertes Material bedingen. Alles andere ist Journalismus. Dazu kommt, daß ich Marbot nicht als beflissenen Kulturreisenden angelegt hatte, sondern als schwermütigen Müßiggänger, der ohne Programm, wenn auch beileibe nicht ohne ein bestimmtes Konzept, sozusagen von Bild zu Bild schlendert mit der Muße eines, der nicht auf das Auswerten angewiesen ist, und der, wohin er auch will, immer noch früh genug kommt, objektiv ein Romantiker, subjektiv ein Antiromantiker, wenn auch von romantischem *ennui* beseelt. So traf es sich denn günstig, daß Schopenhauer im Herbst 1822 in Florenz war. Ich ließ also Andrew bei seiner ersten Italienreise auf Rom verzichten, zugunsten des verlängerten Aufenthaltes in Florenz. Das erwies sich übrigens auch insofern als günstig, als die Gräfin Guiccioli, die ich Andrew zu einer kurzen Liebesaffaire zugedacht hatte, 1825 in Rom weilte, während sie 1822 noch in Pisa war, vereint mit ihrem Lord Byron.

Am 29. Oktober 1822 schreibt Schopenhauer an Osann: »Mich freut bisweilen das Heterogene meiner Umgebung: ich belächle mich selbst, wenn ich mit einem weißen Dominikaner im Boboli promenire und den Verfall der Klöster beseufzen helfe, oder im kerzenhellen Urvätersaal einer Villa einer englischen Dame die *cour* mache.«

Diese Zeilen kamen mir wie gerufen. Ich lasse nun in demselben Brief Schopenhauer von einem ›äußerst angenehmen jungen Engländer‹ schreiben,
»von remarkablem Verstand. Vor allem scheint er bei aller seiner Jugend einer der seltenen Menschen zu seyn, die nicht leichtfertig urtheilen, sondern ihr Urtheil zu begründen wissen.«

Marbot schreibt über dieses Zusammentreffen an seinen ehemaligen Erzieher, Pater Gerardus van Rossum:
»Ich traf einen seltsamen und lebhaften kleinen deutschen Philosophen namens Schopenhauer (a peculiar and lively little German philosopher by the name of Schopenhauer), der behauptete, daß ich die Welt besser verstehen werde, wenn ich sein großes Buch gelesen habe. Er ist nicht gerade ein Mann, den man lieben möchte, doch legt er es darauf

auch nicht an. Frauen mag er nicht, er findet Männer schöner – in der Theorie mag er die gesamte Schöpfung nicht, er findet die Welt nicht nur fehlerhaft, sondern verfehlt (not only faulty, but a failure). Aber er scheint sie dennoch zu genießen und lebt höchst komfortabel. Heute vormittag lustwandelten wir zusammen in den Boboli-Gärten. Unser Gespräch ging zunächst über Kunst. Er fragte mich, ob ich Künstler sei. Nein, sagte ich, aber ich wäre es gern. Da hätte ich recht, sagte er, denn die Künstler seien die einzigen, die, ohne es vielleicht zu wissen, die Welt verstünden, indem sie das interesselose Anschauen pflegten. Ich wußte zuerst nicht, was er meinte, aber später verstand ich, was er meinte: nämlich, daß der Künstler kein Interesse habe, sich die Welt als Besitz anzueignen, er wolle sie vielmehr ideal darstellen. Nur der wahrhaft große Künstler, sagte er, könne die ewigen Ideen der Schöpfung erfassen. Ich sagte, wenn ihn die Schöpfung als Gegenstand der Künste erfreue, dann müsse er doch wohl mit ihr einverstanden sein. Er blieb stehen und sagte lachend: ›Nein, so einfach, mein junger Freund‹ – er ist vielleicht fünfzehn Jahre älter als ich – ›ist es nicht. Lesen Sie mein Werk, dann wollen wir uns weiter über dieses Thema unterhalten.‹ Ich versprach es und werde es auch tun, denn so drollig der kleine Mann auch ist, so hat er doch etwas seltsam Aufrührerisches an sich (funny as the little man may be, there is something strangely seditious about him).«

Sie werden festgestellt haben, daß ich längst begonnen habe, Wirklichkeit und Phantasie zu vermischen. Ich gedenke auch, diese Mischung beizubehalten. Denn für mich läßt sich Marbot schon lange nicht mehr aus der Realität wegdenken, d.h. ich betrachte mich schon lange nicht mehr als seinen Erfinder, sondern als seinen designierten Biographen, von meinem Helden gewählt. Ich erinnere mich, daß ich ihn damals während der Arbeit bei besonders schwierigen Passagen verwünscht habe und mir dabei sagte: ich wollte, der Kerl hätte niemals existiert.

Zur Zeit des Zusammentreffens mit Schopenhauer ist Marbot einundzwanzig Jahre alt. Man kann kaum von ihm verlangen, daß er den Philosophen nach einem einzigen Spaziergang vollends versteht, zumal da dieser ja noch keine Denkansätze geliefert zu haben scheint, sondern auf sein Werk verweist. Auch war Marbot um diese Zeit auf die Begegnung mit einem großen Philosophen nicht vorbereitet, und schon gar nicht mit einem, der seine negative Weltsicht zwar noch nicht explicite ventiliert, aber doch auf sie als die Basis seines Denkens hinweist. Schließlich war Andrew von einem Jesuitenpater erzogen worden, dazu einem, den er menschlich schätzte, dessen Weltsicht er sich zwar niemals zu eigen gemacht hatte, aber doch respektierte. So war er gewohnt, zwar die Menschen mit Vorbehalten, aber die Schöpfung als ideale Gegebenheit zu betrachten, zumindest aber nicht in Frage zu stellen.

Von einem weiteren Zusammentreffen mit Schopenhauer berichtet Marbot nicht. Es läßt sich jedoch, wie ich sogleich dartun werden, beweisen, daß es stattgefunden hat. Aus Aufzeichnungen, die er mit Gewißheit zwischen 1822, also dem Treffen mit Schopenhauer, und 1828, also der ersten Lektüre der *Welt als Wille und Vorstellung* gemacht hat, geht eindeutig hervor, daß Marbot, der fraglos mit seinem Erzieher van Rossum Platon gelesen hatte, den Begriff der ›ewigen Ideen‹ voll erfaßt hat und somit auch das Wesen der vom Willen nicht gesteuerten Anschauung der Kunst. Daß er zudem bei einem weiteren Treffen den ein wenig naiven Einwand, Schopenhauer müsse mit der Schöpfung einverstanden sein, da er ihre künstlerische Darstellung genieße, fallen ließ, steht zu hoffen. Auch die irrige Auffassung, daß der Pessimist sein Leben entsprechend seiner negativen Weltsicht einzurichten habe, daß er also ständig eine morose Haltung und damit eine Unlust an menschlicher Kommunikation an den Tag legen müsse, hat Marbot später korrigiert. Zwar kennzeichnen diese beiden Eigenschaften den späteren Schopenhauer, aber zu *dieser* Zeit, 1822, ist Schopenhauer nicht gerade gesellig – und zwar wahrscheinlich vor allem deshalb nicht, weil er auf Gesellschaft nicht und niemals angewiesen ist –, aber er ist bereit, Begegnungen zu genießen und damit eben – wie er an Osann schreibt – »das Heterogene seiner Umgebung«. Marbots Sicht, nach der Lebensverneinung auf Trauer über entschwundenem oder nicht eingetroffenem Glück oder auf Härte des persönlichen Schicksals beruhen müsse, dürfte jedenfalls Schopenhauer endgültig und eindrücklich korrigiert haben. Das negative Lebensgefühl, das aus persönlicher Misere entsteht, hat ihm später der verwachsene und asthmatische Leopardi vorgeführt: den Pessimismus des von der Natur ungnädig Behandelten, dem auch seine hohe Geburt nicht helfen konnte.

Hätte ich die Passage aus Marbots Brief an seinen ehemaligen Erzieher noch einmal zu schreiben, so würde ich vielleicht die äußerliche Charakterisierung »klein« und »der kleine Mann« – »little« und »the little man« – heute streichen, obschon evident ist, daß es sich keineswegs um einen pejorativen Diminutiv handelt. ›Little‹ ist hier ein Synonym von ›drollig‹, ›ulkig‹ oder ›schrullig‹, es weist demnach weit mehr auf die Erscheinung Schopenhauers, wie sie uns aus Daguerreotypen und Photographien um 1850 entgegensieht: der Philosoph in einer ziemlich gewaltsamen, daher beinah komischen Ruhepose erstarrt, den stützenden Arm wie an die Tischplatte geschraubt, einer quälend langen Belichtungszeit ausgesetzt – freilich, wenn man sich das Gesicht auf diesen Bildern genauer betrachtet, so wird man eines unverkennbar dämonischen Zuges gewahr, der hinter diesem scheinbaren Lächeln steckt. Ausschließlich schrullig wirkt er einzig auf der Zeichnung von Wilhelm Busch, der ihn von hinten und mit Pudel zeigt. Es ist nicht das einzige Beispiel komischer Darstellung des Genies. Unwillkürlich denken wir an die einherstapfenden Beethoven oder Brahms auf Darstellungen, die alles andere als böse, sondern liebevoll gemeint sind. Aber der Schopenhauer von 1822 glich wohl eher dem jungen, beinah noch jünglinghaften Mann auf dem Bildnis von Ruhl aus dem Jahr 1818, dem scheinbaren Romantiker, der mißmutig-trotzig nach rechts unten blickt, als krieche dort einer seiner Widersacher.

Jedenfalls hat Marbot, außer im Fall William Blake, soweit wir wissen, brieflich niemals so ausführlich über eine menschliche Begegnung berichtet wie hier, und es erscheint uns beinah als mehr als bloß ein Zufall, daß es sich um zwei menschliche Extreme handelt: den Denker und den Mann, der das Denken abschaffen möchte, weil es seinen Vorstellungen von Himmel und Erde zuwiderläuft. Warum aber Marbot – zumal einem Mann Gottes gegenüber – die anscheinend kräftigen misogynen Ausfälle seines Gesprächspartners erwähnenswert findet, von denen wir natürlich gern wüßten, à propos von welchem Thema sie gemacht wurden, weiß ich nicht, zumindest nicht als biographisches Ich. Als mein eigenes Ich weiß ich, daß ich um die Zeit der Arbeit an diesen Seiten einige – freilich viel später geschriebene – Briefe las, aus denen uns ein menschenfeindlicherer und wahrscheinlich *noch* frauenfeindlicherer Schopenhauer entgegentritt, als er 1822 war. Es handelt sich vor allem um den Brief vom 17. Februar 1853 an Frauenstädt, in dem er diesen, der offensichtlich in einem Brief die »Schönheit des Weibes« gepriesen hat, ziemlich unverblümt zurechtweist. Aus dieser Bemerkung – so Schopenhauer – spreche nichts als der Geschlechtstrieb, den er selbst bekanntlich nur theoretisch für verwerflich hielt. Es ließe sich, so Schopenhauer, überhaupt beweisen, daß der Mann schöner sei als das Weib. Und dann kommt der – einigermaßen absurde – Beweis, indem er Körperteile gegeneinander abzuwägen sucht, wobei auch noch unfairerweise »das vollkommene Weib« nicht etwa dem »vollkommenen Mann« gegenübergestellt wird, sondern dem »vollkommenen Jüngling«. Dieser eigentümliche Affekt, für den es natürlich mehrere psychoanalytische Erklärungen gibt, verleitet Schopenhauer denn auch mitunter zu grober Taktlosigkeit, so wenn er am 17. September 1857 Eduard Crüger zur Geburt eines »Töchterleins« gratuliert und gleichzeitig kondoliert, weil es kein »Söhnlein« geworden ist.

In den *Aufzeichnungen* Marbots ist diese Begegnung nicht vermerkt. Das erstaunt insofern nicht, als diese kaum jemals von *Menschen* sondern beinah ausschließlich von *Dingen* handeln, es sind Skizzen und Entwürfe zu seiner Kunstästhetik. Auf Ausnahmen komme ich zu sprechen. So finden wir denn zwischen den Notizen über Meisterwerke der florentinischen Schule ein beinah verschwindend kleines aide-mémoire: »›*Die Welt als Wille und Vorstellung*‹ and ›*Ueber die vierfache Wurzel des Satzes vom zureichenden grund*‹ – the latter to be read first.«

Marbot muß Schopenhauer mindestens noch *ein*mal getroffen haben, bei welcher Gelegenheit ihn dieser tiefer in seine Ästhetik eingeführt hat. Denn das folgende erstaunliche Notat – das ich übrigens in meinem Buch *nicht* anführe, aber in die englische Übersetzung einfügen werde – ist nachweislich vor 1828, also *vor* der Lektüre der *Welt als Wille und Vorstellung* gemacht.

»Die Musik als Höchststehende der Künste? Ich denke, wir müssen hier genau zwischen Schöpfer und Hörer unterscheiden. Der Schöpfer entrückt allem nichtmusikalischen und damit allem irdischen Denken und Fühlen, in seinem

Himmel darf er sich in ewige Ideen verstricken lassen, sich gleichsam in sie betten, solange und wann immer er will. Der Hörer aber durchmißt eine genau begrenzte Zeitspanne und fällt in sein Elend zurück, sowie das Musikstück vorbei ist. Ja, ich möchte sogar behaupten, daß gerade die Vergänglichkeit, der genau und unerbittlich bemessene Ablauf der Zeit jene Glückseligkeit beschert, in der die Wehmut darüber enthalten ist, daß unser wunschloses Glück von solch kurzer Dauer ist.

Die Malerei hat gegenüber der Musik zwei Vorteile. Sie bedarf keines Vermittlers, der sich zwischen Schöpfer und Betrachter schaltet und das Werk nach seinem Willen und Vermögen interpretiert. Vor allem aber ist ihr Genuß nicht zeitlich begrenzt. Während ein musikalischer Ablauf das Verstreichen der Zeit nach Noten und Takten zählt, sind der Betrachtung des Gemäldes keine zeitlichen Grenzen gesetzt.

Dieser Umstand bringt mich auf den Gedanken, daß auch die Malerei Werke hervorbringen könnte, die kein Objekt haben, außer ihrer selbst. Ich stelle mir Tafeln vor, die uns nicht durch Formen begeistern, wie wir sie im Leben sehen und erfahren, und damit die Dimensionen des Wirklichen vortäuschen, sondern durch Farben und Flächen unmittelbar wirken und jene Art von Emotionen entfachen, die uns nur durch reines Anschauen beschert wird. Bei dem Bild, das Erkennbares wiedergibt, mögen wir leicht dieses Erkennbare begehren. Vermittelt es aber Ungekanntes und Unkenntliches, so begehren wir das Bild selbst, nicht als Besitz, sondern als dauernde Quelle einer Erleuchtung, deren Wirken in Worten nicht zu fassen ist. Das Bild erschiene uns als Darstellung einer vorher ungeahnten Ordnung, und als solche wirkt es in unserem Inneren weiter. Es stellt keine Ideen dar, vielmehr *ist* es die Idee.«

In diesem Erguß des Romantikers Marbot, beinah

befremdend in seinem Überschwang, haben wir eine – freilich idealisierte und idealisierende – Vorahnung der abstrakten Malerei. Was uns an ihr besticht, ist die Intensität der Vorstellungskraft, die einem Gebiet gilt, in das noch niemand Fuß gesetzt hatte, das erregende Kunsterlebnis ohne das Kunstwerk.

In diesem Gewaltakt der Invention hat Marbot vergessen, wem er den Denkanstoß zu verdanken hat. Es war an sich nicht seine Art, denen Dank vorzuenthalten, denen er ihn schuldete. In gewisser Weise sind diese Zeilen typisch für das Verfahren der Nachwelt Schopenhauers. Für Menschen von Marbots geistigem Zuschnitt war seine Philosophie ein praktikables Denkgebäude, in dem sich jedermann nach seinem Vermögen und seinen geistigen Fähigkeiten so hat einrichten können, daß er den Erbauer darüber vergaß.

Marbot liest *Die Welt als Wille und Vorstellung*, natürlich in der ersten Fassung und auf deutsch, in den Jahren 1828 und 1829. Es sind sechs und sieben Jahre nach der Begegnung mit dem Verfasser und ein und zwei Jahre vor seinem Freitod. Offensichtlich liest er mit höchster Zustimmung. Im Herbst 1829, wenige Monate vor seinem Tod, schreibt er an van Rossum:

»Der kleine Mann damals in Florenz ist in Wirklichkeit ein sehr großer Mann. Ich hielt ihn nur für einen Pessimisten, jetzt aber weiß ich, daß er ein *erleuchteter* Pessimist ist, ein Befreier. Ich bin nicht mit allem einverstanden, was er lehrt. Dennoch: ich halte ihn für den Verkünder der absoluten Wahrheit über die Welt und den Menschen und damit einer Lehre, deren von nun an ewiges Wirken mit ihm begonnen hat, wenn auch der Stoff, den sie lehrt, so alt ist, wie die Welt.«

Ein solch hymnischer Ton findet sich bei dem sonst meist reservierten Marbot selten. Dennoch ist er nicht mit allem einverstanden, was Schopenhauer sagt. Wir wissen natürlich, wo Marbots Vorbehalte liegen, nämlich in der Ablehnung des Selbstmordes. Dies hätte Andrew dem Pater natürlich niemals mitgeteilt. Zwar wußte van Rossum, daß sein ehemaliger Schüler ein Abtrünniger war, wenn er ihm auch seine Trauer darüber niemals zu spüren gegeben hat. Auch wußte er um diese Zeit von dem Inzestverhältnis, das er den beiden Sündigen nur verzeihen durfte, weil er wußte, daß die Bestrafung in den Händen eines Höheren lag, als er es war. Doch zu dem Gedanken an Selbstzerstörung hätte er Andrew nicht folgen wollen oder dürfen. *Sie* mußte er als die extreme Todsünde betrachten. – Ich weiß allerdings nicht, ob es von Todsünde eine Steigerung gibt, außer dem Anathema natürlich.

Wieder berührt uns die Tatsache als seltsam, daß ausgerechnet der Pater der Adressat dieser Zeilen war, die natürlich nichts verraten, dafür umso mehr insinuieren. Vielleicht hat Andrew selbst gespürt, daß dieser Brief nicht befriedigend war, denn wenige Tage später schreibt er dem Pater nochmals über Schopenhauer:
»Sein Pessimismus wirkt deshalb so echt, weil er nicht aus dem Persönlichen kommt, also nicht aus dem Gefühl, sondern durch Deduktionen aus seinem Denksystem gewonnen wird, wobei höchstmögliche Objektivität angestrebt, und auch besser als bei irgend jemandem erreicht wird. Er weiß, wie ich festgestellt habe, dem Leben seine schönen Seiten abzugewinnen, es geht ihm gut, er reist viel, lebt seinen Neigungen, und wenn er überdies seinen Abneigungen lebt und sie gebührend pflegt, so geht er auch damit einer Sache nach, die ihm lebensnotwendig ist. Denn er liebt die Menschen nicht, zumindest nicht, wie sie sind, und er will es ihnen bedeuten. Ich meine, wäre er arm, häßlich und verwachsen, so würde man ihm seine Negation der Welt nicht recht glauben. Den Optimismus bezeichnet er als eine nicht nur absurde, sondern wahrhaft ruchlose Denkungs-

art, einen bitteren Hohn über die namenlosen Leiden der Menschheit. Wer wollte leugnen, daß er recht hat! *Ich* jedenfalls will es nicht. Seltsam ist nur, daß dieser Satz beinah nach Menschen*liebe* aussieht.«

Was hier die Person Schopenhauer betrifft, so handelt es sich immer noch um die von 1822. Sonst hätte Marbot die Behauptung »es geht ihm gut« modifiziert oder nicht aufgestellt. Und daß er seinen »Neigungen« oder »Abneigungen« lebe, mag uns heute sogar als eine fatale Vereinfachung erscheinen. In Wirklichkeit lebte Schopenhauer seinen Zwängen und seinem Zwiespalt. Er war Tragiker nicht nur als Subjekt, sondern als Objekt: nicht nur der Vermittler von Tragischem, sondern auch der Erleidende. Das Tragische war für ihn nicht nur Stoff der Künste, der kreativen Verarbeitung, wie er sie im Theater erfuhr und am Theater hoch schätzte, sondern es war eigene Erfahrung und Schicksal. Andrews Implikation also, die wir ja zur Genüge kennen, nämlich daß Schopenhauer nicht das lebte, was er lehrte, oder umgekehrt, ist ein ziemlich oberflächliches Verdikt, bei Marbot noch verständlich und verzeihlich, bei späteren aber, die sein Leben und Werk vor sich haben, grundfalsch. Schopenhauer war sein eigenes Opfer, indem er den Konflikt zwischen Wollen und Erkennen in seinem Inneren zutiefst erlebte. Er war schließlich nicht das einzige Genie, dessen Schaffensimpuls sich aus Quellen nährt, deren Erscheinungsform im *Leben* uns antisozial erscheinen mögen. Wahrscheinlich hätte gerade Marbot, der einer der wenigen war, denen sich Einblicke in die Seelen anderer boten, dies erkannt, hätte er Schopenhauer später getroffen. Es genüge, daß er Schopenhauers Wert, Bedeutung und Lehre in sich aufgenommen hat, wenn auch das letztere, wie er selbst feststellte, nicht bedingungslos.

Eine Notiz in seinen Aufzeichnungen, eine der wenigen

intimen und daher ein für sein Ende aufschlußreiches Indiz, lautet:

»Schopenhauer meint zwar, der Suizid sei nicht die Antwort auf die Zumutung des Lebens. Vielmehr sollten wir aktiv verneinend weiterleben. Aber er vergißt, daß das Leben als Objekt der Philosophie ein anderes ist als gelebtes Leben. Vielleicht vergißt er es auch *nicht*, enthebt sich durch Denken dem Leben der Lebenden und will, daß diese es ihm gleichtun. Aber nicht jedem ist es gegeben, ein philosophisches Leben zu führen. Man darf den Suizid nicht als eine Flucht ins Nicht-Sein, und damit als den Ausdruck einer Haltung zur Welt betrachten, sondern als Verweigerung dessen, was die grausame Natur mit uns als einzelnen Individuen treibt oder vorhat. Gewiß löst der Freitod kein philosophisches Problem, aber als Versuch einer solchen Lösung ist er von niemandem jemals verübt worden. Niemals war sein Motiv der Ausdruck einer Haltung zum allgemeinen Dasein, sondern nur zum einzelnen Leben dessen, der dieses Leben abstreifen will. Schopenhauer behandelt dieses Thema zu theoretisch, er berücksichtigt die Seele nicht. Man muß vom einzelnen Individuum ausgehen, von seinen Motiven, seiner Verzweiflung, seinem Überdruß. Aus Gehorsam dem Naturgesetz gegenüber gelebt zu werden, ist das Leben ebensowenig wert, wie es ist, um es ad absurdum zu führen. Der Selbstmord ist die extreme Freiheit des Individuums, der mit der Wahl zwischen Sein und Nichtsein ernst macht.«

Und an den Freiherrn von Rumohr schreibt Marbot:

»Schopenhauer hält den Selbstmord für die falsche Antwort an das Leben. Wenn er ihn wirklich nur als das Resultat philosophischer Deduktionen betrachten will, mag er recht haben, denn in diesem Fall gilt der Trotz des Am-Leben-Bleibenden der Demonstration des Protestes. Nur mag man sich fragen: wem gilt der Protest? Gilt er Gott? Und wenn ja, nimmt Er ihn zur Kenntnis und sieht ein, daß in Seinem Konzept der Schöpfung ein entscheidender Fehler lag? Nein. Wer ernsthaft den Freitod will, denkt an sich selbst. Er will nicht die Idee des Lebens bestrafen, sondern einen Ausweg aus ihm finden.«

Und seine letzte Aufzeichnung über dieses Thema lautet: »Das Leben ist ein Prozeß, der gemeistert werden will. Aber wer ist der Meister? Wer die Widrigkeiten und Ungerechtigkeiten in Ruhe hinnimmt, oder wer sein Leben besiegt, indem er es beendet?«

Vielleicht offenbart nichts Marbots Tragik besser, als diese rhetorische Frage. Kein Gedanke nämlich gilt der dritten Möglichkeit: der einer Lebensmeisterung durch Verarbeitung aller Höhen und Tiefen, indem der Mensch ins Schöpferische flieht, ins Reich der ›ewigen Ideen‹ und ihres Ausdrucks. Dieser Ausweg bot sich Marbot nicht, denn ihm, der mehr über die Seele des Künstlers wußte als der Künstler selbst, war das Schöpferische versagt geblieben. Diese Möglichkeit ergreifen zu können, hätte ein Leben in Schopenhauers Sinn bedeutet.

Der erste Marbot-Biograph, der amerikanische Kunsthistoriker Frederic Hadley-Chase – natürlich auch er erfunden –, hat, in seinem 1888 erschienenen Buch *Sir Andrew Marbot*, den Verdacht ventiliert, daß sein – und mein – Held sich zuallerletzt noch seelisch von Schopenhauer distanziert habe, weil er in dessen Ablehnung des Selbstmords einen erwachenden Alterskonformismus, eine Konzession an Kirche und Gesellschaft zu spüren meinte. Diese Vermutung ist völlig abwegig, ich sehe darin den Wunschtraum eines fehlgeleiteten Rationalisten, ein Hirngespinst. Dennoch, auch ich hätte es gern gesehen, daß Andrew noch jenen Teil der *Parerga und Paralipomena* gelesen hätte, in welchem Schopenhauer zwar nichts von seiner Verurteilung des Selbstmords zurücknimmt, aber das Recht, ihn zu verüben, gegen alle falschen Bibeldeuter, alle Pfaffen und dergleichen aufs heftigste verteidigt. Das aber hätte bedeutet, daß Marbot noch zwanzig Jahre länger gelebt hätte, und das durfte er nicht. Ein alter oder auch nur alternder Marbot wäre nicht durchzuführen gewesen, die Begegnungen mit bedeutenden Zeitgenossen hätten sich erschöpft, und er hätte die Grenzen des Wahrscheinlichen gesprengt, die ich überall gewahrt zu haben hoffe, auch was Schopenhauer betrifft.

Der bedeutende englische Lyriker T. S. Eliot sagt in seinem *Four Quartets*:

What might have been and what has been
Point to one end, which is always present.
(Was gewesen sein könnte und was ist,
führen zu demselben Ende, das immer gegenwärtig ist.)

1982

*Die Wirklichkeit der Reaktionäre**

Mein Thema lautet: die Wirklichkeit der Reaktionäre. Der Titel ist zweideutig: ich meine nicht die Wirklichkeit der Existenz der Reaktionäre, sondern die Wirklichkeit, wie sie sich den Reaktionären offenbart. Genauer hätte mein Titel lauten sollen: die Wirklichkeit zweier exemplarischer und einmaliger Reaktionäre. Ich spreche über *Ezra Pound* und *T. S. Eliot*. Es handelt sich nicht um eine vergleichende Analyse zweier Lebenswerke. Dazu bin ich nicht befugt. Meine Anmaßung, überhaupt über zwei so komplexe Erscheinungen zu sprechen, sei dadurch erklärt – wenn auch nicht entschuldigt –, daß für mich ihr Werk während der Entstehungszeit das Objekt persönlicher Erfahrung war. Ich wurde also nicht mit den Summen zweier Lebenswerke konfrontiert, sondern war bestürzter Zeuge mancher Wandlung.

Mir kommt es darauf an, ein zwiespältiges, wenn nicht gar gebrochenes Verhältnis zur Wirklichkeit zweier bedeutender Dichter zu untersuchen, die, jeder auf seine Weise, auch außerhalb ihrer Dichtung nicht müde wurden, für eine Welt zu plädieren, die sie für besser hielten als die von ihnen verachtete existierende Welt. Welcher Art allerdings diese bessere Welt sei, geht aus dem Werk kaum hervor. Da Ezra Pound – was auch immer seine Apologeten und Anhänger behaupten mögen – ein wütender Verfechter des Irrationa-

* Diese ist die zweite meiner drei Frankfurter Vorlesungen, gehalten im Sommersemester 1967. In allen drei Vorlesungen ging es mir darum, den Begriff ›Wirklichkeit‹, wie Günter Eich ihn in seiner kurzen Rede »Der Schriftsteller vor der Realität« (1956) formuliert – und in Frage gestellt – hat, anhand von Literaturbeispielen auszuloten. W. H.

len war, Eliot dagegen den Glauben gegen das Denken auszuspielen suchte – ohne allerdings jemals seinen Glauben zu definieren –, können wir uns ihr Ideal nur mühsam zusammenreimen. Was es *nicht* war dagegen, das geht aus ihren verschiedenen Methoden leicht hervor.

Gewiß ist es nicht die Funktion der Lyrik, ein Ziel zu proklamieren, Ideale zu vertreten oder zu belehren, sondern eine Realität zu schaffen, die der ideale Leser mitvollzieht. Inwieweit dieses Kriterium für Pound und Eliot anwendbar ist, das sei im Lauf des Weiteren untersucht. Es kann kein Zweifel bestehen, daß beide mit dem Anspruch auftraten, der Anomalie der Zeit auf der Spur zu sein, sie glaubten zu wissen, woran die Welt kranke. Pound wollte denn auch ausdrücklich den Wert des Dichters nach seinem außerliterarischen Wirken beurteilt wissen, Dichten war für ihn ein Teil der Tat. Und Eliot hat gefordert, daß die literarische Kritik von bestimmten ethischen und theologischen Standpunkten auszugehen habe. Diese Standpunkte erscheinen mir zwar nicht akzeptabel, aber sie fordern selbstverständlich dazu heraus, Pound und Eliot an ihren eigenen und an ihren gegenseitigen Maßstäben zu messen. Da ich, wie jeder Schriftsteller, nicht anders als subjektiv sprechen kann, möchte ich weitere, für mich gültige Maßstäbe anlegen. Erstens werde ich mich der Gegenüberstellung Emotion gegen Definition bedienen, entsprechend der Polarität zwischen ›*emotive meaning*‹ und ›*reference meaning*‹, wie ich sie in England auf der Schule gelernt habe, und wie sie mir geblieben ist: wo der Affekt eine Forderung begleitet und so hartnäckig das Werk beherrscht wie bei Pound und Eliot, erscheint mir das unumgänglich. Zudem möchte ich mich auf einige Sätze aus Günter Eichs Text »Der Schriftsteller vor der Realität« berufen:

»Ich schreibe Gedichte, um mich an der Wirklichkeit zu orientieren. Ich betrachte sie als trigonometrische Punkte oder als Bojen, die in einer unbekannten Fläche den Kurs markieren.

Erst durch das Schreiben erlangen für mich die Dinge Wirklichkeit. Sie ist nicht meine Voraussetzung, sondern mein Ziel. Ich muß sie erst herstellen.

Für diese trigonometrischen Zeichen sei das Wort ›Definition‹ gebraucht. Solche Definitionen sind nicht nur für den Schreibenden nutzbar. Daß sie aufgestellt werden, ist mir lebensnotwendig. In jeder gelungenen Zeile höre ich den Stock des Blinden klopfen, der anzeigt: Ich bin auf festem Boden.«

Damit will ich nicht sagen, daß dieser Text als These für Eliot oder Pound tatsächlich zuträfe. Das Gegenteil ist der Fall: die Ziele scheinen kontrapunktisch auseinanderzulaufen. Eliot und Pound gehen von ganz bestimmten Punkten einer subjektiv gesehenen Wirklichkeit aus, die sie für ihre Zwecke didaktisch abwandeln. Sie schreiben nicht, um sich an der Wirklichkeit zu orientieren, sondern um sie darzustellen, zumindest ihre negativen Aspekte. Wirklichkeit ist ihre Voraussetzung, Änderung der Wirklichkeit das Ziel. Das will ich zu belegen versuchen.

Noch eine notwendige Vorbemerkung: ich bin hier auf das Zitieren der deutschen Übersetzungen angewiesen. Die Übersetzung Pounds ist gut, wenn auch zum Teil eigenmächtig. Eliots Lyrik dagegen ist bisher zum größten Teil unzulänglich übersetzt. Fehlerhaftes wird hier nicht zitiert. Die Qualität des Originals enthüllt sich in meinen Zitaten freilich nicht.

Eliots lyrisches Werk beginnt mit dem Thema Zeit und hört damit auf. In seinem ersten, dem 1910 entstandenen Gedicht »J. Alfred Prufrocks Liebesgesang« geht es noch um Zeit als subjektive Erfahrung, um das Altern also, und um die Frustration eines leicht bemitleidenswerten Helden, dem sich der Sinn des Lebens – wie Eliot ihn sieht – entzieht. Prufrock sagt:

Denn alle hab ich schon gekannt, sie all gekannt –
Der Nächte, Morgen, Nachmittage Kreis,
Ich vertat mein Leben kaffeelöffelweis;
Ich kenn die Stimmen, schmachtend und zum Tod verbannt
In der Musik, die fern im Raume klagt.
Wie hätt ichs wohl gewagt?

Negative Helden dieser Art ziehen sich durch Eliots gesamtes lyrisches Werk. Er sieht sie nicht unbedingt verwerflich, nur ein wenig erbärmlich; denn sie sind ungläubig, daher ist das Leben für sie leer. Dennoch enthalten sie, dem Willen ihres Schöpfers entsprechend, ein wenig von Eliot selbst, wie er sich in selbstironischer Verfremdung als Möglichkeit sah: den bürgerlichen Konservativen Mr. Eliot, kauzigen Katzenliebhaber, *Old Possum*, Objekt leichten Spottes mancher Zeitgenossen, dem er durch Selbstparodie vorgriff. Prufrock sagt:

Ich werde alt ... Ich werde alt ...
Hochgekrempelt trag ich meine Hosen bald.

Ob ich mir die Haare scheitle? Ob ich Pfirsiche verzehr?
Ich will Flanellhosen tragen und wandern am blauen Meer.
Ich hörte die Meermädchen singen, hin und her.

Ich glaube nicht, daß ihr Gesang mir galt.

Als Eliot dies schrieb, war er 22, sein Alfred Prufrock dagegen ist ein alternder Mann. Aber 1941 ist es eindeutig der fünfzigjährige Eliot selbst, in keinerlei Verfremdung mehr, der in den »Dry Salvages«, dem vorletzten der *Vier Quartette*, seine Reflexionen verallgemeinert:

Wenn man älter wird, könnte man meinen,
Die Vergangenheit wäre anders geordnet, höre auf, nur eine Folge zu sein,
Nicht einmal eine Entwicklung; das letzte ist schon ein Trugschluß,
Von oberflächlichem Wissen um Evolution gezeitigt,
Der Menge ein Vorwand, die Vergangenheit ganz zu verleugnen.

Immer noch ist die Zeit das Objekt: Hier ist es ganz bestimmt der Dichter selbst, der »älter wird«. Der Prozeß wird nicht mehr mit selbstironischer Verfremdung registriert, sondern mit der aggressiven Resignation des selbstbetroffenen Kulturphilosophen, der seinen Blickpunkt gegen den der »Menge« – englisch heißt es: »popular mind« – ausspielt. Was dieser »popular mind« ist, können wir nur erraten. Wir können ihn aber auch durch den Begriff der »pluralistischen Gesellschaft« ersetzen. Denn nichts anderes als das ist es, was Eliot sein Leben lang beunruhigt hat, und was er bekämpfte. Die letzten zwanzig Jahre seines Lebens hat er allerdings auf Lyrik als Waffe verzichtet. Seit den *Vier Quartetten* wurde der Dichter vom Kulturphilosophen verdrängt. Nach ihrer Vollendung, im Jahr 1942, hat er sich von der Lyrik abgewandt. Die *Vier Quartette* sind nur noch locker mit Geschehen durchsetzt, meist bleiben sie abstrakte Meditation. In »Burnt Norton«, dem ersten der Gedichte, heißt es:

> Jetzige Zeit und vergangene Zeit
> Sind vielleicht gegenwärtig in künftiger Zeit
> Und die künftige Zeit in der vergangenen.
> Ist aber alle Zeit ewige Gegenwart,
> Wird alle Zeit unwiderrufbar.
> Was hätte sein können ist ein abstrakter Begriff
> Und bleibt als Möglichkeit bestehn

Nur in der Welt spekulativen Denkens.
Was hätte sein können und was wirklich war
Weisen auf ein, stets gegenwärtiges, Ende.

Mir scheint es nicht leicht zu erkennen, was Eliot hier sagen will. Der Verbindlichkeit eines aufgestellten Zeitbegriffes entgeht er hier, wie immer wieder in den *Vier Quartetten*, erstens durch die Wahl der Form: meditative Lyrik, in der Definitionen als Möglichkeiten anklingen und wieder verwischt werden; zweitens durch die Abstraktion, die auf das Exempel verzichtet. Mit Sicherheit läßt sich nur sagen, daß für Eliot – wie auch für Pound – Gegenwart sich aus akkumulierter Vergangenheit zusammensetzt, die allerdings nicht für jeden – genauer gesagt: nur für eine Elite – erkennbar wird. Für ihn wie für Pound ist Gegenwärtigkeit der Vergangenheit – also Geschichtsbewußtsein – Vorbedingung zum Erleben von Wirklichkeit. In der Forderung nach Geschichtsbewußtsein, und zwar auf Kosten gegenwärtigen Engagements, sind sich denn auch Pound und Eliot einig. Nur handelt es sich nicht um dieselbe Geschichte, darüber haben beide stets mehr oder minder stillschweigend hinweggesehen. In ihren Idiosynkrasien jedoch waren sie miteinander einig.

In den *Vier Quartetten* also, Eliots letztem lyrischen Werk vor dem Erlöschen seines dichterischen Impulses, wird denn auch, gesehen unter dem Aspekt der Zeit, der konkrete Gehalt seiner früheren Gedichte insofern in Frage gestellt, als das aktive Erleben der Gegenwart – jenes Element also, das den Wert vieler frühen Gedichte ausmacht – als nichtig abgetan wird. Denn hier wird Zeit an Ewigkeit gemessen, und an immer wiederkehrenden Zyklen, an Geburt und Tod. Eliot hätte seine Meditationen die eines Christen genannt, aber sein Christentum geht aus den Texten nicht hervor, wir entnehmen es stets nur seinen zusätzlichen Beteuerungen. Wo die *Vier Quartette* nicht im Abstrakten bleiben, wird unchristliche Verachtung und Antipathie formuliert. Die in seinen früheren Gedichten noch amüsant angewandte Methode, das Argument des Gegners durch Parenthese vorwegzunehmen, wirkt nunmehr müde und ermüdend.

Die ganze Welt ist unser Spital,
Gestiftet vom bankrotten Millionär,
Worin, wenn's gut geht, wir einmal
An jener Vatersorge sterben, die, uns sehr
Getreu begleitend, hindert in jedweder Wahl.

Hier äußert sich Unmut des Bekehrers, aber es fehlen, wie immer, die Argumente. Zeitgeist, zugetragene Tendenz erscheinen hier anstatt erlebten Beispiels, wie es in seinen früheren Gedichten auftritt, vor allem in seinem – im wahren Sinne des Wortes epochemachenden – Gedicht *The Waste Land*, in dem der negative Aspekt einer scharf beobachteten Wirklichkeit eingefangen ist. Diese Wirklichkeit ist inzwischen erloschen und wird, wenn überhaupt, durch traumhaftes, unwirkliches Geschehen ersetzt. In »East Coker«, dem zweiten der *Vier Quartette*, geschrieben 1940, erscheint ein bäuerlicher und heidnischer Reigen als eingeblendete Vision. Die Bauern

umkreisen das Feuer,
Springen durch die Flammen oder schließen den Reigen
Mit bäuerlichem Ernst oder breitem Bauerngelächter,
Heben schwere Füße in klobigen Schuhen,
Füße aus Erde, Füße aus Lehm, in ländlicher Freude,
Die Freude jener, die längst schon unter der Scholle
Das Korn ernähren. Sie halten den Takt,
Bewahren den Rhythmus im Tanzen,
Wie sie im Leben den Rhythmus der Erde wahrten,
Der Jahreszeiten und der Gezeiten der Sterne,

Die Zeit des Melkens und die Zeit des Erntens,
Die Zeit der Paarung von Mann und Frau
Und auch der Tiere. Stampfen der Füße.
Essen und Trinken, Dünger und Tod.

Das Motiv ist doppeldeutig: als Objekt der Sehnsucht nach urtümlicher, primitiver Lebensform, der Verbildung des Menschen gegenübergestellt, ist es eine ewige Wunschvorstellung des Reaktionärs, vor allem jenes, der sein Leben lang nie mit einem Bauern geredet hat. In der Tat läßt es sich so aus dem Kontext erklären – »ein würdiges und wohltätiges Sakrament« heißt es. Gleichzeitig aber beleuchtet die Darstellung dieses heidnischen Rituals die Verachtung seines Betrachters, der in den Menschen dumpfe undifferenzierte Wesen sieht, die triebhaft wie Tiere reagieren oder primitiven Riten nachgehen. Wie dem auch sei: die Fähigkeit, eine sinnliche Welt darzustellen, ist dem Eliot der abstrakten Meditation hier schon abhanden gekommen. Dic Vision scheint aus zweiter Hand. Das Bild ist widerspruchsvoll, inkonsistent – wir wissen nicht, ob wir uns an den »bäuerlichen Ernst« oder an die »ländliche Freude« oder an das »breite Bauerngelächter« zu halten haben. Englisch heißt es »rustically solemn«, »rustic laughter« und »country mirth«. Keine dieser Prägungen leuchtet ein. Zudem wird hier Zyklus mit Rhythmus gleichgesetzt: zwar gibt es eine Zeit des Erntens, aber gemolken wird schließlich jeden Tag zweimal, und Menschen paaren sich zu allen Zeiten. Ganz so animalisch wie Eliot es sich wünscht, um sich für sein Unbehagen das rechte Modell zu zimmern, geht es nicht zu.

Immerhin ist hier die Paarung Gegenstand der Freude, denn es handelt sich um eine heidnisch-mythische Szene. Wo Eliot Wirklichkeit darstellt, werden die Funktionen des Lebens zu trister automatischer Routine, entweder widerwillig oder in tierischer Gier vollzogen. Immer wieder schlägt sich sein Unmut in seltsamen negativen Präokkupationen nieder, vor allem mit dem Geschlechtsakt, vermutlich weil darin der Mensch dem Tier am ähnlichsten ist: eine Art hämischer Beweis, der stets neu ausgespielt wird. In dem Gedicht *The Waste Land* heißt es vom pickligen jungen Mann:

Er merkt es, die Gelegenheit ist günstig,
Das Mahl zu Ende, sie müd und verdrossen,
Und so beginnt er, sie zu kosen brünstig,
Die, ohne Lust noch Tadel, unentschlossen.
Er überfällt sie hitzig in Begehren,
Und seine Hände tasten frei und freier;
Sein eitler Sinn kann Zustimmung entbehren,
Er deutet Stumpfheit als Willkommensfeier.

Und das Opfer, Tippfräulein und damit schon Objekt der Geringschätzung,

weilt beim Spiegel einen Augenblick,
Bemerkt kaum daß ihr Freund nicht gegenwärtig,
Und denkt nur halbbewußt nochmal zurück:
»Das wär erledigt; gut, daß es nun fertig.«

Diese Szenen mögen zwar dem Leben entsprechen, aber deskriptives Nachzeichnen, und sei es auch des Typischen, beleuchtet nur den Einzelfall. Da Eliot in seiner Lyrik niemals menschliche Aktivität darstellt, die nicht niedriger Triebhaftigkeit oder Langeweile oder *ennui* entspringt, erscheint uns der Gehalt an Wirklichkeit fragwürdig. Hier zerstört die Emotion des Affektes den Gehalt an Definition.

Das Unbehagen als schöpferischen Impuls teilt Eliot mit vielen Dichtern, nicht aber die Art des Unbehagens und die Art ihres Ausdrucks. Denken wir zum Beispiel an Bölls christliches Unbehagen an der Ausübung des Christentums.

Hier wäre es umgekehrt gelagert, Böll sähe die Paarung positiv und Christen wie Eliot negativ. Böll würde vermutlich Eliots Unbehagen antihuman nennen, und er hätte recht. Die ironische Verfremdung der frühen Eliot-Gedichte ist unverbindlich. Später weicht sie einer Betrachtung der Zeit-Umstände, bei der das reflektierende Ich aus dem Spiel bleibt. Es meint seiner selbst nicht zu bedürfen. Wir vermuten aber dieses Ich im Hintergrund als das eines Wissenden, der die Krankheit der Zeit diagnostiziert und das Heilmittel vergangener Epochen parat hat. Niemals aber wäre dieses Ich bereit einzugestehen, daß das Unbehagen ein Element seiner eigenen geistigen Konstitution sein könnte. Es analysiert sich nicht, Eliot lehnt Psychologie wie alle Wissenschaft ab. Und zuletzt, in den *Vier Quartetten*, kehrt sich der Blick nach innen; Introversion bezeichnet das Ende seiner Laufbahn als Lyriker. Durchgehend ist der Affekt: leise, oft klagend, immer präsent. Immer gleichzeitig befindet sich der Dichter in der Offensive eines einsamen Rufers in der Wüste der kulturellen Verwahrlosung und in der Defensive gegen potentielle Angreifer seiner Weltsicht. Und in beidem, Offensive und Defensive, liegt die Resignation eines Mannes, der sich darüber im klaren ist, daß er gegen taube Ohren spricht, was er übrigens nicht tat. Da er stets eliminiert, scheinen alle Schlüsse, die er zieht, Antworten auf gegenteilige Behauptungen zu sein, die aber größtenteils niemals gemacht wurden. In »Little Gidding«, dem letzten der *Vier Quartette* und seinem letzten Gedicht überhaupt, heißt es gegen Ende:

Der Augenblick der Rose, der Augenblick der Zypresse
Sind von gleicher Dauer. Ein Volk ohne Geschichte
Ist nicht befreit von der Zeit, denn Geschichte ist ein
  Gewebe
Aus zeitlosen Momenten. Darum, wenn es dämmert,

An einem Winternachmittag in abgelegener Kapelle
Ist Geschichte jetzt und England.

Über der unzweifelbaren Qualität seiner Dichtung sollte man nicht vergessen, nach dem Gehalt an objektiver Wahrheit zu fragen, denn wo der Anspruch auf gültige Feststellung erhoben wird, hat eine andere Kontrolle einzusetzen, als für Dichtung, die in ihrer Definition Subjektivität voraussetzt. So fragt man sich hier, was das überhaupt sei: ein Volk ohne Geschichte. Gewiß, Eliot meint das Volk, das seine Geschichte vergißt. Aber auch das existiert letzten Endes nur in seiner Phantasie. (Ich klammere das bequeme Vergessen bestimmter Zeitabschnitte aus, die Eliot nicht gemeint hat.)

Der Resignation über die fehlgeleitete Gesellschaft hat Eliot in seinen Essays zusätzlich Ausdruck gegeben; in ihnen ist, was sich der dichterischen Formulierung nicht fügte, zwar nicht formuliert, aber enthalten; hier führt seine Misanthropie zu schiefen Diagnosen unzweifelhafter Errungenschaften der Zeit. Die Essays haben uns nicht zu interessieren, es geht hier um dichterische Freiheit. In seinen späten Theaterstücken aber resigniert Eliot sogar vor der Sprache. In dem Stück *Ein verdienter Staatsmann* heißt es:

Oh du Liebe,
Ich liebe dich bis zu den Grenzen der Sprache, und darüber
hinaus.
Seltsam, daß Worte so unzulänglich sind.
Aber wie der Asthmatiker nach Atem ringt,
So muß der Liebende nach Worten ringen.

Passagen dieser Art – sie drängen sich in seinen späten Theaterstücken – scheinen in der Tat nicht mehr von dem Dichter geschrieben zu sein, der *The Waste Land* schrieb. Es handelt sich um ein Drama, gewiß, und es ist nicht mit Bestimmtheit zu sagen, ob der Dichter selbst sich mit diesen

Worten identifiziert. Sie werden vom Liebhaber geäußert, einem der Vertreter des positiven Prinzips im Stück, einem Wahrer der Tradition. Das spricht für die Identifikation. Überdies steht der Dramatiker Eliot hinter allen Vertretern des positiven Prinzips, deren Individualität zugunsten des Prinzips verkümmert erscheint; es sind Gestalten eines Essayisten. Er steht auch hinter der Tochter, die von ihrem toten Vater sagt: »Indem er niemand geworden ist, ist er er selbst geworden«, und so an den Beginn des Gedichts »East Coker« erinnert: »In meinem Anfang ist mein Ende«, und hier ist es gewiß Eliot selbst, der spricht. Wie dem auch sei: das Zitat ist bestürzend in seiner Trivialität. Eliot war niemals ein Mann der Metapher, er hat sie in seiner Dichtung meist gemieden, und hier kommt sie offensichtlich zu spät. Sie ist kein Gewinn, sondern Verzicht, Zunichtedenken des Dichterischen. »Seltsam, daß Worte so unzugänglich sind.« Für den Philosophen mag die Sprache Grenzen haben, für den Dichter hat sie keine. Worte sind für ihn nicht unzulänglich sondern, im Gegenteil, seine einzige Realität. Sprache schafft Wirklichkeit, indem sie ihren Gegenstand erstehen läßt. Hier, zuletzt, hat Eliot auch als Dichter versagt, und es scheint, als wolle er in dieses Versagen retrospektiv seine ganze Dichtung miteinbeziehen. Aber sie steht, unabhängig von den Wandlungen ihres Schöpfers. Eliot ist als Dichter nicht gescheitert. Er hat sich zu früh erschöpft, um sich in eine starre, morose Geisteshaltung zurückzuziehen, die seine Anhänger zurückstieß und seinen Kritikern berechtigten Anlaß zur Härte bot. So schreibt Pablo Neruda in seinem Gedicht »London«:

> ... und unter dem Kehricht
> liest in seinem alten Frack
> der Dichter Eliot
> den Würmern vor.

Als konvertierter Anglokatholik hat Eliot Puritanismus verfochten, als Ultra-Engländer präservierenden Konservatismus. In seinen Essays erscheint das Wort ›Europäer‹ so kontinuierlich, daß es den Amerikaner aus St. Louis verrät. – Katholik werden, das kann jeder, aber zum Engländer muß man geboren sein.

Ezra Pounds Wirklichkeit ist eine andere. Auch er hat die Gegenwart satt und die Vergangenheit parat, aber es ist eine andere Vergangenheit als die Eliots; oder vielmehr, es sind andere Vergangenheiten, mythische, historische und persönliche, in die er sich in seinen hundertsechzehn *Cantos* hineinprojiziert, nicht säuerlich-kontemplativ wie Eliot, sondern engagiert und enragiert, wütend und parteiisch, ein Hasser von überdimensionalem Format, dessen Ausfälle rhapsodischen Charakter tragen. Seine beiden Höllencantos (XIV und XV) sollen denn auch alles andere als – wie bei Dante – durch die Tragik der Sühne Mitleid erwecken oder zur Frage anregen, ob die Sünde sich gelohnt habe. Sie sollen Abscheu erwecken, nicht mit den Methoden der Peinigung oder den Peinigern, unter denen wir den Dichter selbst vermuten dürfen, sondern vor den Gepeinigten. Diese Gepeinigten sind Politiker und Männer der Wirtschaft seiner Zeit, werden aber nur mit dem Endbuchstaben bezeichnet – die deutsche Übersetzerin hat das Wort »Soundso« dafür eingesetzt – und nach dem Willen des Dichters sollen spätere Leser die Namen dieser Leute durch Namen ihrer eigenen Zeit ersetzen.

Die Süßeimer, die in Glycose liegen,
die Schwülstigen in Wattebäuschen,
        das aast wie die Fette um Grasse;
das weite schrundige Arschloch fetzt Fliegen
        und poltert vor Imperialismus,

letzter Pissort, Jauchgrube, Harnsiel ohne Abzug,
Soundso nicht so rabiat, Soundso Episcopus
        Londinensis,
        koppheister geschraubt in den Odel,
die Beine stramplig, voller Blütchen,
ein geistliches Suspensorium hängt überm Nabel herab
sein Kondom voll Kakerlaken,
        der Anus in der Runde tätowiert,
und um ihn ein Club golfspielender Damen.

Während Eliots verschwommener heidnischer Bauernreigen sich durch seine tendenziöse Überfrachtung der nachvollziehenden Phantasie entzieht – er ergibt keinen Brueghel –, ist Pounds Hölle präsent wie ein Bild von Bosch. Sie ist entworfen von einem Dichter, der nicht zuletzt in allen Dimensionen visuell erlebt. Eliots rezeptive Fakultäten entzünden sich an der Darstellung, an Literatur – einige seiner besten Gedichte sind Gedichte über Dichter –, das eigene aktive Erleben tritt in zunehmendem Maße zurück, bis es monologisierend sich als Objekt Daseinsformen wählt, die entweder Anlaß zu Widerstand bieten oder gegen Widerstand zu verteidigen sind. Pound stehen die Künste zur Verfügung, und über die Künste hinaus, von ihnen angeregt, alles Greifbare, Konkrete, Gegenstände und Gestalten, alles was sichtbar ist; Abstraktes existiert für ihn nicht, auch sein Meditieren – in den »Pisaner Gesängen« – handelt von Lebewesen und Dingen. Alles stellt er in den Dienst einer einzigen großen Aussage, die aber nichts aussagt. Statt dessen beleuchtet sie ein lebenslanges geistiges Abenteuer*. Diese Hölle zum Beispiel vermittelt über der Prägnanz ihrer

* Leider nur hat sich dieses geistige Abenteuer auch in Theorien niedergeschlagen, in denen sein – gewiß großenteils berechtigter – Anti-Akademismus mitunter absurde Thesen zeitigt. So ist z.B. sein *Guide to Kulchur* (London 1938) geradezu ein Kompendium unfreiwilliger Komik.

räumlichen Darstellung, der ins Detail gehenden aktiven Phantasie, mit der Insassen und Instrumentarium geschildert werden, vor allem den subjektiven Affekt, der als Impuls, niemals versagend, die Aktion des Schreibens im Gange hält. Emotion, nicht Definition. Der Blick des Lesers wird über das Geschehen hinweg auf den gelenkt, der es auslöst, obgleich er niemals als Ich spricht und seinen Namen selten erwähnt: auf Ezra Pound.

Die *Cantos* sind beinah ein Lebenswerk; über fünfundvierzig Jahre hat er an ihnen geschrieben. Aber es gibt kaum eine Passage, hinter der nicht der Dichter selbst in aggressiver Aktion ist, als Blender und Überblender, Zeitläufe und Epochen verwirrend und wieder entwirrend. Hinter allem Geschehen lenkt er den Blick auf sich und hindert uns, indem er niemals ein statisches Bild entstehen läßt, am Eindringen in die Materie, die er mit apodiktischem Zorn vor uns ausbreitet. Den überkommenen Relativismus bekämpft er, nur um ihm seinen eigenen Relativismus entgegenzusetzen, den er für objektiv ausgibt. So beginnt Canto LXXIV, der erste der »Pisaner Gesänge«:

> Die ungeheure Tragik des Traums im gebeugten
> Rücken des Bauern
> Manes! Manes ward gegerbt und ausgestopft,
> Wie Ben und la Clara *a Milano*
> An den Fersen zu Mailand
> daß Maden den toten Bullen fräßen

Diese Zeilen sind eine Elegie auf Mussolini, dessen Tod hier die Bauern mit schmerzlich gebeugtem Rücken beklagen: ein geklittertes Bild. Ich denke, daß auch Pound – wie Eliot – keine Ahnung von dem hatte, was Bauern bewegt. Jedenfalls wäre eine gegenteilige Darstellung der Wahrheit näher gekommen, aber sie paßte nicht in das Bild seiner romantischen Vorstellung.

Selbst hinter lyrischer Schönheit, hinter den ausschwingenden, retardierenden Passagen der *Cantos*, in denen Pound die Mythen frei bereichert, steht der Antihumanist. Canto XXX beginnt:

> Unmut, Unmut wird laut von Ungefähr,
> Artemis hör ich schmälen, Artemis
> Wider das Mitleid sich empört:
> Mitleid an meinen Wäldern zehrt,
> Mitleid meuchelt die Nymphen mir,
> Mitleid an Haupt und Gliedern wohnt.
> Mitleid verwirket den April,
> Und alle Niedertracht es schont.

In einer seiner diversen Metamorphosen also hört der Dichter der *Cantos* hier eine Klage der Artemis. Sie ist meisterhaft in ihrer Euphonie. Aber was beklagt sie? Daß das Mitleid ihre Nymphen mordet und an ihren Wäldern zehrt. Und was beklagt damit der Dichter? Daß ein rührseliger Humanismus – und für ihn ist aller Humanismus rührselig, falsch und widerlich – die Mythen, die Heroen, Männlichkeit und damit die menschliche Lebenskraft zerstöre; daß er nur die »Niedertracht schone«. Mir scheint, daß die poetische Transposition dieser Passage einer wahreren Sache würdig gewesen wäre.

Humanismus, Liberalismus, Demokratie waren – den jeweiligen Temperamenten entsprechend – für Eliot beklagenswert, für Pound verdammenswert. Für beide waren sie Quelle dessen, was sie für Fehlentwicklung der Menschheit hielten. Zu dieser Fehlentwicklung rechneten beide die wachsende Herrschaft der Naturwissenschaften, deren Erkenntnissen sie sich verschlossen. Beide haben der Tatsache, daß sie selbst in dieser oder jener Weise Nutznießer der Wissenschaften waren, niemals auch nur einen positiven Gedanken gewidmet. So fehlt denn auch der gesamten

Dichtung Pounds eine Dimension: der erkenntnistheoretische Aspekt, der diese ungeheuerliche Ansammlung subjektiver Fakten um jenes Element bereichert hätte, das für andere das Wesen der Dichtung ausmacht, und das Günter Eich »Definition« nennt. Eva Hesse, Pounds vorzügliche Übersetzerin und Apologetin, schreibt: »Jeder erkenntnistheoretische Zweifel an der Wirklichkeit des Wirklichen muß Pound als Frevel erscheinen, Frevel an dem einzigen, was dem Menschen mit Sicherheit gegeben ist: seinem Leben und Wirken auf dieser Erde.« Mir – und nicht nur mir – scheint gerade der erkenntnistheoretische Zweifel ein Teil der Wirklichkeit des Dichters zu sein, der zwar in der Dichtung nicht formuliert wird, dafür aber als Vorbedingung eines ihrer Elemente ist: der Versuch, flüchtige Erscheinung festzuhalten und sie als Erscheinung zu definieren.

Das »Leben und Wirken auf dieser Erde«, das »Einzige, was dem Menschen mit Sicherheit gegeben ist«, also den versuchten Eingriff in die Wirklichkeit hat uns Pound denn auch in mancher seiner außerliterarischen Aktivitäten vorexerziert, vor allem in seinen Rundfunkansprachen. So trat er am 30. April 1942 dafür ein, die Judenverfolgungen vor allem auf die wichtigen Juden – »the big Jews« – zu richten. Daß ihm in diesen Aktivitäten die Wirkung versagt blieb, entsprach jedenfalls nicht seinem eigenen Konzept. Die Wurzeln seines beinah krankhaften Antisemitismus werden niemals eindeutig ersichtlich, die Blüten dafür um so deutlicher. Im Canto XCI, also einem der späten *Cantos*, geschrieben nach 1955, heißt es:

> Demokratien erwählten ihre Kloaken
> bis jeder Gedanke an Heiliges erlischt
> ein Fluß von Jauche seit 1913
> darin macht sich die Judenbrut breit, Marx, Freud,

und die amerikanischen Stampen,
Dreck unter Dreck,
Maritain, Hutchins,
oder wie Benda sagt: ›La trahison‹

Es erhebt sich hier die Frage, ob unter einer extremen Thematik, vorgetragen im Pathos des Eiferers, das Wesen der Dichtung nicht überhaupt erlischt. So offen ist die Form der Lyrik nicht, daß sich alles in sie zwängen ließe. Hier hätte man denn gern Eliot seinen Maßstab anwenden lassen: was sagt hier die Kritik, wenn sie von ethischen und theologischen Standpunkten ausgeht? Aber Eliot hat nicht nur manche ihm widersprechende Ansicht Pounds schweigend oder milde mißbilligend in Kauf genommen. In ihrem Antisemitismus waren sie sich einig. Auch Eliots Dichtung ist davon durchsetzt. In dem Gedicht »Gerontion« heißt es:

Mein Haus ist ein verfallenes Haus,
Und der Jude hockt auf dem Fenstersims, der Eigentümer,
Gelaicht in Antwerpen in irgendeiner Schwemme,
Lädiert in Brüssel, genesen und geleimt in London.

Auch bei ihm handelt es sich bei Juden um Wesen, denen menschliche Eigenschaften abgesprochen werden dürfen, obgleich hier, wie von fern, eine Leidensgeschichte wie als Parodie anklingt. Es mag schwerfallen, die beiden Zitate einer vergleichenden ästhetischen Wertung zu unterziehen, aber wenn wir es tun, so messen wir der Metonymie der verhaltenen und geistvollen Ausfälle Eliots mehr poetischen Gehalt bei als den untransponierten Ausbrüchen Pounds. Pound betreibt Schmähung, Pathos und Exzeß wohnen bei ihm eng beieinander. Eliot stellt gleichnishaft ein Stück Wirklichkeit her, nicht die unsere – jedenfalls nicht die meine –, aber sehr sichtbar.

Eliot hat sich zur Kontemplation hin entwickelt, Pound – wenn wir seine allerletzten *Cantos* berücksichtigen – zur

Hermetik hin, in der seine Archetypen, die das Werk der *Cantos* beherrscht haben, schließlich verschwimmen. Die Metapher war in seiner Poetik nie enthalten. Seine Fähigkeit, das Sichtbare durch die Augen seiner Archetypen zu sehen und ihnen dadurch Transparenz zu geben, ist früh erloschen. In Canto II ist es Odysseus, der spricht:

Die Robbe scherzt in den weißen Gischtringen am Kliff,
Blaublankes Haupt, Lirs Tochter,
        Picassos Augen
Unter schwarzer Pelzkappe, Okeanos meerschlüpfrige
    Tochter;
Und die Welle wäscht an im Sand-Riffel;
»Eleanor, *ἑλεναυς* und *ἑλέπτσλις*!«
        Und der arme alte Homer, blind, fledermausblind,
Ohr, Ohr fürs Tosen der See, fürs Tuscheln der greisen Stimmen:
    ›Schickt sie zurück zu den Schiffen, zurück ...‹

Hier ist noch Reichtum an Stimmen, an Farben und Sichten, Mythos räumt der Phantasie ein weites Feld ein, Odyssee-Charakter beherrscht weitgehend den Vers. Dann erscheinen die anderen Stimmen, Verwandlungen des Dichters in andere Archetypen, den provenzalischen Troubadour, den Condottiere Sigismundo Malatesta, das Zitat tritt ins Gewebe und dehnt sich zeitweise breit zur Dokumentation aus. Canto VIII, der erste der Malatesta-Cantos, ist zum größten Teil aus übersetzten Dokumenten zusammengestellt; das liest sich so:

... und maßen der vorgenannte höchst Erlauchte Herr
Herzog von Mailand
Geneigt und willens ist, daß der vorgenannte Herr
    Sigismundo
Tret in die Dienste der hochmögenden Kommune
Derer von Florenz

Zu beider Staaten Bund der Wehr
. . . .
Wofür er 1400 Reisige und 400 Fußvolks
Auf Grund und Boden der Kommune bringen soll ...

und so weiter. Die Übersetzung ist gut, auch der englische Text scheint auf Butzenscheiben geschrieben. Das Dokument ist eines von vielen, die dazu dienen sollen, eine Wunschgestalt so weit aufzubauen, daß der Dichter in sie schlüpfen und unter ihrer Maske ihr Wort ergreifen kann. Um die Präsenz der großen Figuren nach des Dichters Wahl zu erzwingen, wird zunächst Wirklichkeit in Form von geschichtlicher Wahrheit als Voraussetzung proklamiert. Diese Wahrheit ist aber nicht wahr. Auch mit authentischem Material ist geschichtliche Wirklichkeit nicht belegt. Wir wissen – oder sollten heute wissen –, daß sich uns der Einblick in Charaktere historischer Gestalten entzieht, daß unsere Vorstellung von ihnen, in zunehmendem Verhältnis zu ihrem zeitlichen Abstand, versagt. Mit Recht hat Pound sich auf Geschichtsschreibung nicht verlassen wollen, mit Recht war sie für ihn – wie Theodor Lessing es nannte – »Sinngebung des Sinnlosen«. Aber auch die Quellen beleuchten nichts als – mehr oder minder vorstellbare – äußere Umstände; die Gestalten bleiben ein ewiges Rätsel. Die Inkarnation macht Pound nicht zu Malatesta, sondern Malatesta zu Pound. Pounds Malatesta ist ein Mythos wie sein Odysseus, ja, im Gegensatz zu Odysseus bleibt er Papier, denn Odysseus ist dokumentarisch nicht zu belegen, er reflektiert jeweils die Wirklichkeit dessen, der ihn erstehen läßt. Keiner der Archetypen Pounds wird in seiner Historizität lebendig, sondern – wenn überhaupt – als Verkörperung seines Beschwörers, der sich selbst in ihnen offenbart, indem er sein romantisches Wunschdenken an ihnen emporranken läßt.

Pound »übersetzt« im wahren Sinn des Wortes »aus dem Urtext«. Er übersetzt – oder zitiert unübersetzt, bedient sich aber der Zitate nicht in chronologischer Ordnung, sondern als Elemente der Komposition, verteilt sie, wo er sie braucht, collageartig, oft scheinbar zufällig zwischen eigene Texte gefügt, in Wirklichkeit aber assoziativ, damit Schwerpunkte herbeiführend. Er setzt sie akzentuiert gegeneinander, wenn es gilt, seine Thesen zu belegen.

Diese Thesen sind nicht immer unvernünftig. Zum Beispiel die Reformbedürftigkeit des Geldwesens hat Pound – der persönlich das Geld verachtete – sein Leben lang beschäftigt. So ist auch sein Kampf gegen den Wucher, was er *Usura* nennt – wie alles was ihn bewegte –, dicht in die *Cantos* verwoben. Im Usura-Canto XLV heißt es:

> BEI USURA
> kommt Wolle nicht zu Markt
> Schaf wirft nichts ab bei Usura
> Usura ist die Räude, Usura
> macht stumpf die Nadel in der Näherin Hand
> legt still der Spinnerin Rocken. Pietro Lombardo
> nicht aus Usuras Kraft
> Duccio nicht kraft Usura
> noch Pier della Francesca;
> . . . .
> Usura setzt an den Meißel Rost
> Und legt den Handwerkern das Handwerk.

Obgleich sich hier beliebig weiter eliminieren ließe, herrscht eine für Pound seltene Verhaltenheit, als sei der Sache durch Zorn nicht gedient. In diesem Canto ist denn auch das für Pound mögliche Maximum an Definition enthalten; der Versuch einer Objektivierung ist gelungen, der Dichter selbst hält sich verborgen.

Meist aber steht er sichtbar hinter allem. Hinter den

Mythen und Geschehnissen, den Anklagen, Ausbrüchen und Anekdoten steht er, sich identifizierend und sich distanzierend, fast niemals aber souverän, wechselnd als Ezra Pound und als eine seiner Wunschfiguren, oft ein großer Verführer, immer überzeugt, aber nicht überzeugend. Die Assoziationsweite betört, aber die Wahl zeigt den großen einseitigen Exzentriker, der sich seine Gegenwart zusammenstellt, um sie uns als gültig entgegenzuhalten. Ohne Zweifel wollte Pound durch Dichtung Geschichte zu verbindlicher Wirklichkeit erstehen lassen. In Wirklichkeit hat er Geschichte, auch dort wo sie authentisch zu sein scheint, zu unverbindlicher Dichtung gemacht.

Es erhebt sich die Frage, ob Dichtung verbindlich sein kann, so wie Pound es fordert. Und hier komme ich denn auf Günter Eichs Sätze zurück. Er sagt: »Ich schreibe Gedichte, um mich an der Wirklichkeit zu orientieren. Ich betrachte sie als trigonometrische Punkte oder als Bojen, die in einer unbekannten Fläche den Kurs markieren.« Dies scheint tatsächlich der diametral entgegengesetzte Punkt dessen zu sein, was Dichtung für Pound bedeutet. Wenn wir aus dem Resultat der *Cantos* den entsprechenden Schluß in Beziehung auf die Intention des Dichters und den Sinn der Dichtung zu ziehen hätten, so müßte Pound gesagt haben: »Ich schreibe ein langes Gedicht, um die Wirklichkeit darzustellen und sie anhand wesentlicher Gestalten der Vergangenheit in ihrem Zusammenhang zu beleuchten. Ich betrachte meine Gestalten als trigonometrische Punkte, die in einer mir bekannten Fläche den Kurs diktieren.« Eich sagt: »Erst durch das Schreiben erlangen für mich die Dinge Wirklichkeit. Sie ist nicht meine Voraussetzung, sondern mein Ziel. Ich muß sie erst herstellen.« Pounds entsprechender Satz wäre: »Durch das Schreiben, das Zitieren und Kommentieren, erlangt die Wirklichkeit der Dinge ihre Proportion. Die Wirklichkeit ist meine Voraussetzung, die Einsicht der Proportion mein Ziel. Ich muß sie herstellen.« Eich schreibt: »Ich bin Schriftsteller, das ist nicht nur ein Beruf, sondern die Entscheidung, die Welt als Sprache zu sehen. Als die eigentliche Sprache erscheint mir die, in der das Wort und das Ding zusammenfallen. Aus dieser Sprache, die sich rings um uns befindet, zugleich aber nicht vorhanden ist, gilt es zu übersetzen. Wir übersetzen, ohne den Urtext zu haben. Die gelungenste Übersetzung kommt ihm am nächsten und erreicht den höchsten Grad an Wirklichkeit.« Wenn wir Pounds Absicht seinen *Cantos* und nicht seinen theoretischen Äußerungen entnehmen, so wäre dies der Punkt, an dem er Günter Eich am meisten widersprechen würde. Schon die Feststellung, daß Schriftsteller ein Beruf sei, würde er mit Vorbehalt betrachten, da für ihn der Wert des Schreibenden davon abhängt, ob und wie weit er gewillt ist, sich für eine Sache durch die Tat einzusetzen, so wie er selbst es getan hat. Also erst in diesem aktiven Engagement beginnt für ihn der Schriftsteller glaubwürdig zu werden. Wer dazu nicht bereit ist, wer also sich auf die Macht des Wortes verläßt, ist für ihn ein verachtenswerter Ästhet, ein Lotophage. Im Canto XX heißt es:

Riff der Lotophagoi
Flüchtig, in Äther getieft.
Hingelagert
Mit der silbernen spilla,
die Pille wie zäher Bernstein, gespult, ausgezogen, gedreht.
Lotophagoi mit den schmucken Nägeln, still, überlegen,
Voce profondo:
›Scheuten nicht Tod noch Pein für dies Schöne;
Falls schädlich, nur unser Schaden.‹

Pound hat sich also für die Tat entschieden, und keineswegs dafür, »die Welt als Sprache zu sehen« wie Günter Eich. Im Gegenteil: die Geschichte enthält für ihn Perioden, die Dichtung unnötig machten, da sie sich selbst als Dichtung ins Gedächtnis geprägt haben, »eine große Poesie, die mit Taten geschrieben ist«, wie er selbst sagte und wie Eva Hesse kommentiert: »eine Aktualität also, vor der die romantisierende Phantasie versagen muß«. In der Tat, die romantisierende Phantasie mag vor mancher, ja, vor jeder Aktualität versagen, aber die definierende Phantasie, also jene Phantasie, die nicht Wirklichkeit aufgreift, um sie zu verarbeiten, sondern sie aus Worten, Elementen der Poesie, erst schafft – in anderen Worten: aktive Phantasie – versagt vor keiner Aktualität. Sie ist es, die Aktualität zu dichterischer Wirklichkeit macht.

»Diese Sprache« – von der Eich spricht – »die sich rings um uns befindet, zugleich aber nicht vorhanden ist«, war für ihn sehr wohl vorhanden, er hat sie zum Teil als Zitat benützt und wenn er übersetzte, so übersetzte er buchstäblich, das heißt von einer Sprache in die andere. Die Welt schwieg für ihn nicht, für ihn galt es nur, die ihm gemäße Sprache aus ihr zu wählen und sie für seine Deutung gefügig zu machen. So ist sein Text der beredte Ausdruck einer lebenslangen wütenden Auseinandersetzung, das subjektive Sichtbarmachen der Sphären, in denen seine Verkörperungen sich bewegen.

Zitat und Evokation, Pathos und Tirade, Ideogramm, Parenthese und persönliches Erleben, dies sind Pounds Elemente, sie fallen jäh ineinander oder werden zusammengehalten von Umgangssprache, einer expressiven, oft emphatischen, wechselnd bewegten Skala, die aber immer seltener Distanz gewinnt, fast niemals konstatiert, immer, schwingend oder bebend, Emotion bleibt. Große Teile der »Pisaner Gesänge« möchte man – als Parallele zum *action paint-*

ing – action writing nennen, unreflektiertes bruchstückhaftes Selbstgespräch über Aktuelles, niedergeschrieben allerdings in einer furchtbaren Lage, buchstäblich in einem Käfig im Gefangenenlager von Pisa, als niemand mit ihm sprechen durfte.

›la donna ...‹
Sprach der Präfekt in der Stille
und die Feder in ihrer Quietschpuppe kaputt
Bracken ist raus, und die BBC kann lügen
doch wird wieder anderes Geseich rauskommen
zumindest für eine Weile, wie es so in ihrer Art liegt
– kann weitermachen, mit Lügen ...

Es handelt sich um die verhaßte englische Rundfunkgesellschaft und einen englischen Informationsminister. Der Impuls solcher Eintragungen ist durch Pounds damalige Umstände erklärlich. Daß sie – heute schon beinah unentzifferbare Chiffren – als Element der *Cantos* stehengelassen sind, das kann nur jene befriedigen, die dem Werk höheren Wert beimessen als den Wert der Selbstdarstellung eines großen und abenteuerlichen Künstlers. Aber Pound-Verehrung verzichtet auf nichts, und sie drückt sich seltsam aus. So sagt der bedeutende amerikanische Dichter William Carlos Williams: »Die Zeit, ehe man Pound kennenlernte, ist wie die Zeit vor Christi Geburt.« Ich nehme an, er meint mit »nach Christi Geburt« die Zeit, nachdem man Pound kennengelernt hat. Er ist nicht der einzige, dessen Artikulationsvermögen vor Pound versagt.

Pound hat von sich selbst behauptet, daß er gescheitert sei. Es ist nicht bekannt, wie diese Behauptung zu deuten ist, keinesfalls wollte er damit seine Weltanschauung oder seine politischen Ansichten revozieren. Die Bezichtigung muß sich also auf sein Werk beziehen. Dennoch bleibt das Eingeständnis unklar. Die *Cantos* sind kein Werk, das hätte zu Ende geführt werden können, wie die *Göttliche Komödie*, die in ihrer Struktur einem vorgefaßten Konzept entspricht, sondern ein Werk, das wuchert und mit dem Erlöschen seines Schöpfers sich erschöpft. Insofern ist es die Parallele eines Abenteurerlebens, dessen Höhepunkte und Tiefpunkte es transponierend nachfährt.

Es war ein Tiefpunkt, an dem eine andere Schicht in ihm aufzubrechen schien. 1945, im Gefangenenlager in Pisa, aber unter Umständen, in denen ein anderer zusammengebrochen wäre, erscheinen Passagen des Selbsttrostes und der Einsicht, die eine Katharsis anzukündigen schienen:

> Was du innig liebst, ist beständig,
> Der Rest ist Schlacke
> Was du innig liebst wird dir nicht weggerafft
> Was du innig liebst ist dein wahres Erbe
> Wessen Welt? Meine? Ihre?
> Oder ist sie von niemand?
> Erst kam Erblicktes, also das tastbare
> Elysium, obwohl in den Höhlen der
> Hölle,
> Was du innig liebst ist dein wahres Erbe
> Was du innig liebst wird dir nicht weggerafft
>
> Die Ameise ist Kentaur in ihrer Drachenwelt.
> Laß ab von Eitelkeit, nicht schuf der Mensch
> Den Mut, schuf Ordnung oder Schönheit,
> Laß ab von Eitelkeit, sag ich, laß ab.

Diese Passagen hätten mehr Gültigkeit, wären sie, wie sie erscheinen, der Ausdruck einer Wandlung. Aber das sind sie, wie sich ergeben hat, nicht. Eitelkeit ist niemals eine von Pounds – oder von Eliots – Schwächen gewesen. Und daß beide die Menschen lieben sollen, kann niemand von ihnen verlangen. Verlangt hätte man von beiden mehr ratio, um die Quellen ihres Unmuts der nachvollziehenden Vernunft des Lesers zu erschließen.

Wenn Pound mit dem Scheitern gemeint hat, daß es ihm nicht gelungen ist, sein persönliches Erleben zu objektivieren, sichtbar zu machen, was er sichtbar machen wollte, so hätte er damit bedingt recht. Zwar hat er aus Archetypen seinen Typus geschaffen, sich durch Akkumulation selbst aufgebaut, er hat durch die Sicht seiner Archetypen ihre mythischen Zeiten und geschichtlichen Zeitalter beleuchtet, wenn auch nicht erhellt, kein Weltbild dahinter sichtbar gemacht wie Dante. Zu einem Dante fehlte ihm allerdings auch das moralische Format.

Die Form des langen Gedichtes, des Epos, verpflichtet zu Universalität, und sei sie auch die Universalität des Mikrokosmos. Diese Verpflichtung ist bei Pound nicht erfüllt. Die Skala seiner Verwandlungen ist nicht weit genug, es fehlt jene Einsicht, die sich aus sämtlichen Gebieten des Lebens erhellt. Es fehlt die Übertragung wissenschaftlicher, vor allem psychologischer Erkenntnis, und es fehlt – paradoxerweise auch bei Eliot – der Glaube. Damit meine ich selbstverständlich nicht den Glauben als Bedingung oder gar Verpflichtung, sondern als Möglichkeit, wenn man so will, auch als verworfene Möglichkeit. Es fehlt die Implikation der – wie Eich es nennt – »Töne, die wir nicht hören«, der »Farben, die wir nicht sehen«, jene Elemente der Lyrik, die einen Rest offen lassen, damit der Leser den letzten Schritt selbst vollziehe. Beide, Pound und Eliot, bleiben Aufseher ihrer Leser, weil sie zu wissen meinen, welcherart Heil ihm fehle. Für beide gilt eben jener Satz des Heraklit, den Eliot als Motto seiner *Vier Quartette* dem Leser entgegenhält: *»Obwohl aber das Weltgesetz allen Lebewesen gemeinsam ist, verhalten sich die meisten so, als ob sie eine eigene Welteinsicht besäßen.«*

1967

The Jewishness of Mr. Bloom

For Klaus Reichert and Fritz Senn

Whenever I begin reading the Calypso-chapter of *Ulysses*, which happens about every four or five years, I cannot help at first being slightly put off by what Mr. Leopold Bloom likes to eat. The pork kidney he buys at Mr. Dlugacz's – a Jewish pork butcher is rare and, I would say, one by the name of Dlugacz even more so – seems to spoil my appetite for Bloom's physical presence much more than the procedure on the subsequent visit to the jakes. The jakes we all share, so to speak, whereas a taste for the inner organs of beasts and fowls not, least of all for – I am speaking for myself – »grilled mutton kidneys which gave« Mr Bloom's »palate a fine tang of faintly scented urine«. Here, to me, the question of identity between the author and his hero crops up for the first time.

On the way to the jakes Bloom suddenly misses his hat. »Where is my hat, by the way? Must have put it back on the peg. Or hanging up on the floor. Funny, I don't remember that.«

Why Bloom needs his hat just at this moment I don't know. But I do not have to tell this audience that the function of even the most unexpected and trifling detail, mind or matter, never used in literature before, serves the purpose of building up a complete framework of physical reality – but that at the same time this reality never transcends the borderline towards the *meta*physical. This Joyce has saved up for *Finnegans Wake*.

Needless to say therefore that all these prosaic requisites

and their whereabouts have a meaning, and so do the hat and its peg. Hugh Kenner, in his indispensable book on *Ulysses*, points out that normally novelists don't know where characters' hats are. They do not indeed, nor is the reader interested, as it is immaterial to the story he is supposed to follow. Not so in *Ulysses*.

Joyce's last work *Finnegans Wake* ist dominated throughout by the method of reducing a score of voices to one singular linear system within which words and word combinations become augmented chords of audible meaning. It is thus the intensification and enhancement of the inner monologue exercised in *Ulysses*. Hugh Kenner drew my mind to the fact that the score of *Ulysses*, while allowing for the simultaneousness of human voices in speech or in silence, does not allow the intertwining of word and thought on the one hand, and action on the other. So Leopold Bloom does not remember having disposed of his hat, because at the very moment of doing so he suffers an emotional shock, preoccupying him intensely: the arrival of a letter to his wife from her lover. It is only natural that this incident had to govern the one-line-score at the expense of the automatic act of hanging the hat on a peg which would not have been very interesting to the reader.

I was glad to have learnt this lesson, however late, as it helped me to overcome various feelings of uneasiness at other parts of the book. Because if the stream of consciousness always gains the upper hand, indication of action is of necessity subject to frequent interruption. So Bloom might have washed his hands after all, coming back from the hygienically unsatisfactory outside privy. And, going to bed at the end of the Ithaca-chapter, he might have cleaned his teeth. He's had a bath that day, so that's all right, but I must mention my hope – as far as we can hope into the past – of his having wiped out the effect of the pollution having taken place in the Nausicaa-chapter, which he himself – Joyce makes a point of it – found highly unpleasant. The intense closeness of such passages to life breeds in the reader the expectance of experiencing the corporeality, if not the substantiality of the character concerned. Whether he likes it or not is another matter.

So much for the hat. Of course I have combed literature for a hat. All I found was *Wilhelm Tell*. But I did think that if characters as objects of identification with their authors wore their hats, Kafka's Josef K. and K. would have worn the same as Leopold Bloom, though this would have been the only thing or matter they had in common.

The hat is a bowler. We know this first of all from Joyce's own caricature of Bloom, on which it is sitting on an egg-shaped head with two enormous slanting, squinting eyes and a nose, the crookedness of which seems less due to the wish of indicating Leopold's race, than to the spontaneousness of the pencil stroke. Underneath the nose there is a broad horizontal beam to mark – so I suppose – Bloom's moustache. That he has one we know from the fact that his daughter Milly gave him a moustache-cup for a birthday. This the reader is liable to regard as a joke, but Bloom actually drinks from it, tea at the beginning, cocoa at the end, and always Milly on his mind. Above this drawing is the first line of the *Odyssey*, written in Greek. If the writing is Joyce's own, he must have copied it somewhere, as his selftaught Greek would not have allowed for this fluency of lettering. I cannot help feeling that if Joyce had learnt Greek at school he might have preferred to call the book *Odysseus*, in spite of the fact that it would perhaps have sounded precious in his day.

The only other illustration of Bloom I know – *you* might know others – I found on the cover of the Vintage Book edition of Stuart Gilbert's study of *Ulysses*. There is a composition of three faces, overlappig each other, made of rubber stencil prints. A pretty, voluptuous, rather inane-looking Molly, Stephen Dedalus with piercing eyes and an obstinate hairlock, and under the bowler, Bloom with a fat round face and a rather disgusting leer, probably meant to be staring lewdly at Gerty Macdowell's contortions. The artist is Leo Lionni, an outstanding illustrator of childrens' books, and one wishes he'd stuck to that.

Bloom's face is not fat, and we have evidence that he does not look repulsive. He is a man of thirty-eight, average height, a Jew and, although baptized twice, very conscious of being one. Conscious with this guilty conscience of the convert, who knows deep down in his heart that through his conversion there may be one Christian more, but not a Jew less.

The everlasting problem of the hopefully converting Jew, bent on assimilation and on being accepted in society, is well known and registered with a certain irony by the Jew *not* bent on assimilation, who leaves acceptance to chance and fate. The latter's contention is that anyone can become a Christian, but to be a non-Jew you have to be born one. One could say that even the most daring and desperate attempts to wipe out Jewish features and origins, even if objectively more or less successful, have never been able to eliminate this certain irrational feeling of inferiority in the subject, as it knows that the Jew will always be distinguishable to those who are out to distinguish. There are, of course, the privileged ones who don't bother, as on account of their merits they are well aware of the fact that not only society but humanity would be poorer without them.

Needless to say that Leopold Bloom, although only too aware of the great Jews, moves far below their level. Yet, he is not one of those who try to play the Gentile by proclaiming disdain of their own race. On the contrary, he carries his burden with dignity, mostly making the best of it, nevertheless sometimes stooping to all too loquacious and uncalled-for defence, where composure and control would serve him better. His inner monologue indicates seismographically the respective state of his mind: equilibrium, moderation, resignation or misgiving.

Never having read Dujardin, my first experiences with inner monologue were Arthur Schnitzler's *Leutnant Gustl*, written as early as 1900, and *Fräulein Else*, written in 1924. Less accomplished and altogether less convincing than Joyce's method of selective meticulosity, as the characters constantly comment their action and define their positions and whereabouts, these stories had to master a much easier task. The hero and the heroine respectively move towards an existential climax, therefore the language calls for an unrelaxing intensity of expression, which the action of just walking the streets of Dublin does not permit. Remaining on earth is more difficult to describe than suicide, which is the subject of both these stories. In the latter, Fräulein Else, a beautiful and spoilt young lady analyzes an old roué who has dishonourable designs on her thus:

»No, Herr Dorsday, I don't believe you your elegance, nor your monocle, nor your noblesse. You might as well deal with old clothes as with old masters.«

And she goes on:

»... but Else! Else, *you* of all people! Well, I am privileged, nobody would take me for what I am. I am blond ...«

And then she modifies pathetically: »Reddish blond«. There's the rub. Doubtlessly she would have preferred a more unmistakable blond.

Bloom belongs to another class. He is a Jewish petit bourgeois, a not very successful one at that, son of nobody better than a small merchant, moreover of one who has poisoned himself, although it is not clear whether his intention was suicidal. His father's name was Rudolf Virag. The Christian name ›Rudolf‹ may prove that even his father had no longer been an orthodox practising Jew. He came from Szombathely in Hungary, a town which had a considerable Jewish community in the last century. From here Virag went to Vienna, from there back to Budapest, then to Milan, London, and finally he came to Dublin, surely continuously in search of better living conditions. The itinerary is very plausible, even typical of the eastern Jew, the Ashkenazi. The western Jew, the Sephardi, who even among Jewry is considered to be more distinguished, more mundane and, at he same time, more spiritual, has been pushed around less. The picture T.S. Eliot tries to give of him in his poem ›Gerontion‹ is misleading.

My house is a decayed house,
And the jew squats on the window-sill, the owner,
Spawned in some estaminet of Antwerp,
Blistered in Brussels, patched and peeled in London.

This description, apart from its passionate antisemitism, is false. The estaminet is not the place where you found the Jew, not even in the process of spawning. Moreover the Sephardic Jews did not migrate in the last century. The last immigrant to England had probably been Disraeli's father. They did not live in countries where Jews were persecuted. Admittedly Eliot might have had a special case in mind. But as a great poet he should have known that the improbable does not gain in probability merely by being true.

›Virag‹ is Hungarian for ›flower‹. But strangely enough Rudolf does not change his name to that, the way his son will do later in his correspondence with his imaginary mistress, Martha Clifford, but he chooses the name of Bloom which is very typically Jewish. The choice therefore seems somewhat unlikely and inadvertent, as it may just cover up the foreign but not the racial descent. With Rudolf Virag's wife the opposite is the case. Her father, Julius Karoly, Jewish and probably Hungarian too, had changed his name to ›Higgins‹, which seems even more unlikely. A Jew, changing his name will not reach for what he may regard as a euphonic or associative ideal, but he will rather remain within the range of familiar sounds, for an irrational fear of tearing himself away from his sources all too violently. The change of name from Karoly to Higgins is supposed to have happened. If so, we have here another case of mistaken use of the truth.

Bloom cannot be mistaken for anything but a Jew and consequently falls victim to antisemitism. One rather harmless attack takes place in the Scylla-and-Charibdis-chapter, but it does not reach him. Buck Mulligan watches him enter the public library and snatches his visitor's card in order to look whether the name on it is Ikey Moses. It isn't, but the real name is good enough for abuse, which – I must say – does not lack wit and erudition. His friends, discussing Shakespeare, do not join in, so the subject is dropped. In his diatribe Mulligan incidentally accuses Bloom of certain sexual preoccupations which Bloom will put into practice later at the beach, in the Nausicaa-chapter.

But later, at the tavern, in the Cyclops-chapter, Bloom has to face a ferocious fiend in the shape of the so-called ›citizen‹, whose antisemitic attacks are irrational, direct and violent. One might have thought that in their commonplace vulgarity they could not shock Bloom all too deeply, as it would certainly not be the first time he had to face this kind of abuse. But apparently it is the very fact that he has to face it again and again, which infuriates him. As none of the others present will take his side, the natural reaction – one might think – would be to walk out on the whole lot, but Bloom is here on business and has to put up with all that's coming to him. Moreover, provoked and inspired by a spirit of conversion, not, of course, to Jewry, but to its acceptance and tolerance, he braves his enemies by using really rather absurd arguments, among others that Mendelssohn, Karl Marx, Mercadante and Spinoza had been Jews.

Now the cultural background of the students discussing Shakespeare in the library may seem natural to the reader, though remarkably, if not, indeed, brilliantly inspired; the classical knowledge of the honourable citizens in the newspaper office, the Aeolus-chapter, is outstanding, in fact, to me it seems rather improbable. But here now, at the tavern, we may reasonably doubt whether the names of Spinoza or Mercadante mean anything at all to this common and commonplace party. The mention of Marx, one cannot help feeling in the west, would have rather served *their* argument, in case they knew his name. And as for Mercadante – he does not mean much more to us than he does to the ›citizen‹. I wonder, by the way, what made Bloom think that he was a Jew. He was not. Bloom's or Joyce's mistake? Anyway, there would have been better examples, and, in fact, later in Ithaca, Bloom operates with names like Maimonides and Moses Mendelssohn, but then, here his partner is Stephen Dedalus. Yet his knowledge remains surprising and, as an element of Bloom's fictitious make-up, doubtful.

Back to the tavern. Bloom finally infuriates the ›citizen‹ by arguing not only that Jesus Christ was a Jew, but also his father, which is clearly too much for the ›citizen‹ to take, who suddenly turns into a religious Christian defying blasphemy. Evidently Bloom has never learnt from experience that paying for a drink or two was a so much more effective way to pacify fury. In fact at this moment they all expect him to do so, as they are under the mistaken impression that he has won money at the races. This shows how easily all arguments would have been silenced, had he taken the hint.

But he has not, the most obvious does not occur to him, and the reader asks himself: does it ever? There is so much in this book which must have happened in the same way before. In fact there must have been years of Bloomsdays.

If Bloom were a miser, there would have been an indication of it elsewhere. None of his attributes remains hidden from the reader. Bloom might well be a moderate drinker, as most Jews are. My own interpretation of Bloom's failure may be less valid in this instance than as a positive pattern of behaviour. Had Bloom bought them all a drink, the general atmosphere might have changed into one of false peace, a smooth pretense of philosemitism, as if they were to say: of course we knew it all along, you are a good fellow, you Jews are a marvellous people, long live the Jews. Bloom, as I like to see him, is sensitive to hypocrisy. He prefers not to let it come to its demonstration, he does not want to witness degradation even of his adversary. He will not barter for sympathy, having a distinct sense of values which, in spite of his regarding himself as a down-to-earth-realist, he suppresses more often than not, wishing dearly to be able to see mankind better than it is.

Nevertheless his attitude and his conduct are not void of servility, though less so than that of most converts of his class, who are eager to maintain their friendship with the consenting party by being at its disposal, whenever needed. I have not discovered – *you* may have done – whether Bloom's distinctive masochism is supposed to be a Jewish feature. It may well be that, but it could be Joycean too – it is probably both. The only really undignified outbreak of it we find in the Circe-chapter, therefore in Bloom's going through a state of selfrevealing hallucination. Clad as a valet he offers vaseline, orangeflower and lukewarm water to the lover of his wife in return for permission to watch the very act of adultery through the keyhole. The deceived husband, not man enough to prevent his wife from enjoying herself with others, is perhaps the most ridiculous and the most humiliated configuration of the hero, but within the symphonic score of his journey it is just one of the many episodical variations above the constant counterpoint of deeprooted and – as I see it – dignified sadness.

Gerty Macdowell finds his face the saddest she has ever seen. She recognizes the foreigner in him and finds him enigmatic and attractive. Bloom is well aware of it, and when all is over he remembers: »Saw something in me«. And he adds with sad modesty: »Wonder what«. So he is not used to women seeing something in him. Then comes a revealing statement: »Didn't let her see me in profile«. Evidently he thinks that his profile might have appealed less to the girl. But what amazes us is that Bloom must have looked her straight into the face all this time, which seems rather daring, moreover haunting to any girl. But here apparently the opposite had been the case, she liked it. Bloom goes on:

»Still, you never know. Pretty girls and ugly men marrying. Beauty and the beast. Besides I can't be so if Molly.«

An important point. Not only the reader may well have wondered what Molly had seen in Poldy, but surely *he* must have asked himself this question many times before. Certainly her choice had been a reliable and constant source of satisfaction to him as long as she had been faithful, though a passage at the end of her soliloquy might have disappointed him. »... and how he kissed me under the Moorish wall and I thought well as well him as another...« So she had not fallen for him but had picked him out of a number of equals. She had certainly liked him, and she still does in a somewhat sober and pretty distant way. Incidentally, Molly herself is half Jewish, daughter of a Spanish-Jewish mother and Major Brian

Cooper Tweedy who had risen from the ranks and was proud of it. I think we know the type.

›As well him as another.‹ The reader of *Ulysses* is, I think, constantly aware of Bloom's failure to be and to experience life like his fellow-men. He may wonder how an inner monologue would have sounded, if it had come from one of Bloom's ›friends‹ at the funeral or from his cronies in the streets or, indeed, from his adversaries at the tavern. Bloom is a *little* man, to be sure, with an average capacity for logic. Yet he is endowed with a peculiar gift for active empathy, being gentle and kind without being conscious of it. He has a wide range of interests, mostly humanitarian or in the technical service of humanity. Apart from his Jewishness he does *not* conform to a type, let alone an arche-type. There is nothing archaic about him, he is not the man to found a myth. In his sense of futility and frustration lies nothing of the tragic dignity of one who has failed to achieve a lofty aim, and in his striving for a modest – and very banal – happiness there is no desire for spiritual perception. So at Eumaeus's and especially in Ithaca Bloom reveals himself at first as a commonplace person with a disappointingly pedestrian mind. Drinking his cocoa from his moustache-cup he makes us even forget the minor extravagance of a morning snack consisting of a glass of Burgundy and a Gorgonzola sandwich, on which, to my dismay, he spread mustard. And his recollection of poor selfproduced rhymes seems far away from the tune which went througe his head in the morning: »Don Giovanni, a cenar teco m'invitasti«, when he wondered what the word ›teco‹ meant. Joyce did not want him to know Italian, but evidently did want him to know the greatest scene in opera, although Molly could not have figured in this all-male-ensemble.

In the Ithaca-chapter Bloom is tired out. His inventive alertness has left him, and even his empathetic ability seems to fade away. Yet here and now he has, for the first and last time in these twenty-four hours, a great moment.

I have to introduce it briefly, in order to justify my contention. The Ithaca-chapter – Joyce's favourite incidently, and mine too – has to me always been the most mysterious and enigmatic one. On the one hand strict unity of time is adhered to, and the catechetical questions are all asked in the past continuous, which seems to suggest the exact minutes of a severe interrogation, actually having taken place. On the other hand: the fact that no dialogue is recorded, only narrative, speculation, reflection of the real, the possible and the impossible and, of course, action, so that the confusing multitude of subjects seems to come upon us out of the dark and disappear into it, causes time to expand and to contract. What, for instance, does Stephen do or think while Bloom opens the tap, lets the water run and holds forth rhapsodically about what is, at least at this moment, his favourite element? I suppose he is waiting patiently for the next topic, as Stephen – we all know it – is definitely *not* a water-lover.

However that may be, this apparent pantomime is moving towards a terrible climax, which will make Bloom appear as the paragon of innocent Jewishness as seen by a Jew, the Jew being in this case myself.

The shock announces itself long before as distant lightning in the question:

»What, reduced to their simplest reciprocal form, were Bloom's thoughts about Stephen's thoughts about Bloom and Bloom's thoughts about Stephen's thoughts about Bloom's thoughts about Stephen?«

Answer:

»He thought that he thought that he was a Jew whereas he knew that he knew that he knew that he was not.«

So here we are. Friends as they are, they seem to measure

each other deep down in their souls as potential enemies or rather, as aggressor and pleader. At least, this is how Bloom sees it, Stephen does not yet ventilate his thoughts. As yet they seem to harmonize perfectly as partners. It is Bloom who virtually asks for trouble. With a kind of selfdestroying decisiveness he sings a Hebrew anthem. I, for one, do not hear him sing it, but suddenly the silence is broken, Hebrew is in the air, and I ask myself how it is possible that Bloom, baptized, having lived among Gentiles up to this moment, should have saved this – moreover completely meaningless – relic into his present life.

And now comes Stephen's move. He sings a terrible song of little Harry Hughes whose throat is cut with a penknife by a Jew's daughter dressed all in green. How does Bloom receive this?

»With mixed feelings. Unsmiling, he heard and saw with wonder a jew's daughter, all dressed in green.«

This reaction is of course a colossal act of repression, an evasion into the realm of the visible, of colour, in order to escape the horrible implication of ritual murder. Stephen elucidates the case, academically, unemotionally and, consciously at least, without malice. But Bloom, the »victim predestined« is »sad«.

»He wished that a tale of a deed should be told of a deed not by him should by him not be told.«

And now comes the essential question: »Why was the host (reluctant, unresisting) still?« The answer: »In accordance with the law of the conservation of energy.« This answer is a masterly economical demonstration of Bloom's resignation. The resignation of the Jew who just cannot be bothered any more to defend himself, as he is tired of eternally having to stand for his race, which in most cases he would have forgotten, if others had chosen to forget it. The next question is: »Why was the host (secret infidel) silent?« The answer:

»He weighed the possible evidence for and against ritual murder: the incitation of the hierarchy, the superstition of the populace, the propagation of rumour in continued fraction of veridicity, the envy of opulence, the influence of retaliation, the sporadic reappearance of atavistic delinquency, the mitigating circumstances of fanaticism, hypnotic suggestion and somnambulism.«

This is an exhaustive list. There is nothing to add, I think. The next question is: »From which (if any) of these mental or physical disorders was he not totally immune?« We note with admiration: Bloom is anxious to liberate his mind from what has passed between him and Stephen. And in his desire to forgive and to forget, prepared to measure out mitigating circumstances even to fanaticism, he tries to remember cases in which his own reason has failed him and would have made him receptive towards the irrational, thus, in the following answers, moving away step by step from this nightmare.

Here again a train of thoughts and memories make time stand still. But for a system of retardation of this quality I personally would give all the moved and moving scenes, all talk and action, diction and structure of Joyce's contemporaries – Kafka is a special case and another chapter.

I wonder whether there are – I suppose there must be – any anti-Joyceans in the audience. If so, I should like to ask them if their preferred or even favourite author had ever been able to demonstrate – that is to disassemble – the inner workings of humble human beings with as profound and sympathetic an insight – based, of course, on intense analytical introspection – as Joyce, *and*, at the same time, to demonstrate without the slightest trace of complacency his absolute and indubitable veracity in the language of objectivity and ironic distance. I should like to dwell on the word *veracity* and recommend it for the comparison I have suggested. I am aware of the term having a crypto-religious sound, but let us think of Joyce who accepted all religious issues except their premises.

Joyce was not a modest man. He knew about and praised the quality of his work. »In *Ulysses*«, he said, »I have recorded simultaneously what a man says, sees, thinks, and what such seeing, thinking, saying does to what you Freudians call the subconscious. But as for psychoanalysis, it's neither more nor less than blackmail.«

I shall never understand why psychoanalysis should be blackmail, but let us forgive Joyce this unqualified remark, it is not the only one he made. However, it might be well worth remembering here that Freud himself found the word ›subconscious‹, which originates in nineteenth-century psychiatry, highly unsatisfactory, misleading, and had dropped it before 1900. Since then it has become a trivial, ill-used platitude.

In the library, the Scylla-and-Charybdis-chapter, four young intellectuals have met and, headed by Stephen, discuss Shakespeare. One of them, George Russell – I do not have to introduce him to this audience – says: »The supreme question about a work of art is out of how deep a life does it spring.« I don't know to what point Joyce may have identified himself with his character in saying this – his relationship with Russell was subject to changing moods – but to me this seems to be one of the most pertinent statements about the work of art ever made, provided of course that its formal conditions are fulfilled to measurable perfection. Naturally, it is not always easy to fathom this depth, and the question as to whether or not objective criteria for a work of art exist has never been answered satisfactorily. The formal perfection of *Ulysses* and *Finnegans Wake* can hardly be measured, as Joyce has created their structure as well as in *Ulysses*, the diction and, in *Finnegans Wake*, the language. Joyce strove for a new kind of formal freedom, he despised traditional narrative – I seem to be saying this in case there is someone in the audience who has never heard of him. The style of the Nausicaa-chapter gives ample evidence of the fact that to him the difference between the contemporary novel and its parody was negligible. What he set out to capture – and here one must emphasize the total difference between *Ulysses* and *Finnegans Wake* – would hardly have fitted into a shape borrowed from a predecessor, if, indeed, there had been one. There had been no language for gigantic archetypal HCE, living through microcycles as a character and through macrocycles as a phenotype. And there had been no diction for the exhaustively revealing stream of consciousness of the small outsider Leopold Bloom, not great enough for tragedy, Bloom, the exception by nature and by force which to the Jew of his disposition would amount to the same. The man who does not laugh, at least not on Bloomsday. The modest sufferer from and of and for mankind, whose most tender thoughts aim at his adulterous wife Molly. And it is not without a certain satisfaction, growing towards the end, that the reader listens to her, remembering and, in doing so, gaining a sudden irresistible charm, indeed, a peculiar radiance, which makes him – the reader – forgive her all her shortcomings, *if* they are that.

»... and then I asked him with my eyes to ask again yes and then he asked me would I yes to say yes my mountain flower and first I put my arms around him yes and drew him down to me so he could feel my breasts all perfume yes and his heart was going like mad and yes I said yes I will Yes.«

The last ›Yes‹ is spelt with a capital Y, and we regret that the man concerned is fast asleep at her side by that time, exhausted after a tiring day. He rests. He has travelled.

Mein Judentum

Wenn ich mich frage, worin mein Judentum besteht, so finde ich keine wirklich befriedigende Antwort. Ich weiß nur, daß es besteht. Ich bin in ihm nicht verwurzelt, von ihm nicht beherrscht, aber ich fühle mich als Jude. Am ehesten noch würde ich es als Zugehörigkeit zu einer Schicksalsgemeinschaft definieren; aber auch diese Antwort wäre vage, denn diese Gemeinschaft berührt mein Bewußtsein wenig und manifestiert sich in meinem täglichen Leben kaum, mein Judesein wirft keine brennenden Fragen auf und stellt mich nicht vor Entscheide. Ich kenne nicht mehr Juden als ein Christ, und mit denen, die ich kenne, spreche ich niemals über Judentum, die Basis meiner Freundschaften und Bekanntschaften hat mit ihm nichts zu tun. Eher stoße ich im Negativen und aus Zufall auf mein Teilhaben an dieser Gemeinschaft, dann nämlich, wenn ich durch beunruhigende oder böse Nachrichten alarmiert werde; etwa wenn ich in der Zeitung lese, daß die Frankfurter Unterwelt zu einem unverhältnismäßig großen Prozentsatz aus Juden besteht. Dann aktiviert sich in meinem Bewußtsein eine Art Bangnis, eine Art Verzagen, das, müßte ich es in Worte fassen, lauten würde: Ja, wenn wir wirklich ein *Volk* sind, so sind wir nicht zuletzt auch ein mieses Volk. Natürlich rechne ich mich und meine jüdischen Freunde nicht zu den miesen, doch fühle ich mich auf eine gänzlich irrationale Weise für das Miese verantwortlich. Und nicht zuletzt erwacht in mir die Angst vor neuem Antisemitismus, wohl auch nicht ganz zu Unrecht. Ich wünsche mir – und welcher Jude täte das nicht! – diese Unterwelt hinweg: den Bordellbesitzer, den unlauteren Diamantenhändler, den betrügerischen Finanzmann – oder zumindest, ich wünsche mir, daß sie nicht das seien, was ich auch bin, nämlich Juden. Ich fühle mich machtlos, ich kann ja der Masse der differenzierungsunfähigen und differenzierungsunwilligen Zeitungsleser nicht Bloch oder Wittgenstein oder Freud oder Leo Baeck als Gegenbeispiele vorhalten. Ich weiß, daß von einer bestimmten Stufe im allgemeinen Bewußtsein abwärts Spinoza oder Bergson nicht gegen Schmul und Itzig aufkommen. Aber welche Konsequenzen soll ich daraus ziehen? Ich weiß schließlich aus Erfahrung, daß das Irrationale, der negative Affekt nicht überwindbar sind.

Die Konsequenz, die meine Eltern daraus zogen, war Zionismus: Auswandern in ein Territorium – an einen Staat dachten sie damals noch nicht –, in dem nur Juden seien, in dem ihre positiven und ihre negativen Eigenschaften einander auszugleichen hätten; wo man untereinander miteinander fertig würde. Rückzug aller in ein eigenes Gebiet, das nähme dem Antisemitismus den Wind aus den Segeln. Als Theorie hatte diese Konsequenz etwas Bestechendes: Hätte ich mich damals, in meiner Kindheit und Jugend, als Jude gefühlt, so wäre ich vielleicht selbst Zionist geworden, zumal da zu jener Zeit eben von einem Staat nicht die Rede war, sondern von einem Nationalheim, von Raum für viele in einer pluralistischen Gesellschaft. Aber für diesen aktiven Wunsch war es für mich zu früh, ich war auf der Odenwaldschule, dort beschränkte sich die Weltanschauung auf Willen und Mut zur Selbstverwirklichung, Zugehörigkeiten beschränkten sich auf die entsprechenden Interessengebiete. Zwar bin ich mit meinen Eltern 1933 nach Palästina ausgewandert – Israel existierte damals noch nicht einmal als Wunschtraum –, aber als der Staat gegründet wurde, war ich schon wieder in Europa, wohin ich gehörte und gehöre. Ich habe also gewissermaßen die Heimat verschmäht auf Kosten jener Heimatlosigkeit, die, von außen betrachtet, ein Merkmal des Juden ist und für mich, also von innen betrachtet, jene Heimatlosigkeit symbolisiert, in der wir – Jude oder nicht – alle heimisch sind. Sie ist die Quelle all meiner kreativen Aktivität. Ich will auf der Erde keine Heimat haben: Vielleicht offenbart sich nicht zuletzt in dieser Versagung mein Judentum. Ich will sie allerdings, im Gegensatz zu den frommen Juden, auch im Himmel nicht haben.

Mein Vater entstammte einer alten Rabbinerfamilie in Berlin. Sie war emanzipiert, geistig aufgeschlossen, weltzugewandt, aber seltsamerweise hatte sie, außerhalb des religiösen Lebens, mehr Sinn für Unernstes als für Ernstes, zog die Operette der Oper vor, das Kabarett dem Konzert. Mein Vater litt unter einem Milieu, das er als frivol bezeichnete und das – ein bekannter Vorgang –, je älter er wurde, in seiner Erinnerung an Frivolität zunahm. Religiosität und Leichtlebigkeit ist eine seltene und wohl auch unglückselige Verbindung. Sie hat dazu geführt, daß sich mein Vater beidem früh versagte, er wurde areligiöser Zionist und ging nur noch an höchsten Feiertagen zur Synagoge als eine Art Pflichtübung. Wenn meine Großmutter aus Berlin uns in Mannheim besuchte, sprach sie das lange Tischgebet für sich, wir anderen standen auf. Für sie also war mein Vater kaum noch ein Jude.

Die Familie meiner Mutter – mein Großvater und mein Großonkel waren Buchhändler in Hamburg – fühlte sich zwar vage jüdisch, ging aber niemals zum Gottesdienst, das tradierte Kulturgut war deutsch, war Literatur, vor allem Schiller. Mein Großonkel war mit Dehmel und Liliencron befreundet, meine Tante wurde Anhängerin Stefan Georges, war mit einigen seiner Jünger befreundet, bis diese – im Gegensatz zu ihrem Meister – Nazis wurden.

Meine Eltern also fanden im Zionismus ihre geistige Heimat. Sie haben aber nie mit Nachdruck versucht, mich in ihrer Richtung zu beeinflussen. Wie gesagt, in der Odenwaldschule ging es, solange es überhaupt noch ging, vor 1933, um anderes, Traditionen und Idealismen anderer Art, jüdische Schüler traten als solche nicht in Erscheinung. Später kam ich auf eine englische public school, keine feudale, sondern eine fortschrittliche coeducational school. Es gab da ein paar jüdische Schüler und Schülerinnen, unter anderem den Enkelsohn des Oberrabbiners von England, aber auch hier fiel das Wort ›Jude‹ nicht. Dafür fiel es zunehmend in den Ferien, es war der Anbruch der Nazizeit, und inzwischen ging es ernstlich darum, Entscheidungen zu treffen. Ich erinnere mich an einen Spaziergang mit meiner Mutter, während dessen sie den bekannten Satz von Moritz Goldstein zitierte: »Wir Juden verwalten das Kulturgut einer Nation, die uns nicht dazu aufgefordert hat.« Die Absicht meiner Mutter war mir nur allzu klar: Es ging ihr – und meinem Vater – darum, den jüdischen Intellektualismus abzustreifen, um sich – und mich – auf das veränderte Dasein des aufbaubewußten Einwohners eines Neulandes vorzubereiten. Die deutschen Einwanderer in Palästina – wohlgemerkt: die freiwilligen – betrieben denn auch den Anti-Intellektualismus mit System und nicht ohne Gewaltsamkeit. Im Sog dieser Tendenz wurde ich in Jerusalem zum Tischler, nicht lang, aber auch nicht ungern.

Aber der Satz von Goldstein ist mir geblieben. Er wirkt sich noch heute aus, ja seine Bedeutung hat sich sogar erweitert. Ich würde, vielleicht zu Unrecht, als Jude kein deutsches Kulturgut verwalten wollen, nicht zum Beispiel als leitender Redakteur etwa einen Dichter zurückweisen wollen, der vielleicht labil und anfällig für die Erfahrung jener Distinktionen ist, die jetzt nur schlummern, aber ewig latent bleiben. Und selbstverständlich würde ich mich auch heute niemals in deutsche Politik – oder auch in die Politik eines anderen Landes – einmischen. Noch heute, und vor allem nach dem, was geschehen ist, fühle ich, daß hier der Platz eines Juden nicht ist. Nicht daß er sich ewig des Geduldet-Seins bewußt zu sein hätte, aber er hat sich als Außenseiter zu betrachten: eine Rolle allerdings, die ihm in Künstler- oder Intellektuellenkreisen wohl selten zugeteilt wird, ich selbst habe die Rolle niemals spielen müssen, wäre auch nicht bereit dazu.

Meine enge Familie hat persönlichen Antisemitismus niemals zu spüren bekommen, wohl nicht zuletzt, weil sie Situationen gemieden hat, die zu Beleidigung oder Angriff hätten führen können. Mein Vater war als Chemiker technischer Direktor der Fabrik eines großen internationalen Nahrungsmittelkonzerns. Der Aufsichtsrat, dem er unterstand, saß in Holland, was er als wohltuend empfand. Dennoch hatte er schon 1929 nach Palästina auswandern wollen, aber es kam erst 1933 dazu, nach der Machtübernahme der Nazis, dann allerdings sofort. Als sein Ausscheiden in seiner Fabrik bekannt wurde, schickte die nationalsozialistische Arbeitergruppe – damals übrigens noch in der Minderzahl – eine Delegation zu ihm, die ihm dies bedeuten sollte: *Sie* meinen wir nicht, Herr Dr. Hildesheimer! So einfach schien das damals. Aber mein Vater hatte eben schon lange gewußt, daß es nicht so einfach war, er hatte sein Leben auf dieser Tatsache aufgebaut.

Im internen Leben in Palästina dann verlor der Begriff des Juden an Bedeutung, im heutigen Israel ist er erloschen. Damals war man, so unwahrscheinlich es heute auch klingen mag, auch als Jude Palästinenser. Das bedeutete aber freilich auch: Bürger eines englischen Mandatsgebietes, also gewissermaßen Kolonialvolk eines Imperiums. Und so wurde man von vielen der Kolonialherren auch behandelt, sie waren die Herren. Mit den Juden hatten sie es schwerer als mit den Arabern, denn die jüdischen Einwanderer waren eine solche Behandlung nicht gewohnt. Nicht daß sie rebelliert hätten, aber sie sonderten sich ab, man traf sich nur notgedrungen bei offiziellen Anlässen, der Verkehrston war kühl. Doch gab es unter den Engländern viele Ausnahmen; jene nämlich, denen die Aufgabe des Kolonialherren unwillentlich zugewachsen war, Angehörige kultureller Berufe, Reserve-Offiziere oder temporäre Beamte, denen für die Dauer des Krieges eine kulturelle oder kulturpropagandistische Funktion zugeteilt worden war; Leute, die wußten, daß vor allem die westeuropäischen Einwanderer einiges Kulturgut zu vermitteln hatten. So entstand, während des Krieges, zumal in Jerusalem, eine Art exterritoriales Kulturzentrum, an dem Araber, Juden und Engländer teilhatten. In diesen Kreisen war denn auch weder von Judentum noch von Zionismus jemals die Rede, denn viele der Juden, die hier ihre geistige Heimat fanden, waren nicht freiwillig in Palästina, manche mußten erst lernen, sich überhaupt als Juden zu betrachten, und Zionismus war ihnen fremd. Das war den arabischen Mitgliedern dieser Kreise natürlich recht, es schloß das heikle Thema des Rechtes auf Heimat aus und förderte Freundschaften. Die englischen Teilnehmer waren ohnehin gegen den Zionismus, weil sie meinten, die Juden gehören nach Europa. Daß sie von dort vertrieben waren, nahm man ungern und seltsam schwerhörig zur Kenntnis. Der Chefzensor Palästinas, im Zivilberuf Universitätsprofessor, sagte einmal zu mir: »Ihr Juden seid doch komische Leute. Ihr könnt alles, habt Kultur, ihr seid das Salz der Erde, und was wollt ihr? Ein Stück Land von der Größe Yorkshires.« Er war nicht der einzige, der sich weigerte, die Situation zu erfassen.

Mit Judentum in seiner grausamsten Bedeutung, mit Rassenzugehörigkeit, Artfremdheit und all den Worten dieses Vokabulars, wurde ich erst konfrontiert, als ich Simultandolmetscher bei den Nürnberger Prozessen wurde; als sich hier, systematisch und schematisch, eine Geschichte aufrollte, die ich in den Jahren ihres Geschehens nur aus Berichten und Gerüchten gekannt hatte. Die Geschichte war entsetzlich, aber sie gehörte einer Vergangenheit an, deren Bewältigung schließlich nicht *meine* Aufgabe war. Die Frage der Schuld oder der Kollektivschuld überließ ich meinem Unbewußten und wartete auf den Entscheid von innen. Drei Jahre lebte ich als Angehöriger der Besatzungsmacht in einem großen Zimmer im Grand Hotel in Nürnberg, das ich mir als Atelier hergerichtet hatte, um mich beim Zeichnen und Malen von dem Schrecken dieser ausführlich rekapitulierten Vorgänge abzulenken, was mir gelang. Es gelang mir sogar mehr, nämlich beim ehemaligen Feind, den Deutschen, zwischen gut, halbgut und böse zu unterscheiden, was vielen anderen, vor allem den Emigranten unter den Besatzern, schwer gelang, ihr Affekt oder auch ihre Entwurzelungspsychose erlaubte ihnen den Entscheid zur Gerechtigkeit lange Zeit nicht, ihre Abneigung war schwerer überwindbar; vielleicht tat ich mich, als Psychoanalysierter, leichter.

Immerhin habe ich aus den Nürnberger Jahren viel gelernt. Ich glaube, daß mein Sensorium für die diversen Manifestationen des Antisemitismus in meinem jeweiligen Gegenüber so gut ausgebildet ist wie mein Differenzierungsvermögen zwischen Nichtjuden und Juden, auf das ich später zu sprechen komme. Es gibt verschiedene Grade, ja sogar Qualitäten des Antisemitismus. Vom offenen, unverhohlenen Haß will ich hier nicht sprechen, man braucht ihn nicht zu beschreiben. Mit ihm habe ich auch am wenigsten Erfahrung, denn ich spreche mit den Hassern so wenig wie sie mit mir sprechen würden – obgleich auf der Nürnberger Szene auch manch einer aus dieser Ebene zum devoten Einschmeichler geworden wäre, hätte man ihn gelassen. Diffiziler und ehrenhafter sind die Judenfeinde wider Willen, die mitunter ihre Abneigung sogar zu bekämpfen suchen, sie aber, aus einem inneren Hemmnis, für dessen Art es vielerlei Erklärungen geben mag, nicht bekämpfen können. Ich meide sie, manchmal respektvoll, selbst dann, wenn sie versuchen, sich anhand eines vielleicht hervorstechenden Vertreters der ungeliebten Rasse zu korrigieren oder zu heilen. Ich will schon deshalb nicht als passiver Bekehrer herhalten, weil ich nicht weiß, ob nun gerade ich das rechte Mittel zur Überwindung bin. Ich denke, ein jüdischer General oder ein jüdischer Philanthrop richten da mehr aus. Dann gibt es die – eher verächtlichen – Gewissensschmuggler, die Identitätskartenvorzeiger, jene, die sofort von ihren jüdischen Freunden sprechen, als hätte ich sie danach gefragt. Oder jene, die soeben gerade einen Brief von ihrem Jugendfreund Fritz Levi aus Tel Aviv erhalten haben, mit dem sie auch während der ganzen Nazizeit ... etc. Dann gibt es jene mit dem leichten, doch unverkennbaren Stich, die Philosemiten verschiedener Art, jene, die noch den bewunderten Gundolf gehört haben oder mir ihre Verehrung Martin Bubers kundtun – womit ich keineswegs sagen will, daß alle Buberverehrer zu ihnen gehören, gerade Buberverehrung ist ja ein eminent deutsches Charakteristikum. Die primitivere Variante jener, die ausgerechnet mir gegenüber ihre Bewunderung der israelischen Armee ausdrücken, ist Gottseidank ausgestorben. Es gibt noch viel mehr Arten, vor allem aber wohl unzählige Varianten psychischer Verdrängungsmechanismen; aber ich wollte hier ja nicht über die Nuancen des Antisemitismus sprechen, sondern über den Gegenstand ihrer Projektion und ihrer Präokkupation: *den* Juden, von dem ich, wie gesagt, nicht wirklich weiß, wer er ist. Denn das Bild dieses ›Andersartigen‹ – ob Freund oder Feind, Halbfreund oder Halbfeind – wird ja meist erst von der Einbildungskraft dessen entworfen, den sein Gegenstand immer wieder bewegt. Für manche wird es zum Bild, das Julius Streicher oder *Der Stürmer* gemalt hat, für andere stellt es Walther Rathenau dar oder Alfred Kerr, für wieder andere ist es Morgenthau oder Kissinger. Für nochmal andere, zu denen ich mich zum Teil zähle – denn ein wenig Antisemitismus ist dem Juden so erlaubt wie dem Katholiken Kritik an seiner Kirche – ist es der Börsenjude und der Finanzgroßmakler. Zu den Verächtern dieses letzteren Bildes gehörten auch T.S. Eliot und Ezra Pound, die allerdings den schwer verzeihlichen Fehler machten, das Bild verallgemeinernd zu verfälschen und im Juden den Wucherer schlechthin zu sehen. Das ist er nicht. Die meisten Antisemiten sind wohl A-priori-Antisemiten. Ein Mitschüler sagte mir einmal, er möge keine blonden Juden, auch das gibt es. Er trat später als Arzt der Wlassow-Armee bei, vielleicht hat er aus diesem Nicht-Mögen tätliche Konsequenzen gezogen.

Diese Überlegungen, diese Rückblenden und Erinnerungen gehören natürlich nicht zu meinem geistigen Alltagsinstrumentarium. Nur um dieser Ausführungen willen räume ich sie hervor, sonst ruhen sie im Unbewußten: aber immerhin, dort ruhen sie und sind jederzeit verfügbar, wie jetzt. Mitunter reagieren die entsprechenden Regungen aber auch gänzlich unerwartet, wenn auch tendenzlos. Wenn ich, bei einer Party etwa, einen Juden kennenlerne, so registriert sich das in mir: nicht etwa auf wertende Weise, sondern zunächst nur als Additionsfaktor, höchstens mit der spontanen inneren Frage nach Herkunft, Schicksal und Bewältigung. Immerhin ein Zeichen der Zugehörigkeit. Wenn es sich um jemanden handelt, der mich aus irgendeinem Grund interessiert, wird er natürlich durch sein Judentum nicht aufgewertet, wenn er mich nicht interessiert, nicht abgewertet, um Qualität geht es mir zunächst nicht. Allerdings, wenn er mich stark beeindruckt, so sage ich mir: Ein Guter mehr. Finde ich ihn abscheulich, so sage ich mir: Wozu muß der nun auch noch Jude sein! Juden, die ihr

Judentum verleugnen, haben für mich etwas leicht Verächtliches, da müssen dann mildernde Qualitäten hinzukommen. Leute, denen es völlig egal ist, sind mir recht. Juden, die lieber Christen wären, bedauere ich, nicht wegen ihres Wollens, sondern wegen der Vergeblichkeit dieses Wollens, denn man kann zwar Christ werden, aber zum Nichtjuden muß man geboren sein. Ein Monsignore hat einmal gesagt: Wenn ein Jude zu unserem Glauben konvertiert, gibt es zwar einen Katholiken mehr, aber keinen Juden weniger. Die leicht antisemitische Tendenz dieses Diktums sei verziehen, weil es so wahr ist.

Bei Juden, die in Gesellschaft ihr Judentum sofort an den Mann bringen, frage ich mich zunächst: Wem gegenüber tun sie das? Wittern sie unter den Anwesenden Antisemiten, so mag es sich um die berechtigte Klarstellung handeln, daß hier nicht von allen die gleiche Sprache gesprochen wird, und der Versuch einer Übersetzung von der einen in die andere sei zu vermeiden. Diese Haltung ist verständlich, in meinen Kreisen kommt sie allerdings nicht vor. Stellen sich Leute *mir* gegenüber sofort als Juden dar, so wittere ich darin nicht selten eine falsche Vertraulichkeit, so als hätten wir die gleiche Urgroßmutter gehabt, was freilich auch sehr oft der Fall ist. Manchmal aber gilt ihr Ausweis nur der Betonung unserer Schicksalsgemeinschaft. Das akzeptiere ich, je nach Beschaffenheit und Qualität des Betonenden.

Ich sagte schon, daß in meinem Freundeskreis Juden selten sind. Noch seltener sind die Freunde, die daran interessiert sind, daß *ich* Jude bin. Jüdisches gehört nicht zu unseren Gesprächsthemen, nicht in unseren Gedankenaustausch, noch nicht einmal in unseren Gefühlsaustausch. Auch kenne ich keine Juden mehr, die sich untereinander durch ihr Judesein verbunden fühlen. Das LaSalle-Quartett zum Beispiel besteht zwar aus Juden, aber was die vier verbindet, ist Musikausübung, ein Gebiet allerdings, auf dem viele Juden sich treffen, meist ohne die Artsverwandtschaft als verbindendes Element zu empfinden. Ich sage: meist. Manchmal wird sie ihnen aufgezwungen. Der Geiger Walter Levin erzählte mir dies: Als er und sein LaSalle-Quartett in Moskau gastierten, kam der erste Geiger des berühmten Borodin-Quartetts zu ihm in die Garderobe. Während des Gesprächs fragte er plötzlich leise, ob sie – die Mitglieder des LaSalle-Quartetts – alle vier Juden seien. Ja, sagte Levin, etwas erstaunt. Bei ihnen, sagte der Borodin-Geiger, dürften nur zwei Mitglieder Juden sein. Ein weiterer Aspekt des Judentums.

Doch kommen wir anekdotisch dem Judentum nicht nah, obgleich es selbst einen Schatz von Anekdoten gezeitigt hat, der die jüdische Mentalität, seine Selbsteinschätzung und Selbstkritik ziemlich genau wiedergibt. Nochmals also: Was sind wir? Kein Volk. Auch keine Glaubensgemeinschaft. Mir – und darin bin ich nicht der Einzige – ist die jüdische Religion zutiefst fremd in ihrer biblischen Begründung, ihrer Geschichte, ihrer Ausübung und den zu ihr gehörenden Bräuchen, den Riten, die mir als obsolet, wenn nicht gar absurd erscheinen und derer sich offensichtlich keine Reformbewegung jemals angenommen hat. Was sind wir? Ich habe nun doch eine Antwort. Wenn ein Nichtjude sie gäbe, wäre ich argwöhnisch, denn ich könnte vielleicht den Grad der Wertung nicht messen. Wir Juden sind eine Rasse, gekennzeichnet durch innere und äußere Merkmale, Eigenschaften, die zwar keineswegs eindeutig distinkt sind – ich kenne viele Italiener, die viel jüdischer aussehen als Juden –, die aber doch als typisch gelten können, indem sie als Charakteristika bei Juden häufiger auftreten als bei anderen. Wenn ich sie nenne, so fordere ich vielleicht Widerstand heraus. Ich spreche also subjektiv, aus eigener Erfahrung und eigener – selbstverständlich wertfreier – Beobachtung, ich meine ja nicht zuletzt mich selbst. Mit den äußeren Merkmalen will ich mich nicht abgeben, denn dieses Gebiet ist allzu belastet, ja, so tabu, daß kein Nichtjude sich hineinwagt, es sei denn in antisemitischer Absicht. Daß dieser Topos auch positiv sein kann, macht ihn nicht weniger suspekt. Paul Celan – übrigens vielleicht der einzige Mensch, der unser gemeinsames Judesein als etwas Verbindendes empfand – sagte, daß ihm der Begriff ›die schöne Jüdin‹ widerlich sei. Mir ist er es auch.

Es sei hier ausgesprochen: Wir Juden sind anders. Wir sind in unserer Selbstbeobachtung – im positiven wie im negativen Sinn – sensibler, reagieren anders und empfindlicher auf Regungen unserer Seele und unseres Körpers, sind weniger robust, wehleidiger, unter anderem auch hypochondrischer; um unsere Gesundheit mehr besorgt, wir sprechen über sie, als interessiere sie den anderen, wir fühlen uns selbst den Puls. Wir sind weniger naiv, weniger leichtgläubig, aber auch weniger gelassen in kritischen Situationen. Wir sind unruhiger, reden mit mehr Emphase, sind lebhaftere, intensivere, aber auch anstrengendere, hartnäckigere Gesprächspartner. Wir sind depressiver, geben den Depressionen leichter nach, sind unkontrollierter, leider. Gute Ehemänner und Familienväter sind unter Juden häufiger als unter anderen, Alkoholiker vereinzelt, Juden trinken Kaffee. Sie spielen lieber Schach als Hockey, Natur- und Tierfreunde sind unter ihnen seltener. Wir sind kritischer, vielleicht auch weniger schöpferisch, da wir keine imaginären Welten aufbauen. Ich sage: vielleicht – Gestalten wie Gustav Mahler, Schönberg oder Chagall sprechen dagegen. Ich weiß, all dies klingt summarisch und nach furchtbarer Vereinfachung. Es *ist* auch eine Vereinfachung, aber ist sie so furchtbar? Vor allem aber: Wir sind alle entwurzelt, außer natürlich den Israelis, die sich aber weniger als Juden betrachten, als eben als Israelis, und die uns Diaspora-Juden insgeheim verachten, nicht zuletzt deshalb, weil wir uns nicht die Bedingungen schaffen, um all diese Eigenschaften abzustreifen.

Wenn ich in manchen Punkten dieser Aufzählung, die ich wahrhaftig nicht Analyse nennen möchte, von einigen Rasse-Theoretikern unterstützt werde, so kann ich nur sagen, daß mir jede Einigkeit mit ihnen zutiefst unerwünscht und widerlich ist. Schließlich spreche ich als Jude, sozusagen als Insider, ich spreche von Erfahrung und Beobachtung und nicht von Attributen, aufgrund derer wir als minderwertig zu betrachten wären. Ich denke auch, daß diese Überlegungen und Feststellungen meinen nichtjüdischen Freunden zutiefst fremd sind. Wenn sie dies lesen und hören, werden sie sagen: So kenne ich dich gar nicht. Ich werde sagen: Wie sollte ich auch in eurer Gegenwart jemals darauf kommen, in dieser Schicht von mir herumzustöbern? Denn auch die Sensibilität für das, was man hämisch Art- oder Rassenmerkmale nennt, ist eine jüdische Eigenschaft, die ja bekanntlich in extremen Fällen zu jenem Selbsthaß geführt hat, dessen seltsamste Blüte das Buch *Geschlecht und Charakter* von Otto Weininger war.

Natürlich verbinden uns alle diese Eigenschaften im Gesellschaftlichen nicht, sie machen keine Gemeinschaft aus uns, geschweige denn ein Volk. Was bedeutet mir also mein Judesein, sofern es mir überhaupt etwas bedeutet? Wahrscheinlich nicht mehr und nicht weniger, als die Konsequenz aus der Haltung der anderen zu uns zu ziehen und einer Veränderung dieser Haltung immer – ich sage: immer – gewärtig zu sein. Es bedeutet, Würde zu wahren und die mannigfachen negativen Konsequenzen warnend vor Augen zu haben, die im Lauf der Jahrhunderte von unserer Seite gezogen wurden. Wir kennen sie zur Genüge, diese kläglichen und nur selten erfolgreichen Versuche der Anpassung, die Selbstverleugnung, die zu neurotischer Verletzlichkeit, zu Servilität geführt hat oder auch zu mancherlei Kompensation, zu Überheblichkeit und zu Verachtung des ›Goi‹ und nur in seltenen Fällen zu einer Souveränität des über der Situation Stehenden. Als im Lauf einer Debatte im englischen Parlament ein oppositioneller Abgeordneter dem Premierminister Disraeli Unverständnis des behandelten Themas vorwarf und ihm zurief, er sei ja Jude, antwortete Disraeli etwa – leider habe ich den genauen Wortlaut nicht mehr parat –: »Ja, Euer Ehren, ich bin Jude, und meine Vorfahren waren Priester im Tempel des Herrn, während die Ihren hier noch nackte Wilde waren.« Keine üble Antwort. Nur, denke ich, dürfte sie den Gegenstand, um den es ging, was immer er war, kaum getroffen haben. Denn eine solche Zurechtweisung an solchem Ort mag zwar Größe zeigen, mag den Gegner sogar zum Schweigen bringen, aber in solchem Schweigen sitzt der Wurm, der wächst und sich fortzeugt. Denn dem Geschoß: »Du bist ja Jude!« ist nichts entgegenzuhalten. Wer da mit der – übrigens typisch jüdischen – Gegenfrage antwortet: »Na und?«, der hat sein eigenes Judentum nicht erfaßt. *1977*

Anhang

Das Ende der Fiktionen

VORBEMERKUNG: Dieser Vortrag, auf Englisch geschrieben, wurde im April 1975 an den vier Universitäten der irischen Republik gehalten, nachdem die Veranstalter meine Warnung vor dem subjektiven Standpunkt und seiner aphoristischen Präsentation in den Wind geschlagen hatten. In der Übersetzung habe ich selbstverständlich nicht den Versuch gemacht, ihn essayistisch umzuformen. Dennoch ist er um etwa ein Fünftel länger geworden: eine Erfahrung, die wohl jeder Übersetzer aus dem Englischen gemacht hat. Anhand eines eigenen Textes war sie für mich neu.

In Irland wurde die hier enthaltene Problematik in Seminaren und Diskussionen ausführlich behandelt. Da dies im Rahmen des *Merkur* nicht möglich ist, möchte ich dies vorwegnehmen: wer meine Thesen anficht oder mir mangelnde Konsistenz vorwirft, hat möglicherweise recht. Bisher allerdings haben die Gegenargumente – meist Optimismus, Selbsterhaltungswunsch und Ideologie – meine Ansicht eher gefestigt als erschüttert.

The end of fiction – als Titel eines Vortrags klingt das anspruchsvoll und herausfordernd. Aber ich proklamiere nicht. Ich bleibe im Subjektiven. Das allerdings tut jeder Schriftsteller, der sein Metier behandelt, wenn er es auch nicht immer weiß oder zugibt. Er spricht immer über sich selbst, und ich, für mein Teil, mache keinen Hehl daraus.

Lassen Sie mich mit einem Zitat beginnen:

»Je mehr Bücher wir lesen, desto klarer wird es, daß die wahre Aufgabe des Schriftstellers die ist, ein Meisterwerk zu schaffen, und daß keine andere Aufgabe einen Wert hat. So offenbar dies auch sein sollte, wie wenige Schriftsteller werden es zugeben, oder werden, wenn sie ein solches Eingeständnis gemacht haben, bereit sein, das bißchen schillernde Mittelmäßigkeit, auf das sie sich eingelassen haben, beiseite zu legen! Schriftsteller hoffen immer, daß ihr nächstes Buch ihr bestes sein wird, und sie werden nicht einsehen, daß ihre augenblickliche Lebensweise sie daran hindert, jemals anderes zu schaffen.«

Dies wurde vor dreißig Jahren geschrieben. Es ist der Anfang eines Buches, das zu seiner Zeit so viel Aufsehen erregte, wie es eben ein Buch tun kann, das von einem Intellektuellen für Intellektuelle geschrieben ist. Es fasziniert noch heute, wenn auch nicht ausschließlich wegen seiner literarischen Qualität, seines Stils oder seiner brillanten Demonstration von Bildung. Heute liegt sein Reiz zum Teil darin, daß es eine gewisse Wehmut hervorruft: obgleich während des Weltkriegs geschrieben, wirft es Licht nicht nur auf unbeschwertere Vergangenheiten, in denen ein Schriftsteller es sich erlauben konnte, der Misere des täglichen Lebens zu entfliehen, um sich, Seite nach Seite, der Selbstbeobachtung und Erinnerung hinzugeben, der minutiösen Reaktion auf Atmosphären, Freunde und Bücher, kurz: kreativer Verarbeitung seiner Vergnügungen und – öfter noch – seiner Depressionen.

Ich darf annehmen, daß viele von Ihnen das Buch kennen. Es heißt *The Unquiet Grave**. Der Untertitel lautet *Ein Wortzyklus*. Sein Autor nannte sich Palinurus, nach dem Seekapitän aus der Aeneis, der im Schlaf ins Meer fiel und von den Wellen an eine Küste getragen wurde, nur um von

* Deutsch: Palinurus: *Das Grab ohne Frieden*, Suhrkamp 1962. Die Zitate entstammen dieser Übersetzung (Leonarda Gescher). Die Unbeholfenheiten habe ich stehenlassen, die Fehler korrigiert.

den Bewohnern dieser Küste getötet zu werden. Doch galt das Pseudonym nicht der Tarnung. Der Autor gab sich zu erkennen: Cyril Connolly, der Schriftsteller, Kritiker und Herausgeber jener berühmten und zu ihrer Zeit unvergleichlichen Zeitschrift *Horizon*. Connolly hat mit diesem Buch gewiß *sein* Meisterwerk geschrieben, relativ gesehen.

Auf der zweiten Seite nennt Palinurus fünfzehn Meisterwerke von zwölf Autoren: die *Oden* und *Episteln* des Horaz, *Eklogen* und *Georgica* des Vergil, das *Testament* von Villon, die *Essays* von Montaigne, die *Fabeln* von La Fontaine, die *Maximen* von La Rochefoucauld und La Bruyère, die *Fleurs du Mal* und intimen Tagebücher von Baudelaire, die Gedichte von Pope und Leopardi, die *Illuminations* von Rimbaud, und Byrons *Don Juan*.

Selbst einem, der Subjektivität auch bei anderen durchgehen läßt, erscheint diese Auswahl ziemlich willkürlich. Abgesehen davon, daß eine Sammlung von Gedichten kaum als *ein* Meisterwerk gelten kann – schließlich hat Leopardi den größten Teil seines Lebens mit der seinen zugebracht – demonstriert die Wahl ein wenig zu offensichtlich intellektuelle Überheblichkeit. Die meisten von uns werden wenig Verständnis dafür aufbringen, daß ihr Lieblingswerk fehlt. Doch Palinurus fährt fort: »Solch eine Zusammenstellung verrät ihren Verfasser. Was haben die zwölf Schriftsteller gedanklich gemeinsam? Liebe zum Leben und zur Natur; fehlender Glaube an die Idee des Fortschritts; mit Verachtung durchsetztes Interesse für die Menschheit.«

Mir erscheint es ein wenig schwer, Liebe zum Leben in – sagen wir – Baudelaire zu erkennen, und Leopardis potentielle Liebe zum Leben war platonisch und weit entfernt von der – sagen wir – Villons. Doch das steht hier nicht zur Frage. Augenfällig ist, daß die ›großen Klassiker‹ fehlen, Homer, Shakespeare, Goethe und andere. Die Erklärung finden wir auf der dritten Seite. Hier heißt es: »Die Liste verzeichnet keine Romane, Dramen oder Biographien, und die Gedichte sind von einer über das Leben spekulierenden Art. Es wählte sie einer aus, der jene Kunst am höchsten schätzt, die aus einer klaren, wißbegierigen und leidenschaftlichen Einbildungskraft strömt und sich aus ihr herauskristallisiert hat.« Aus diesem Bekenntnis schließen wir, daß für Palinurus Fiktionen die Bedingung der von ihm am höchsten geschätzten Kunst nicht erfüllen können. Anscheinend gibt es für ihn Ersatz weder für die erste Person Singular des Diaristen noch für die subjektive Omnipräsenz des Lyrikers in seinen Gedichten, um eine »klare, wißbegierige und leidenschaftliche Einbildungskraft« auszudrücken. Eine extrem subjektive Sicht. Dennoch: wer niemals fähig war, über anderes zu schreiben als über das potentielle Ich, wird auch das verstehen.

Vielleicht sollte ich, bevor ich fortfahre, meine Position klarmachen: Ich wurde zu diesem Vortrag von Ihrer Universität eingeladen und habe angenommen, weil ich gern in Irland bin. Überdies wollte ich dort stehen, wo der größte Prosaist von allen, James Joyce, gesessen und hoffentlich einem kompetenteren Interpreten zugehört hat, als ich es bin. Übrigens, um meine Subjektivität noch zu betonen: meiner Ansicht nach ist Joyces Meisterwerk *Finnegans Wake* unerreicht in »leidenschaftlicher Einbildungskraft«, an Schönheit und – verzeihen Sie mein Pathos – an Wahrheit, zumindest unter jenen der aufgezählten Meisterwerke, die *ich* kenne. Und es »spekuliert über das Leben« in einer profunderen, intensiveren und souveräneren Weise als irgendein Werk irgendeines Autors, der über sich selbst schreibt. Doch das nur am Rande.

Irland und Joyce also haben mich verleitet, vor Ihnen zu erscheinen, *nicht* meine Beschäftigung mit Literatur. Ich hätte lieber über bildende Kunst oder Musik gesprochen.

Beide Disziplinen sind Gegenstand meiner Reflexion und Spekulation gewesen, Literatur nicht. Ich bin ein Schreiber und ein mäßiger Leser, aber kein Theoretiker. Es ist mir immer ein wenig widersprüchlich erschienen, daß Worte mit Worten, also ein Kunstwerk in seinem eigenen Medium interpretiert wird. In den anderen Künsten ist das Verhältnis zwischen Theorie und Praxis klar: ich kann kein Bild malen, um ein anderes Bild zu erklären. Zudem hatte ich immer Vorbehalte gegenüber Autoren erzählender Prosa, die über das Schreiben erzählender Prosa schreiben oder sprechen. Ich werde darauf zu sprechen kommen.

Ich bin also nicht qualifiziert, mich über Theorie zu äußern. Überdies hatte ich auch keine Lust, es zu tun. Um diese Notizen zu machen, zog ich mich daher in ein Bauernhaus in Italien zurück, wo ich allein war mit den Stimmen der Überzeugung, der Neigung und Abneigung, aber ohne Bibliothek: keine Nachschlagewerke, keine Wörterbücher, und nicht mehr als etwa ein Dutzend anderer Bücher, darunter *The Unquiet Grave.* Nicht absichtlich also, sondern zufällig, hat sich dieses Buch als Ausgangspunkt ergeben. Der Reiz des Wiederlesens war auch ein Reiz zum Widerspruch, wie schon gleich die erste Behauptung: daß Schriftsteller immer hoffen, ihr nächstes Buch würde das beste. Das tun sie nicht. Sie glauben, das soeben fertiggeschriebene Buch sei ihr bestes. Den Argwohn, daß es eben dieses »bißchen schillernde Mittelmäßigkeit« sein könne, verdrängen sie. Und wenn sie dieses Mittelmaß niemals übersteigen, so ist es bestimmt nicht aus Mangel an guten Vorsätzen, sondern an Begabung. Es ist nicht jedem Schriftsteller gegeben, ein »Meisterwerk« zu schreiben, und es ist gewiß nicht »ihre augenblickliche Lebensweise«, die sie daran hindert. Auch gibt es bekanntlich eine subjektive und eine objektive Sicht eines Meisterwerkes, und ein Autor, der das seine geschrieben hat, mag *seinen* Höhepunkt erreicht haben;

aber wie selten sind solche Höhepunkte, auch die der Literaturgeschichte! Um – nicht zum letzten Mal – auf Joyce zurückzukommen: in *Finnegans Wake* haben wir beides: elf Jahre buchstäblich zermürbender Arbeit, einer vollkommenen und einzigartigen Hingabe an dieses »work in progress« waren dem Risiko gewidmet, in ihm alles oder nichts gesagt zu haben; im Hintergrund immer die Furcht, ob diese ungeheuerliche, in ein einliniges System gefaßte Partitur verstanden werde oder nicht. Weder T. S. Eliot noch Ezra Pound glaubten daran. Aber Joyce machte weiter, in zunehmender Gewißheit, daß dieses Buch nicht nur *sein* Meisterwerk werden *müsse*, sondern das Meisterwerk schlechthin, was es ja auch geworden ist. Sein Leben war ein exemplarisches Schriftstellerleben. Ende dieser Abschweifung.

Aber kommen wir zur Sache. Die Frage, die uns angeht, ist die: Ist es tatsächlich *heute noch* die »wahre Aufgabe« des Schriftstellers, ein Meisterwerk zu schreiben? Und während ich, ein älterer Schriftsteller, sagen würde: Ja, das ist es, war es immer und bleibt es bis zum Ende der Literatur, würde die Mehrheit der jungen Schriftsteller in Deutschland allein schon den Begriff des Meisterwerkes mit Verachtung von sich weisen. Die Aufgabe des Schriftstellers, so würden sie sagen, ist, zur Veränderung der Gesellschaft beizutragen. Die Gemäßigten sehen die Aufgabe im Schärfen des Bewußtseins und der rezeptiven Fähigkeiten des Lesepublikums. Die Extremen sagen: ein Schriftsteller, der seine Aktivität nicht in den unmittelbaren Dienst der Weltrevolution stellt, ist kein Schriftsteller, sondern ein Parasit.

Ich möchte nicht gern als ein Reaktionär vor Ihnen stehen. Meine politische Position ist links. Zwar bin ich gegen Terror und Gewalt jeder Art, aber ich *bin* der Meinung, daß der Kapitalismus abgeschafft werden muß, daß die Reichen ihrer Privilegien beraubt werden und die Hungrigen ernährt werden müssen. Daß, in anderen Worten, die Gesellschaft verändert werden muß. Ich weiß: das ist leicht gesagt. Aber es ist ebenso leicht geschrieben. Schwer ist nur aktive Abhilfe. Es war ausgerechnet Ezra Pound, der fehlgeleitete Romantiker, der vom Schriftsteller politischen Aktivismus forderte, und er hat ein Exempel statuiert, leider auf der falschen Seite. So wurde er ein beredter Verfechter des Irrationalen. Seine Dichtung war ein lebenslanges literarisches Abenteuer, eine Selbstdarstellung in Fortsetzungen; die Mehrzahl seiner theoretischen Schriften dagegen wirken heute unfreiwillig komisch. Seine politische Aktivität blieb glücklicherweise wirkungslos. Man nahm ihn selbst auf der falschen Seite nicht ernst. Dies erscheint mir zwar als ein unbefriedigendes, dennoch symptomatisches Beispiel der anomalen Beziehung zwischen Politikern und Intellektuellen: der Intellektuelle wird von der Politik nicht ernst genommen, weder als Mitkämpfer noch als Gegner. Malraux wurde vielleicht von de Gaulle ernst genommen, aber damals war er nicht mehr der Revolutionär von früher.

Der Schriftsteller sollte sich seines Namens und seiner Prominenz bedienen, um eine gute Sache zu unterstützen, obgleich er wohl meist den Wert seines Appells überschätzt: für die Mehrzahl der Politiker ist er ohnehin nichts als ein mißvergnügter Störenfried. Es ist niemals erwiesen worden, ob zum Beispiel ein bedeutender Schriftsteller wie Günter Grass, der sich aktiv am Wahlkampf von 1972 beteiligte, *seiner* Partei oder der Gegenpartei Stimmen eingebracht hat. Alles was der Schriftsteller tun kann, ist: den moralischen Kredit rechtfertigen, den ihm alle jene gewähren, die noch an das Ethos seiner Kunst und seiner Mission glauben, und Gutes tun, auf jeglichem Gebiet, das ihm offensteht – und damit meine ich natürlich auch materiell, sofern er es sich leisten kann. Aber ich bezweifle, daß seine Fiktionen noch das Gewicht erlangen können, einer großen humanen Sache zu dienen. Dennoch muß der Autor, sofern er das

Schreiben nicht aufgibt, es immer wieder darauf anlegen. Er muß sich auf seine Hoffnung verlassen, daß seine Aussagekraft, als der wesentliche Bestandteil seines inneren Mikrokosmos, sich automatisch und unbewußt in seinem Werk manifestiere. Er kann aber diese Aussage nicht wählen. Die Aussage wählt ihn, und wenn sie es nicht tut, so ist er gescheitert.

Ich muß nochmals Ezra Pound erwähnen. In seinem Buch *motz el son** sagt er: »Der Mensch, der seiner Zeit Ausdruck zu geben versucht, statt sich selber, ist dem Untergang geweiht.« Ich bin nicht gern einer Meinung mit Ezra Pound, aber von der Wahrheit dieses Satzes bin ich, trotz des Pathos, überzeugt.

Die Naturwissenschaften scheinen außerhalb des Erfahrungsbereiches der Schriftsteller zu liegen – auch darauf komme ich zurück. Wir können von ihnen sagen, daß wir ihnen vieles, wenn nicht gar unser Leben, zu verdanken haben, aber auch, daß wir ihrer in zunehmendem Maße verheerenden Wirkung ausgesetzt sind; und daß sie die Welt verändert haben werden, *bevor* sie von sozialem Umsturz verändert wird. Denn trotz aller revolutionären Bewegungen haben wir keinen hinreichenden Beweis, daß unsere politischen Systeme sich wirklich ändern, und gewiß nicht zum besseren. Die Armen werden ärmer. Zwar gibt es keine Anzeichen, daß die Reichen *noch* reicher werden, aber das stellt das Gleichgewicht nicht her, um so weniger, als die – vornehmlich arme – Erdbevölkerung täglich um die Größe einer Stadt wie – sagen wir – Cork zunimmt. Unsere Welt wird immer noch von Willkür und Unrecht beherrscht. Untersuchen wir denn die folgende Hypothese: der Schriftsteller ist sich dieses Zustandes besser bewußt als andere; besser als jene, die darunter zu leiden haben, weil sie

* Deutsch: *Wort und Weise*, übersetzt von Eva Hesse, Suhrkamp 1971.

nicht jenseits ihres Leidens sehen können; besser als die Unterdrücker, weil sie sich weigern, über ihre Interessen hinauszusehen; besser als alle anderen Berufstätigen, die sich ihrem Beruf, wenn nicht gar ihrem Überleben widmen müssen. Aber Beruf und Überleben des Schriftstellers hängen von seinem Denken ab, von seinem gewiß gleichnishaften, aber kohärenten Nachdenken darüber, was die Welt zusammenhält und was sie auseinanderbricht. Wenn er kollektive Realität als seinen Ausgangspunkt annimmt, so sind die Gegenstände seines Nachdenkens demnach: Leid, Wahnsinn und Verbrechen. Kann er aber als Erzähler »darüber« schreiben? Er kann es nicht. Alles, was er tun kann, ist: das subjektive fiktive Modell eines Einzelfalles konstruieren, das *er* als typisch für unseren Zustand empfindet. Doch dieses Modell, Objekt der Invention, daher artifiziell, wird noch nicht einmal jenen Teil der Realität wiedergeben können, den es wiedergeben soll, da es den Keim des Übels, nämlich die nicht mehr aufzuhaltende anomale Maschinerie, die unser Schicksal bestimmt, überhaupt nicht berührt; denn sie findet jenseits seines Erfahrungsbereiches statt. Die Versuche der Literatur, einschließlich der *littérature engagée*, unsere Situation anhand fiktiver Modelle in den Griff zu bekommen, sind gescheitert – was natürlich nicht bedeutet, daß sie in der Literaturgeschichte nicht ihren relativen Wert behielten. Sartre, ihr Hauptvertreter, ist noch immer politisch tätig, er reist und besucht Anarchisten im Gefängnis, er hat dem Establishment abgeschworen, den Nobelpreis demonstrativ abgelehnt; aber was schreibt er? Ein mehrbändiges Werk über Flaubert.

Fiktionen können unserer Situation nicht gerecht werden, selbst dann nicht, wenn ihre Verfasser mutig in die Erfahrungen zu tauchen suchen, sich harter Arbeit aussetzen, um sie erzählend wiederzugeben: Sechs Monate in einem Kohlenbergwerk zu frönen ist etwas anderes, als dazu geboren zu sein, das gesamte Leben darin zu verbringen. Oder umgekehrt: ein Arbeiter, der sein Schicksal abstreift, um es zu beschreiben, macht zwar das Subjekt zum Objekt, aber seine mentale und psychische Konstitution macht seinen Bericht zur individuellen Leidensgeschichte, in der *er* nun *uns* als Subjekt, freilich auch als Opfer, erscheint. Gewiß sind diese Fälle mitunter tragisch: Umstände, die in den Bereich der angewandten Soziologie gehören, machen ihr Opfer zum Neurotiker, der in den Bereich der Psychiatrie gehört, nur eben ersetzt seine Autorschaft nicht die Notwendigkeit einer Behandlung. Die Funktion der Literatur ist ja, nicht Wahrheit zu Fiktion, sondern Fiktion zu Wahrheit zu machen: Wahrheit aus Fiktion zu kondensieren. Gewiß gehören soziale Not und Neurose, das eine objektiv, das andere subjektiv, als Impulse zum Material des Schriftstellers: Dickens, der aus der Welt der Gentlemen in die ihrer Opfer übertrat, hat die Literatur um ein wesentliches Aktionsfeld bereichert: Anklage der Ausbeutung und Unterdrückung. Und für Kafka – um nur *einen* Fall zu nennen – war die Neurose ein wesentliches Element seines schöpferischen Movens. Doch dies sind Schriftsteller der Vergangenheit. Zu Dickens' Zeit hatte die Literatur unter anderem tatsächlich noch faktischer Information zu dienen, nicht zu ihrem Nachteil. Und Kafkas Zeit war die psychologischer Erkenntnis, man könnte beinah sagen, er selbst habe als Medium dazu beigetragen. Seltsamerweise scheinen diese Erkenntnisse aus dem Bewußtsein vieler junger Schriftsteller wieder getilgt zu sein, die sich im Labyrinth ihrer Seelen durch Schreiben zurechtzufinden suchen anstatt durch psychoanalytische Behandlung, die sie doch zumindest in die Lage versetzen würde, zwischen Subjekt und Objekt zu unterscheiden.

So kommt nun auch der *Traum* in die deutsche Literatur zurück: einige prominente junge Schriftsteller haben sich in ihren kürzlich erschienenen Erzählwerken seiner reichlich bedient. Aber er ist keineswegs die wissenschaftlich erforschte Stimme des Unbewußten, die einen definierbaren Kontrapunkt zu des Träumers Tagleben setzt, sondern ein obskurer, beinah mythischer deus ex machina, herbeibemüht, um das Bewußtsein des Helden um eben jene Erlebniselemente zu ergänzen, die während seines Wachens formal nicht unterzubringen waren. Daher eine primitive Rückkehr zum Roman des frühen neunzehnten Jahrhunderts, nur eben um so viel dürftiger und unschärfer; denn im neunzehnten Jahrhundert entsprach der Traum, entweder als sinistre Vorahnung oder als Spiegel der Seelenverfassung des Träumers, dem damaligen Stadium psychologischer Erkenntnis. Heute sollte der Schriftsteller es besser wissen.

Da ich, wie gesagt, beim Schreiben dieses Vortrags meine Bibliothek nicht bei mir hatte, konnte ich nicht nachlesen, ob es zum Beispiel Dickens' Verdienst war, die Schändlichkeit der Kinderarbeit ans öffentliche Bewußtsein gebracht und damit zu ihrer Abschaffung beigetragen zu haben. Wenn es so war, könnte man argumentieren, daß meine These von der Wirkungslosigkeit des Schriftstellers schon vor hundert Jahren widerlegt worden sei. Aber das Argument wäre falsch. Vor hundert Jahren war tatsächlich die persönliche Erfahrung eine der verläßlichsten Materialquellen. Freunde und Feinde lieferten Evidenz; Ursache und Wirkung institutionellen Verbrechens wohnten eng beieinander, der Schurke saß in einem Raum über dem des Opfers, beide konnten in *einem* Atem beschrieben werden, dem Atem des Dichters. Heute ist Schurkerei weltweit, ihre Syndikate entziehen sich der Behandlung durch Fiktionen, sie erscheinen beinahe als abstraktes Prinzip. Zu Dickens' Zeit war Realismus eine Richtung der Kunst und der Literatur. Das war er noch, als D. H. Lawrence seine *Sons and Lovers* schrieb. Aber das ist er nicht mehr, wie auch immer die Versuche geartet sein mögen, ihn am Leben zu halten: die Möglichkeiten seiner Fabeln sind ad nauseam durchexerziert, seine Schauplätze und Akteure erschöpft. Denn wir wissen immer weniger, was wir eigentlich unter Realität zu verstehen haben. Die des Wissenschaftlers ist eine völlig andere als die des Romanciers. Realismus starb schon 1934, als er, beim ersten Allunionskongreß der Sowjetschriftsteller in Moskau, zum Programm erklärt und damit institutionalisiert wurde. Auf diesem Kongreß wurde das Wort Individualismus zum Schimpfwort erklärt, und Karl Radek führte seine berühmte Attacke gegen Proust, vor allem explicite gegen Joyces *Ulysses*.

Die Protokolle dieses Kongresses* waren *nicht* unter dem Dutzend Bücher in meinem Bauernhaus, ich hatte sie mitgebracht. Das Nachlesen dieser Reden, vor mehr als vierzig Jahren gehalten, ist beinah ein irrealer Vollzug. Nicht nur sind sie völlig einmütig in ihrem affirmativen Enthusiasmus, sondern sie sagen auch alle das gleiche: Literatur, die sich nicht in den Dienst des Fortschritts und des Antifaschismus stellt, ist keine Literatur. Wenn wir auch – ich zumindest tue es – mit der moralischen Haltung vieler Sprecher sympathisieren mögen, so sind doch die Folgerungen in bezug auf Literatur inakzeptabel, die Direktiven unzumutbar, die Implikationen unwahr, letzten Endes unwahrhaftig.

Beim Lesen dieser Dokumente dachte ich: welcher große Schriftsteller – zugegeben: mit der Ausnahme Maxim Gorkijs – hätte jemals an einem Schriftstellerkongreß teilgenommen, der Direktiven ausgibt, wie man in Zukunft zu schreiben hat? Wie viele potentielle Autoren von ›Meister-

* *Sozialistische Realismuskonzeptionen*. Dokumente zum 1. Allunionskongreß der Sowjetschriftsteller, herausgegeben von H.-J. Schmitt und G. Schramm, edition suhrkamp 1974.

werken‹ befassen sich mit der Theorie des Schreibens überhaupt? Wer von ihnen empfindet es als notwendig, sich oder anderen über das, was er tut, Rechenschaft abzulegen, *außer* in seinen Büchern, deren Qualität bedingt, daß diese Rechenschaft gleichsam auf jeder Seite enthalten sei? Wer aus der Reihe großer Schriftsteller hat aus seinem Werk eine Theorie gemacht und als gültige Regel aufgestellt? Keiner. Und doch finden wir heute zahlreiche jüngere und junge Schriftsteller – und darunter gute –, die sich immer öfter aus ihrer kreativen Arbeit in didaktische Theorie flüchten. Sie ziehen Bilanzen klassischer und zeitgenössischer Literatur unter dem Aspekt der sich verändernden Gesellschaft oder bilden Gruppen, um Symposien theoretischer oder polemischer Texte zu arrangieren. Bedeutet es, daß sie den Griff über ihr Handwerk verloren haben, daß sie unsicher über Wert und Gültigkeit der Fiktionen geworden sind? Daß sie kein Vertrauen mehr in die Techniken des Erzählens haben und notgedrungen die Untersuchung der Ursachen zum Gegenstand ihrer Spekulation machen? Gewiß, es ist völlig natürlich, daß sie keine Geschichte mehr zum Erzählen finden. Aber Theorie und Kritik sind kein Ersatz, zumal da sie ihren Gegenstand langsam ersticken. Warum wagen diese Schriftsteller nicht den endgültigen Schritt und geben die Literatur auf? Sie laborieren unter dem falschen Glauben, daß Schriftsteller-sein eine Entscheidung fürs Leben ist. In Wirklichkeit ist es keine Entscheidung, sondern ein Schicksal, das sich nach jedem Buch wenden kann.

Mir erschien es immer fraglich, ob Schriftsteller-sein wirklich ein Beruf ist. Ich selbst habe ihn nie so betrachtet, sondern als das temporäre Privileg, etwas zu sagen, was mir sagenswert erschien, und zu schweigen, wenn es gesagt ist. Gewiß, der Schriftsteller sucht seine Themen nicht, sie bieten sich ihm an. Aber mir scheint, als greife er sie nur allzu oft deshalb auf, weil er nun einmal seinen Beruf gewählt hat und zu seinem eigenen Wohl der kreativen oder kritischen Beschäftigung bedarf. Die *großen* Schriftsteller unseres Jahrhunderts – Kafka, Joyce, Proust, Beckett – waren beherrscht von einem einzigen Thema, das sich mit ihrer eigenen Entwicklung entwickelte, sich entfächerte und sich erschöpfte, während sie sich erschöpften. Undenkbar, daß einer von ihnen zur Autobiographie gegriffen hätte: sein Ich war in seinem, oft schmerzlich mit seinem Leben identischen, Werk enthalten: einer bis zum Sublimen gesteigerten Realität. Nicht aber Realismus.

Doch das Elend der Realismen hat nicht erst mit den Konzepten eingesetzt, wie sie vom Moskauer Kongreß erarbeitet wurden – Kunst wird nicht von Regeln ermordet, sie wird schließlich von allein erlöschen –, sondern mit dem organischen Absterben genau dessen, was der Kongreß vornehmlich bekämpfte: die ›bürgerliche Literatur‹. Ich bin nicht sicher, ob dieser Begriff damals geprägt wurde, aber er lebt und wird ausgiebig angewandt für praktisch jedes Prosawerk, dessen Fabel die politische Auseinandersetzung meidet. Ihr großer Vertreter war Thomas Mann, heute schon deshalb eine legendäre Figur, weil ein Leben wie das seine in unserer Zeit unvorstellbar wäre: ein Romancier, der, in Verachtung allen Zeitbezugs, seine Geschichten ad libitum aus jeder beliebigen Epoche auslas – so baute er, in schwelgerischem (und berechtigtem) Bewußtsein seiner Brillanz, Welt um Welt auf, ohne Transzendenz, aber mit makelloser Konsistenz und unfehlbarer Logik. Ein Schriftsteller, anscheinend ohne Konflikte, schrieb hochklassiges Lesematerial ohne Probleme. Manns Welt war eine andere als die seiner Zeitgenossen Kafka oder Joyce, deren Leben sich in unendlichen Obsessionen – verschiedener Genese – abspielte.

Seine stilistische Methode ironischer Distanz wirkt heute historisch, auf ein aktuelles Thema angewandt erschiene sie frivol. Aber es läßt sich nicht leugnen, daß er die Literatur um eine Vielzahl von Gestalten bereichert hat, die für immer im Gedächtnis seiner Leser haften bleiben, vermittelt durch eine kunstvolle, mitunter künstliche, immer aber einzigartige Sprache, von der sie geführt werden und die sie führen, eine meist überwältigende Beredtheit, die uns vergessen läßt, daß er der stetige Aufseher dieser Gestalten bleibt. Doch werden sie eben durch diese Aufsicht zum Gegenstand unseres Vergnügens. Niemals aber werden sie unsere eigene Existenz so penetrieren wie etwa Joyces HCE oder Kafkas K., mehrnamige oder namenlose Objekte intensivster Identifikation ihrer Autoren oder Archetypen der Menschheit, wenn nicht beides.

Die Zeiten der ›großen Romanciers‹ sind vorbei. Unsere Gegenwart wird keinen Schriftsteller hervorbringen oder erhalten, der sich inmitten von anwachsendem und unvorhersehbarem Chaos niederläßt, um ein zeitloses Konzept zu verwirklichen. Für den Schriftsteller heute ist es weniger eine bewußte Entscheidung als eine Herausforderung, Stellung zu beziehen. Nur eben bezweifle ich, daß er es überhaupt in seiner Funktion als Mann der Sprache kann. Er kann es, indem er Aktion ergreift oder indem er schweigt. Doch die Verarbeitung unserer Zeit in Fiktionen ist verzögerte Aktion: unser Bewußtsein hinkt der objektiven Wirklichkeit hinterher. Sie ändert sich täglich und erlaubt daher dem Schriftsteller nicht die Verarbeitung durch sein Unbewußtes, das den Weg zur bewußten Gestaltung erst bereiten muß. Kunst ist Kreativität, nicht Wiedergabe – ich darf annehmen, daß Sie das schon irgendwo gehört haben. Ich bin mir völlig darüber im klaren, daß die Wörter ›Kunst‹, ›Künstler‹ und ›Kreativität‹ für den politisch engagierten Schriftsteller lächerlich, wenn nicht gar verhaßt sind; in dieser Abneigung weicht er von seinen historischen Kollegen ab: bei dem Sowjet-Kongreß von 1934 war das Wort

›Kunst‹ nach dem Wort ›Fortschritt‹ bei weitem das meistgebrauchte Wort, wohlgemerkt im positiven Sinn. Wir können nicht leugnen, daß Schreiben eine Kunst ist, wie Malen oder Komponieren; die Tatsache, daß Worte, anders als Farben oder Noten, determinierbare Bedeutung und semantischen Wert haben, ändert nichts daran, daß Literatur zumindest *ein* wesentliches rezeptives Kriterium mit den anderen Disziplinen teilt: den Grad, bis zu welchem sie ihren Gegenstand transzendieren läßt und damit unser rezeptives Vermögen und unsere passive Einbildungskraft erweckt. Es braucht auch nicht betont zu werden, daß der schöpferische Impuls *nicht* die direkte Reaktion auf äußere Umstände ist, sondern ein innerer Prozeß der Sublimierung, und als solcher vom Bewußtsein nicht berührt. Der Schriftsteller, zwar bewußt auf der Suche nach dem adäquaten Äquivalent in Beschreibung oder Umschreibung, hat keine Kontrolle über seine Fähigkeit, es auch zu *finden*. Schließlich wird er nicht nach seinem Vermögen beurteilt, Freude oder Schmerz, Angst oder Verzweiflung zu erfahren, sondern nach dem Grad ihrer Transzendenz in seiner kreativen Reaktion. Was ich mit Transzendenz meine, dürfte klar sein: die Qualität, die eine Passage von Wörtern über die Ebene eines Zeitungsartikels oder eines Briefes hinaushebt, indem sie Aspekte wahrnehmbarer Realität zu subjektiver Wahrheit macht. Was aber ist Qualität?

Lassen Sie mich auf Palinurus zurückkommen. Eine Eintragung im *Unquiet Grave* lautet: »In den frühen Tagesstunden, wenn der scharfe Geruch des Daseins wie Kloakengase aus allem Erschaffenen aufsteigt, dann erscheint die Leere des Lebens schrecklicher als sein Elend. ›Inferum deplorata silentia . . .‹.« Als Kontrast zu diesem etwas verspäteten Beispiel von Weltschmerz möchte ich aus dem Roman eines jungen deutschen Arbeiters zitieren, als eines »Nicht-Professionellen«: »Wenn man für seine paar Kröten so schuften muß wie ich, ist das ganze Leben beschissen!«* Auf den ersten Blick würde man sagen, daß diese beiden Zitate nicht vergleichbar seien, da es sich bei dem einen um Literatur handle, bei dem anderen nicht. Doch eine anwachsende Gruppe von Schriftstellern und Kritikern in Deutschland würde Ihnen versichern, daß auch das zweite Zitat Literatur, daß dies in der Tat die Literatur unserer Zeit sei. Aber was immer es sei, es ist eine wahre, und überdies eine tragische, Aussage. Mehr noch: es ist eine direkte Anklage der Gesellschaft, und zwar einer Art, wie Literatur sie gar nicht ausdrücken kann. Daher degradieren jene Kritiker ihre Aussagekraft, indem sie eine solche Stimme in die Literatur verweisen, die eben eine völlig anders geartete Rezeption voraussetzt als der – noch so erschütternde – Bericht. Die Aussage des Palinurus dagegen ist Literatur, in ihrer preziösen Wehleidigkeit historisch, ein Flirt mit dem entzückten Leser, der dieselbe Art der Depression schon verspürt haben mag, sie aber nicht in Worte fassen konnte, während er gewiß niemals die Depression des jungen Arbeiters verspürt hat, dessen Leben aus völlig anderen Gründen beschissen ist.

Palinurus fährt fort mit einer Evokation, in Form eines Gebets: »Straßen von Paris, betet für mich; Küsten in der Sonne, betet für mich; Geister der Lemuren, seid meine Fürsprecher; Platane und Lorbeerrose, beschattet mich; Sommerregen auf den Kais von Toulon, spült mich fort.« Der junge Arbeiter fährt fort: »Ich habe abends schon Angst vor dem nächsten Morgen.« *Seine* Verzweiflung ist weniger ›schön‹, *er* darf sich nicht die Katharsis erhoffen, in Toulon fortgespült zu werden, denn er muß ja für seine paar Kröten schuften. Wie steht es also um die Qualität der Verzweif-

* Peter Neuneier, Akkord ist Mord, Köln 1972, Zitiert aus Martin Walser: *Wie und wovon handelt Literatur*, Suhrkamp 1973.

lung und ihrer Mitteilung? Haben wir hier einen Fall von Wahrheit gegen Schönheit? Nicht gänzlich, insofern auch die Aussage des Palinurus subjektiv wahr erscheint. Die Empfindung ist glaubwürdig, wenn sie sich auch ihrem Opfer in druckfertigem Pathos angeboten hat. Wir wollen ihn postum nicht seiner geliebten Depression berauben – wo wäre er ohne sie gewesen! Aber wir können kaum umhin festzustellen, daß eine solche extravagante Emotion einer besseren Sache würdig gewesen wäre. Wir haben es hier mit zwei Fällen von Beschäftigungstherapie zu tun. Der eine Patient ist sich darüber nur allzu sehr im klaren und beutet sie aus zu kommunikativer Koketterie. Der andere ist sich nicht darüber im klaren, er versucht, unbewußt, sich ›freizuschreiben‹.

Natürlich ist der Vergleich unfair. Ein intellektueller Egozentriker wie Palinurus würde in unserer Zeit schwerlich gedeihen, sein Wehleid würde ihm kaum noch abgenommen. Zudem ist es anzunehmen, daß sein Gewissen ihm die Gleichgültigkeit gegenüber objektiven Mißständen nicht gestatten würde. Was nun den jungen Arbeiter betrifft: wie wir, zunehmend, erfahren, ist unser Ästhetik-Begriff dehnbar; doch nicht bis zu dem Extrem, das uns diese Sätze jemals als etwas anderes erscheinen ließe, als was sie sind: Anklage, somit Realität, die alle angeht – während Palinurus uns noch als nostalgischer Fetisch angeht. Natürlich fragen wir uns, ob das Diarium des Palinurus überhaupt der Fiktion gleichgesetzt werden kann. Es kann und muß. Denn auch die Mehrzahl unserer heutigen Fiktionen sind Zeugnisse intensiver Selbstidentifikation, in denen das Ich durch den fiktiven Helden – nicht selten ist er Schriftsteller – ersetzt wird; selbstverständlich auch dort, wo die Ursachen emotionellen Aufruhrs, der Erschütterung oder Entwurzelung außerhalb der eigenen Psyche gesucht werden, nämlich in unserer korrumpierten Gesellschaft: ein völlig berechtigter Anstoß, wenn er nicht als ein allzu willkommener Ausgangspunkt diente; wenn es nicht genau dieses Leiden unter gegenwärtigen Zuständen wäre, das seine Opfer zu Schriftstellern, somit Ursache und Wirkung identisch gemacht hat. *Wenn* wir uns heute einer objektiven Realität bewußt wären, so könnte sie in die Literatur als Realismus nur dann eingehen, wenn der Autor zumindest mit seiner eigenen Seele in Frieden lebte. Aber der Neurotiker schreibt, bewußt oder unbewußt, über sich selbst. Er nährt sich von Affekten, kann daher seine Realität nicht als objektiv anbieten, sondern nur sein Bildnis, auf dem er aussieht wie Palinurus.

Ich weiß, daß ich Ihnen das Argument noch schuldig bin, nicht nur für die Nicht-Existenz einer kollektiven Realität, sondern eben für die These, daß die Fiktionen am Ende sind – obgleich ich selbstverständlich nur jene von Ihnen überzeugen werde, die ohnehin zu meiner Ansicht tendieren: jene, die wachsenden Unmut, wenn nicht gar tiefe Langeweile empfinden, wenn sie mit einer erfundenen Geschichte konfrontiert werden, die vortäuscht, eine Parabel für Wahres und Wirkliches zu sein.

Ich behaupte, daß unsere Zukunft uns unbekannt ist. Daß Futurologie – jämmerliches Wort! –, weit entfernt von einer Wissenschaft, noch nicht einmal Empirie, eine Farce ist, da sie ihre These aus täglich sich verändernden Pseudo-Fakten und aus unkoordinierten Quellen bezieht. Konfrontiert mit dem Unvorhersehbaren und – schlimmer! – dem Unkontrollierbaren werden wir von einem kollektiven Empfinden hilfloser Erwartung beherrscht. Es wird genährt von jeder neuen wissenschaftlichen Entdeckung und jedem technischen Fortschritt, weil dieser Fortschritt sich in absoluter Wertfreiheit vollzieht: jeder Wissenschaftler ist, bestenfalls, für sein eigenes Gebiet verantwortlich, daher unverantwortlich außerhalb seiner Grenzen. Dieser Zustand hat unser Bewußtsein um eine furchtbare Dimension erweitert, ein ubiquitäres Element der Furcht; es ist nur natürlich, daß es in uns eine Sehnsucht nach Vergangenheit und ihrer relativen Sicherheit wachruft. Diese Sicherheit ist nun immer noch das Aktionsfeld, auf dem der Autor von Fiktionen sich bewegt. Mag er sich auch als Realist betrachten, der seiner Zeit gewachsen sei, immer arbeitet er unter der Prämisse, daß die Bedingungen menschlichen Lebens auf dieser Welt von der Vernunft geschaffen werden, die in letzter Stunde Abhilfe schafft. Sein Drang, Erfahrungen aufzuarbeiten und als Fiktionen mitzuteilen, hindert ihn an der Erkenntnis, daß er nicht *für* eine sich verändernde Gesellschaft, sondern *in* einem sich verändernden Universum agiert, in dem unser Leben außer Kontrolle gerät. Daß unsere verdrängten Ahnungen von heute die Realitäten von morgen sind, unbekannt in ihrer Wirkung selbst von jenen, die sie geschaffen haben.

Ich bin kein Theoretiker, wie ich wohl hinreichend bewiesen habe. Daher möchte ich in einer noch unakademischeren Weise schließen: mit einem imaginären Dialog. Zeit: heute. Ort: irgendwo. Dramatis personae: ein Wissenschaftler, sagen wir: ein Genetiker, auf der Höhe seines Berufs; und ein Romancier auf der Höhe des seinen, was immer er wert sei ...

GENETIKER Du schreibst also immer noch Romane.

ROMANCIER Allerdings.

GENETIKER Weißt du, wie die Welt aussieht?

ROMANCIER Ich fürchte, du siehst die Aufgabe der Literatur falsch. Ich schreibe weder Zeitgeschichte, noch interpretiere ich sie.

GENETIKER Das weiß ich. Es handelt sich um Allegorie. Oder um das, was ihr Realismus nennt. Und natürlich um Sprache. Aber selbst wenn du dir gestattest, dich nach ästhetischen Kategorien beurteilen zu lassen, mußt du doch wissen, wie die Welt aussieht.

ROMANCIER Ich verlasse mich auf mein Vermögen der Erkenntnis, um das entsprechende Analogon aufbauen zu können ...

GENETIKER Und damit die objektive Wirklichkeit zu ersetzen ...

ROMANCIER Du weißt sehr wohl, daß es das nicht gibt.

GENETIKER Gut. Also: um die perzipierbare Wirklichkeit zu ersetzen.

ROMANCIER »Ersetzen« ist das falsche Wort. »Transzendieren zu lassen« wäre etwa das richtige Wort.

GENETIKER Was immer das rechte Wort sei: zu jedem Ausgangspunkt brauchst du die Ergebnisse des Erforschten.

ROMANCIER Literatur ist selektiv. Sogar in der Wahl ihres Gegenstandes – sie muß sich bescheiden.

GENETIKER Denk daran, daß die Wirklichkeit auch das Mögliche, das Wahrscheinliche und das Potentielle in sich einschließt.

ROMANCIER Ich denke daran.

GENETIKER Ich sage dir: du und dein Publikum, ihr habt keine Ahnung, was auf euch zukommt.

ROMANCIER Dank der Wissenschaft.

GENETIKER Das ist etwas völlig anderes: Darüber haben wir nicht gesprochen. Aber wenn du so willst: ja. Wie auch immer: es ist zu spät, die Wissenschaft verantwortlich zu machen. Du kannst ihre Entwicklung nicht aufhalten, daher auch nicht ihre Wirkung.

ROMANCIER Das ahnen wir. Und die Ahnung ist ein wesentlicher Teil unserer Wirklichkeit. Sie bedingt die entsprechende Warnung.

GENETIKER Warnen könntet ihr nur, wenn ihr uns voraus wäret. In Wirklichkeit hinkt ihr hinterher.

ROMANCIER Der Wissenschaft vielleicht. Aber nicht der aktiven Furcht vor ihrer Auswirkung auf die Menschheit.

GENETIKER Die Menschheit wird bald das sein, was wir aus

ihr machen. Wir können ihr zum Beispiel die Furcht nehmen.

ROMANCIER Du bist ein Zyniker.

GENETIKER Das ist die typische Reaktion des Schriftstellers. Ich, anders als du, spreche weder *von* mir noch *für* mich.

ROMANCIER Das meine ich doch. Du bist ein Zyniker. Wir Schriftsteller stehen für das ein, was wir tun.

GENETIKER Ich gebe zu: wir haben keine hohe Instanz, die für Koordination sorgt. Aber das hat mit meiner Arbeit nichts zu tun.

ROMANCIER Ein gutes Thema.

GENETIKER Wenn du daraus Fiktion machst, bist *du* der Zyniker. So wie es jetzt aussieht, werden wir bald den vollkommenen Schriftsteller züchten können. *Und* das vollkommene Publikum. Wie soll das Verhältnis sein. Zehntausend zu eins?

ROMANCIER *Du* hinkst hinterher. Du gehst von der Annahme aus, daß es auf der Erde genug Platz geben wird, um sich hinzusetzen und ein Buch zu lesen. Oder umgekehrt: daß wir nicht alle ausgerottet werden, durch eine unvorhergesehene Katastrophe, eine Fehlkalkulation der Wissenschaft.

GENETIKER Fehlkalkulation? Du meinst Fortsetzung. Was das betrifft, mußt du dich an Vertreter einer anderen Disziplin wenden. Ich schlage vor: einen Nuklearphysiker, sofern du als Schriftsteller seine Sprache verstehst. – Aber vielleicht solltest du es doch lieber bleiben lassen. Mach weiter mit deinen Romanen. Viel Vergnügen damit, und auch den Lesern, solange noch Zeit bleibt.

1975

Das Jüdische an Mr. Bloom

Eine Rede ist nicht übersetzbar, und eine selbst gehaltene oder zu haltende schon ganz und gar nicht. Der folgende Text wurde englisch gedacht und damit auf englisch-sprachige Aufnahme berechnet. Die rhetorischen Figuren, die sich beim Gedanken an ein bestimmtes Publikum, zumal eines, dem die Materie nahe liegt, automatisch legitim einschalten, nehmen in der Übersetzung einen artifiziellen, gänzlich fremden Charakter an.

Der folgende Text gibt mit größtmöglicher Genauigkeit, wenn auch nicht wörtlich, wieder, was ich in meiner Rede »The Jewishness of Mr. Bloom« gesagt habe, und zwar am Bloomsday – dem 16. Juni – 1984.

W. H.

Wann immer ich das Kalypso-Kapitel aus *Ulysses* zu lesen beginne, was alle vier oder fünf Jahre vorkommt, ergreift mich zunächst ein gewisses Unbehagen über das, was Leopold Bloom gern ißt. Die Schweinsniere, die er bei Mr. Dlugacz kauft – ein jüdischer Schweinemetzger ist selten, und einer, der Dlugacz heißt, noch seltener –, beeinträchtigt irgendwie mein Verlangen nach Blooms physischer Präsenz; weit mehr als sein Verhalten beim anschließenden Besuch des Bumsklo. Das Klo teilen wir alle als Institution sozusagen, nicht aber den Geschmack an inneren Organen von Vieh und Geflügel. Und schon gar nicht – ich spreche für mich selbst – an »gegrillten Hammelnieren, die« Mr. Blooms »Gaumen einen leisen Hauch von leicht aromatischem Urin« vermitteln. Hier taucht für mich zum ersten Mal die Frage nach der Identität zwischen dem Autor und seinem Helden auf.

Auf dem Weg zum Klo vermißt Bloom plötzlich seinen Hut.

Wo ist eigentlich mein Hut? Muß ihn wohl an den Haken gehängt haben. Oder draußen im Flur. Komisch. Erinnere mich gar nicht.

Warum Bloom gerade in diesem Moment seinen Hut braucht, weiß ich nicht. Ihnen brauche ich nicht klarzumachen, daß hier die Funktion selbst des unerwarteten und trivialen Details, abstrakt oder konkret, wie es die Literatur zuvor nicht gekannt hat, der Absicht dient, ein möglichst lückenloses Gerüst physischer Realität aufzubauen; daß diese Realität jedoch niemals die Grenzen zum *Meta*physischen überschreiten soll. Transzendenz, mitunter freilich in Parenthese, hatte sich Joyce für *Finnegans Wake* vorbehalten.

Ich brauche daher auch nicht zu betonen, daß alle prosaischen Requisiten und ihre Standorte eine Bedeutung haben. So auch Hut und Haken. In seinem unentbehrlichen Buch über *Ulysses* weist Hugh Kenner darauf hin, daß normalerweise Romanciers nicht wissen, wo die Hüte ihrer Gestalten sind. Richtig. Der Leser ist daran auch nicht interessiert, denn das Wissen fördert die Fabel nicht. Das ist in *Ulysses* anders.

Finnegans Wake wird durchaus beherrscht von Joyces Methode, eine Partitur variabler Stimmen auf ein einziges lineares System zu reduzieren, innerhalb dessen die Worte zu Akkorden und gleichzeitig zu Bedeutungsballungen werden. *Finnegans Wake* ist daher eine Steigerung und Verdichtung des inneren Monologes, der im *Ulysses* waltet. Erst Hugh Kenner hat, anhand des Hutes, meine Aufmerksamkeit darauf gelenkt, daß die Partitur des *Ulysses* zwar die Simultanität von zwei oder mehr Stimmen, gesprochen oder innerlich, zuläßt, nicht aber das Ineinanderwirken von Wort und Gedanke einerseits und Aktion andrerseits. Leopold Bloom erinnert sich nicht, seinen Hut abgelegt zu haben, weil er im Augenblick des Ablegens einen emotionalen Schock erlitten hat: die Ankunft eines Briefes an seine

Frau von ihrem Liebhaber. Natürlich mußte dieses Erleben die einstimmige Partitur beherrschen, auf Kosten eines automatischen Aktes, der den Leser ohnehin nicht interessiert.

Ich war froh, diese Lektion, wenn auch spät, gelernt zu haben, denn sie half mir, mein Unbehagen an manchen anderen Stellen des Buches zu bekämpfen. Wenn nämlich der Bewußtseinsstrom immer dominiert, sind die Andeutungen des tatsächlichen Geschehens notwendigerweise das Opfer häufiger Unterbrechungen. Möglicherweise hat Bloom also doch seine Hände gewaschen, als er von dem hygienisch nicht sehr ansprechenden – nennen wir es Abort – zurückkam. Und am Ende des Ithaka-Kapitels hat er sich vielleicht doch die Zähne geputzt. Ein Bad hat er schon am Vormittag genommen, immerhin. Aber meine Hoffnung – sofern man in die Vergangenheit hoffen kann – ist, daß er auch die Folgen der Selbstbefleckung (im Nausikaa-Kapitel) getilgt hat, die er selbst als höchst unangenehm empfand: und der Autor scheint dieses Mißbehagen zu teilen. Die Lebensnähe solcher Passagen nährt die Erwartung des Lesers, die Körperlichkeit, ja, die Stofflichkeit des Objektes seiner aufgezwungenen Identifikation zu erfahren. Ob es ihm behagt oder nicht, ist eine andere Sache.

Soweit der Hut. Natürlich habe ich die Literaturgeschichte nach Hüten durchkämmt, fand jedoch nur *Wilhelm Tell*. Aber ich dachte mir, daß, wenn die Figuren als Objekte der Identifikation mit ihren Autoren deren Hüte tragen würden, Kafkas Josef K. und K. den gleichen wie Bloom getragen hätten, worin sich freilich die Gemeinsamkeit erschöpft hätte.

Der Hut ist eine Melone. Wir wissen es aus erster Hand: einer Karikatur von Joyces Hand, auf der er diesen Hut auf einen Eierkopf setzt, mit riesigen schrägen schielenden Augen und einer Nase, deren Krümmung wohl weniger

Rassenunterschied ausdrückt, als Spontaneität des Bleistiftstriches. Unter der Nase zieht sich ein breiter horizontaler Balken dahin, wahrscheinlich der Schnurrbart. Daß Bloom einen trägt, wissen wir daher, daß seine Tochter Milly ihm zu einem Geburtstag eine Schnurrbarttasse geschenkt hat, die er tatsächlich benutzt, am Anfang für Tee, am Ende für Kakao, und immer im Gedanken an Milly. Über der Zeichnung steht die erste Zeile der Odyssee. Wenn die Handschrift Joyces eigene ist, muß er die Zeile kopiert haben, denn sein geringes selbsterlerntes Griechisch hätte ihm diesen flüssigen Duktus wohl kaum gestattet. Ich könnte mir vorstellen, daß er, hätte er Griechisch gekonnt, sein Buch vielleicht *Odysseus* genannt hätte, obgleich es als Titel damals preziös gewirkt hätte.

Das einzige andere Bild Blooms, das ich kenne, fand ich auf dem Einband der Vintage-Taschenbuchausgabe der Studie über *Ulysses* von Stuart Gilbert. Es handelt sich um eine Komposition dreier sich überschneidender Gesichter in Stempeldruck. Eine hübsche, üppige, ungeistige Molly, Stephen Dedalus mit stechendem Blick und widerspenstiger Stirnlocke, und unter der stilisierten Melone Blooms dickes, beinah obszönes Gesicht mit einem lüsternen Grinsen, das vermutlich Gerty Macdowells Verrenkungen gelten soll. Der Künstler ist Leo Lionni, ein hervorragender Illustrator von Kinderbüchern – wäre er nur dabei geblieben!

Blooms Gesicht ist nicht dick, er ist nicht abstoßend, dafür gibt es Zeugnisse. (Mein anfängliches Unbehagen hat sich längst verflüchtigt.) Er ist ein Mann von achtunddreißig, von durchschnittlicher Größe, Jude, und sich dessen, obgleich getauft, nur allzu bewußt; und zwar mit jenem schlechten Gewissen des Konvertiten, der weiß, daß es durch seine Konversion zwar einen Christen mehr gibt, aber keinen Juden weniger.

Das immerwährende Problem des konvertierenden Juden, bedacht auf Assimilation und Aufnahme in christliche Gemeinschaft, ist auch jenen Juden wohlbekannt – und wird von uns mit einem gewissen ironischen Interesse beobachtet –, denen Assimilation gleichgültig ist, und die es dem Schicksal überlassen, ob sie akzeptiert werden oder nicht. Wir meinen, taufen lassen könne sich jeder, aber zum Nichtjuden müsse man geboren sein. Auch die gewagtesten Versuche, jüdische Eigenart und Zeichen der Herkunft zu tilgen, objektiv mehr oder weniger erfolgreich, haben dem Getauften niemals ein irrationales Gefühl der Inferiorität nehmen können, denn er weiß, daß ein Jude immer für denjenigen sofort erkenntlich ist, der es darauf anlegt zu erkennen. Natürlich gibt es die Privilegierten, die jegliche bewußte Angleichung ablehnen, da ihre Verdienste ihnen die Gewißheit gestatten, daß nicht nur die Gesellschaft, sondern auch die Menschheit ohne sie ärmer wäre.

Leopold Bloom ist sich der Existenz großer Juden genau so bewußt wie der Tatsache, daß er ihre Ebene nicht berührt. Aber er ist auch keiner von jenen, die ihre Herkunft dadurch verleugnen, daß sie anderen gegenüber Verachtung der eigenen Rasse demonstrieren. Er trägt sein Schicksal mit Würde. Dennoch läßt er sich hin und wieder zu sinnloser Selbstverteidigung hinreißen, wo Selbstkontrolle und Gelassenheit mehr ausgerichtet hätten. Sein innerer Monolog ist Seismograph seiner jeweiligen Verfassung, er registriert jede Veränderung: von Gleichgewicht zu reißender Geduld, von Mäßigung zu Frustration. Wut kennt er nicht.

Dujardin, den angeblichen Erfinder des inneren Monologes, habe ich niemals gelesen. Meine ersten Erfahrungen damit waren Arthur Schnitzlers *Leutnant Gustl,* 1900, und *Fräulein Else,* 1924 geschrieben. Verbal weniger überzeugend als Joyce in seiner Methode gewissermaßen selektiver Linien- und Engführung, da Schnitzlers Personen sich dauernd selbst kommentieren und ihre Standorte definieren, haben diese beiden Erzählungen denn auch eine leichtere Aufgabe zu erfüllen. Der Leutnant und das Fräulein bewegen sich existentiellen Apotheosen entgegen, daher darf die Sprache dauernd im Zustand der Exaltation bleiben, die natürlich bei einem bloßen Gang durch die Straßen Dublins nicht am Platze wäre. Das Auf-der-Erde-Bleiben läßt sich schwerer beschreiben oder umschreiben als der Selbstmord, das Thema der Geschichten Schnitzlers. (Der Leutnant allerdings kommt noch einmal davon.) In der späteren Geschichte analysiert Fräulein Else, eine schöne und verwöhnte junge Dame, einen alten Roué, der es auf sie abgesehen hat:

> Nein, Herr Dorsday, ich glaube Ihnen Ihre Eleganz nicht, und nicht Ihr Monokel, und nicht Ihre Noblesse. Sie könnten ebenso mit alten Kleidern handeln wie mit alten Bildern.

Dann weiter:

> Aber Else! Else, was fällt dir denn ein! Oh, ich kann mir das erlauben. Mir sieht's niemand an. Ich bin sogar blond.

Und dann modifiziert sie ein wenig jämmerlich: »Rötlich blond.« Da liegt's. Ohne Zweifel wäre ihr ein eindeutigeres Blond lieber gewesen.

Bloom ist ein jüdischer Kleinbürger, Sohn eines bescheidenen Händlers, der sich vergiftet hat, ob in selbstmörderischer Absicht, ist ungeklärt. Er hieß Rudolf Virag. Der christliche Vorname weist wohl darauf hin, daß auch dessen Vater kein orthodoxer Jude mehr gewesen ist. Virag kam aus Szombathely in Ungarn, einer Stadt übrigens, in der es tatsächlich im vorigen Jahrhundert eine beträchtliche jüdische Gemeinde gab. Von hier ging er nach Wien, von dort zurück nach Budapest, dann nach Mailand, London und kam schließlich nach Dublin, vermutlich stets auf der Suche nach einem besseren und würdigeren Leben. Diese

Irrfahrten erscheinen äußerst glaubhaft, ja, sogar typisch für den Ostjuden, den Aschkenasen. Der Westjude, der Sepharde, der auch unter Juden als etwas Besseres gilt, weltlicher und geistiger zugleich, wurde weniger umhergetrieben. Das Bild, das T. S. Eliot in seinem Gedicht *Gerontion* von ihm zu geben trachtet, ist irreführend.

Mein Haus ist ein verfallenes Haus,
Und der Jude hockt auf dem Fenstersims, der Eigentümer,
Gelaicht in Antwerpen, in irgendeiner Schwemme,
Lädiert in Brüssel, genesen und geleimt in London.

Ganz abgesehen von ihrem leidenschaftlichen Antisemitismus ist diese Charakterisierung falsch. Die Schwemme war nicht der Platz, wo man ›den Juden‹ fand, auch nicht beim Laichen. Die sephardischen Juden sind seit dem letzten Jahrhundert nicht mehr gewandert. Der letzte Immigrant in England dürfte Disraelis Vater gewesen sein. Sie lebten nicht in Ländern, wo Juden verfolgt wurden. Möglicherweise hatte Eliot einen bestimmten Mann vor Augen, aber als ein großer Dichter hätte er wissen sollen, daß das Unwahrscheinliche nicht wahrscheinlicher wird, indem es wahr ist.

›Virag‹ ist das ungarische Wort für ›Blume‹. Aber seltsamerweise ändert Rudolf seinen Namen nicht zu ›flower‹, wie sein Sohn Leopold es später in der Korrespondenz mit seiner imaginären Geliebten Martha Clifford tun wird, sondern er wählt den Namen ›Bloom‹, der nur jüdisch sein kann. Diese Wahl ist eigentlich unglaubhaft und auch von seinem Gesichtspunkt aus unklug, denn sie überspielt zwar den fremden, nicht aber den jüdischen Ursprung. Bei Rudolfs Frau Helen ist das Gegenteil der Fall. Ihr Vater, Julius Karoly, Jude und vermutlich ebenfalls Ungar, hatte seinen Namen zu ›Higgins‹ geändert, was auf entgegengesetzte Weise ebenso unwahrscheinlich ist. Ein Jude, der seinen Namen ändert, wird sich nicht für ein euphonisches oder assoziatives Ideal entscheiden, sondern er wird im Umkreis gewohnter Laute bleiben in der irrationalen Angst, sich allzu weit von seinen Ursprüngen zu entfernen. Übrigens soll auch die Namensänderung von Karoly zu Higgins stattgefunden haben. Wenn es so war, haben wir hier einen weiteren Fall von irrtümlichem Gebrauch der Wahrheit.

Bloom ist als Jude erkenntlich und wird wiederholt zum Opfer des Antisemitismus. Ein verhältnismäßig harmloser Angriff findet im Skylla-und-Charybdis-Kapitel statt, aber er erreicht das Opfer nicht. Buck Mulligan sieht ihn in die Bibliothek kommen und nimmt seine Besucherkarte, um festzustellen, ob der Name Ikey Moses sei. Zwar ist er das nicht, aber auch der richtige Name eignet sich zu bösem Kommentar, der allerdings, zugegeben, nicht ohne Geist und Phantasie ist. Mulligans Freunde diskutieren Shakespeare, sie springen auf den Exkurs nicht an, und das Thema wird fallengelassen. Übrigens beschuldigt Mulligan Bloom in seinem Ausfall gewisser sexueller Extravaganzen, die Bloom im Nausikaa-Kapitel praktizieren wird.

Aber später, in der Kneipe, bei den Zyklopen, wird Bloom von einem wilderen Feind angegriffen, nämlich dem sogenannten ›Bürger‹; seine Attacke ist zwar banal, aber um so wütender. Man hätte gedacht, daß dieserart Tiraden in ihren vulgären Gemeinplätzen Bloom nicht mehr allzu tief verletzen würden, denn es kann ja nicht das erste Mal sein, daß er mit ihnen konfrontiert wird. Anscheinend aber ist es eben dieses Immer-wieder, das ihn zur Verzweiflung bringt. Da keiner der anderen Gäste ihm beisteht, wäre es – so würde man annehmen – die natürlichste Reaktion, das Lokal zu verlassen, doch Bloom ist geschäftlich hier und muß die tägliche Unbill über sich ergehen lassen. Zudem regt sich in ihm, wohl auch nicht zum ersten Mal, der Wunsch zur Bekehrung, nicht etwa zum Judentum, sondern zu seiner Anerkennung und zu Toleranz. So stellt er sich denn dem Gegner mit ungeschickten, weit hergeholten Argumenten, unter anderen dem, daß Mendelssohn, Karl Marx, Mercadante und Spinoza Juden gewesen seien.

Das kulturelle Niveau der Studenten, die in der Bibliothek Shakespeare diskutieren, mag dem Leser selbstverständlich erscheinen, wenn auch außerordentlich inspiriert, mitunter beinahe profund. Die klassische Bildung der Bürger, die sich im Aiolus-Kapitel in der Zeitungsredaktion treffen, erscheint mir selbst schon um einiges unwahrscheinlicher. Aber hier in der Kneipe dürfen wir wohl mit Recht bezweifeln, daß die Namen Spinoza oder Mercadante diesen meist plebejischen, zum Teil recht ordinären Kumpanen auch nur das geringste bedeuten. Die Erwähnung von Karl Marx, so möchte man heute im Westen annehmen, hätte eher dem Argument der Gegenpartei gedient, obgleich sie wahrscheinlich noch nicht einmal diesen Namen kannte. Und was Mercadante betrifft – er bedeutet uns nicht viel mehr als dem ›Bürger‹. Was mag übrigens Joyce zu der Meinung bewogen haben, Mercadante sei Jude gewesen? Joyces oder Blooms Fehler? Wie auch immer, es hätte da bessere Beispiele gegeben, und es kommen auch welche, später nämlich, in Ithaka. Dann wird Bloom Maimonides und Moses Mendelssohn ins Spiel bringen, aber sein Partner wird Stephen Dedalus sein, mehr als ein Kneipengast. Dennoch empfinde ich Bloom Kenntnisse als erstaunlich, und eigentlich auch – als Element der fiktiven Anlage Blooms – als sehr unwahrscheinlich.

Zurück zur Taverne. Bloom bringt schließlich den ›Bürger‹ zur Weißglut mit dem Argument, daß nicht nur Jesus Christus, sondern auch dessen Vater Jude gewesen sei. Das macht das Maß voll, und plötzlich wird aus dem geistesfernen ›Bürger‹ ein gläubiger Christ, der gegen Blasphemie zu Felde zieht. Offensichtlich hat Bloom niemals aus Erfahrung gelernt, daß die Einladung zu ein paar Runden eine wesentlich wirksamere Methode ist, Wut zu zerstreuen. Und gerade hier und jetzt erwarten alle von ihm, daß er sie freihält, weil sie – irrtümlicherweise – glauben, er habe beim Pferderennen Geld gewonnen. Es zeigt, wie leicht sie zu besänftigen gewesen wären, hätte Bloom auf die entsprechenden Andeutungen reagiert. Aber das Offensichtlichste fällt ihm nicht ein, und der Leser mag sich fragen: ist er immer so? In diesem Buch geschieht so viel, was in ähnlicher Weise schon vorher geschehen sein muß. Man denkt, es müsse schon Jahre voller Bloomstage gegeben haben.

Wäre Bloom ein Geizhals, so hätte man es gewiß bei einer anderen Gelegenheit erfahren. Keine seiner Eigenschaften bleibt dem Leser verborgen. Möglicherweise ist Bloom selbst ein sehr mäßiger Trinker; bei Juden ist das nicht selten. Meine eigene Interpretation, weshalb er hier versagt, gilt wohl weniger für diesen Einzelfall als für ein allgemeines, vielleicht ideales, Verhaltensmuster. Hätte Bloom ein paar Runden spendiert, so hätte er damit einen falschen Frieden geschaffen, einen verlogenen Philosemitismus bewirkt, als hätten nun alle sagen müssen: ›Natürlich, wir wußten es doch, du bist ein anständiger Kerl. Ihr Juden seid ein wundervolles Volk, lang lebe der Jude!‹ Bloom, wie ich ihn sehen möchte, ist hellhörig gegenüber Heuchelei. Er läßt es nicht erst zu einer entsprechenden Demonstration kommen, er will nicht Zeuge der Erniedrigung sein, auch nicht der seiner Gegner. Er will sich Sympathie nicht erkaufen, er hat ein differenziertes Sensorium für menschliche Werte, das er allerdings, obgleich er sich selbst für einen unfehlbaren Realisten hält, oft unterdrückt, denn sein sehnlicher Wunsch ist, den Menschen besser sehen zu können, als er ist.

Dennoch, sein Verhalten und sein Benehmen sind keineswegs frei von Servilität, wenn auch wahrscheinlich weniger, als das anderer Konvertiten seiner Gesellschaftsschicht, die darauf bedacht sind, die Freundschaft jener immer neu zu verdienen, deren Anerkennung sie erhalten wollen. Ich habe nicht entdecken können, ob Blooms stark hervortretender Masochismus eine jüdische Eigenschaft sein soll. Es ist möglich, aber er könnte auch Joycisch sein, wahrscheinlich ist er beides. Den einzigen wirklichen unwürdigen Ausbruch finden wir im Circe-Kapitel, daher in jenem Stadium der Halluzination, in der sich Bloom auf besondere Weise enthüllt. Als Bedienter gekleidet, bietet er dem Liebhaber seiner Fau Vaselin, Orangenblüten und lauwarmes Wasser an. Dafür erlaubt ihm dieser, dem Akt des Ehebruchs durchs Schlüsselloch zu folgen. Der betrogene Ehemann, nicht Manns genug, seine Frau zu hindern, sich mit anderen zu vergnügen, ist vielleicht die lächerlichste und unwürdigste Konfiguration des Helden, aber innerhalb der Partitur dieser Tagesreise ist sie nur eine der episodischen Variationen über dem konstanten Kontrapunkt tieferliegender und – wie ich es sehe – würdiger Traurigkeit.

Gerty MacDowell findet Blooms Gesicht das traurigste, das sie jemals gesehen hat. Sie erkennt sofort den Fremden in ihm und findet ihn rätselhaft und anziehend. Bloom ist sich wohl darüber im klaren, und wenn alles vorbei ist, erinnert er sich: »Hat was in mir gesehen« und meint bescheiden-verzichtend: »Was wohl?« Er ist also nicht gewöhnt, daß Frauen etwas in ihm sehen. Und dann kommt etwas Verräterisches. »Habe sie nicht mein Profil sehen lassen«. Offensichtlich denkt er, daß sein Profil dem Mädchen weniger gefallen hätte. Aber was den Leser erstaunt, ist, daß Bloom Gerty MacDowell die ganze Zeit pfeilgerade ins Gesicht gestarrt haben muß, was uns ziemlich gewagt erscheint und geradezu traumatisch für ein Mädchen, obgleich hier wohl das Gegenteil der Fall gewesen sein muß: sie mochte es. Bloom fährt fort

Aber man weiß ja nie. Hübsche Mädchen und häßliche Männer heiraten. Die Schöne und das Tier. Übrigens kann ich nicht so sein wenn Molly.

Ein wesentlicher Punkt. Nicht nur der Leser, sondern auch Poldy selbst mögen sich bei anderen Gelegenheiten schon gefragt haben, was sie in ihm gesehen habe. Und gewiß war ihre Wahl für ihn die Quelle großer Genugtuung, so lange sie ihm noch treu war, wenn auch eine Passage am Ende ihres Selbstgespräches ihn enttäuscht hätte: »... und als er mich unter dem Maurenwall küßte, und ich dachte nun ja so gut er wie irgend ein anderer ...« Er hat sie also keineswegs betört, sondern sie hat ihn zum primus inter pares gemacht. Gewiß, er gefiel ihr und sie hat ihn immer noch gern, in einer etwas ernüchterten und beiläufigen Art. Übrigens ist Molly selbst halb jüdisch. Tochter einer spanischen Jüdin und des Major Brian Cooper Tweedy, der vom gemeinen Soldaten aufgestiegen und stolz darauf ist. Ich denke, der Typ ist bekannt.

›So gut er wie irgend ein anderer.‹ Der *Ulysses*-Leser ist sich, denke ich, immer darüber im klaren, daß es Bloom nicht gelingt, das Leben so zu erfahren oder zu bewältigen, wie andere es tun. Aber: wie würde solch ein innerer Monolog wohl lauten, wenn er von einem seiner Bekannten beim Begräbnis oder seiner Kumpane auf den Straßen oder gar von einem seiner Gegner in der Kneipe käme. Gewiß, Bloom ist ein unbedeutender Mann, seine Denkfähigkeiten sind durchschnittlich. Und doch hat er die seltene Gabe aktiver Einfühlung in andere, er ist sanft und wohltätig, ohne sich dessen bewußt zu sein. Er hat vielerlei Interessen, meist humanitärer Art oder auch technisch im Dienst humanitärer Institutionen. Außer dem unverkennbar Jüdischen an ihm ist er kein Typ und erst recht kein Archetyp. Er hat nichts Archaisches und ist gewiß nicht der Mann, einen Mythos zu schaffen. In seinem Gefühl für Vergeblichkeit und Vergänglichkeit liegt nichts von der tragischen Würde des an Großem Gescheiterten, und in seinem Streben nach bescheidenem – und ziemlich banalem – Glück kein Verlangen nach geistiger Erkenntnis.

Daher enthüllt er sich bei Eumaeus und besonders in Ithaka zunächst als ein ungeistiger Alltagsmensch. Wie er seinen Kakao aus der Schnurrbarttasse trinkt, läßt er uns selbst seine kleine Extravaganz des vormittäglichen Imbisses vergessen, der immerhin aus einem Glas Burgunder und einem Gorgonzola-Sandwich bestand, auf den er allerdings, wenig stilgerecht, Senf gestrichen hat. Und seine Erinnerung an ziemlich dürftige selbstgebastelte Verse läßt vergessen, was ihm am Vormittag durch den Kopf ging: »Don Giovanni, a cenar teco m'invitasti'«, wobei er sich noch überlegte, was »teco« wohl heißen möge. Joyce hat ihm keine Italienisch-Kenntnis, dafür aber die Kenntnis der größten Szene der Opernliteratur gegönnt. Woher mag Bloom sie gekannt haben? Molly konnte ja in diesem Bariton-Baß-Ensemble nicht figuriert haben.

Im Ithaka-Kapitel ist Bloom todmüde. Seine geistige Aufnahmefähigkeit hat nachgelassen, auch sein Einfühlungsverlangen liegt brach; und doch, hier und jetzt hat er das erste und das letzte Mal in den vierundzwanzig Stunden einen großen Moment.

Diesen Moment muß ich einführen, denn es gilt, meine Behauptung zu rechtfertigen. Das Ithaka-Kapitel – Joyces Lieblingskapitel übrigens, und meines auch – war für mich immer das rätselhafteste und geheimnisvollste. Einerseits wird die Einheit der Zeit strikt gewahrt, die katechetischen Fragen stehen alle im Imperfekt, was ihnen den Charakter eines strengen Verhörs zu verleihen scheint, so als habe es wirklich stattgefunden. Andererseits: die Tatsache, daß kein Dialog entsteht, nur Erzählung, Spekulation, Reflektion des Realen, des Möglichen, des Unmöglichen und natürlich Aktion, weshalb diese verwirrende Menge der Themen auf uns aus dem Dunklen zu kommen und ins Dunkel wieder zu verschwinden scheint – diese Tatsache also bewirkt, daß die Zeit sich bewegt, sich zusammenzieht und sich wieder ausdehnt. Was zum Beispiel tut oder denkt Stephen, während Bloom das Wasser laufen läßt und, gleichsam rhapsodisch, über Wesen, Werden und Vergehen des Wassers nachdenkt, sein Lieblingselement, zumindest in diesem Augenblick. Wahrscheinlich sitzt der ohnehin erschöpfte Stephen apathisch da und wartet auf das nächste Thema, denn er ist – wir wissen es ja – kein Liebhaber von Wasser.

Diese seltsam eindringliche Pantomime bewegt sich auf einen furchtbaren Höhepunkt zu, der Bloom als den Inbegriff des unschuldigen Juden erscheinen läßt, zumindest wie ein Jude ihn sieht – der Jude bin in diesem Fall ich selbst. Der Schock kündigt sich als ein fernes Wetterleuchten an, und zwar in der Frage:

Welcherart waren, auf die gegenseitig verständlichste Form gebracht, Blooms Gedanken über Stephens Gedanken über Bloom und Blooms Gedanken über Stephens Gedanken über Blooms Gedanken?

Antwort:

Er dachte, daß er dächte, daß er Jude sei, während er wußte, daß er wußte, daß er wußte, daß er keiner war.

So weit ist es also inzwischen. Noch sind sie Freunde, aber tief in ihrer Seele messen sie einander als potentielle Gegner oder genauer, als Angreifer und Angegriffener. So zumindest sieht Bloom die Lage. Stephen gibt seine Gedanken noch nicht preis, noch herrscht Harmonie zwischen den Partnern. Bloom ist es, der Unheil heraufzubeschwören scheint. Mit selbstzerstörerischer Entschlossenheit singt er eine hebräische Hymne. Ich muß sagen, ich höre ihn nicht singen, aber plötzlich klingt Hebräisches im Raum, und ich frage mich, wie es möglich ist, daß Bloom, zweimal getauft, von früh auf ausschließlich unter Nichtjuden zu Hause, dieses – überdies völlig bedeutungslose – Relikt in sein gegenwärtiges Leben gerettet haben sollte.

Jetzt ist Stephen an der Reihe. Er singt ein schreckliches Lied vom kleinen Harry Hughes, den die ganz in grün gekleidete Tochter eines Juden in ihr Haus lockt, um ihm den Hals durchzuschneiden. Wie nimmt Bloom dies auf?

Mit gemischten Gefühlen. Ohne Lächeln hörte und sah er mit Staunen eines Juden Tochter ganz in grün.

Diese Reaktion ist natürlich ein Gewaltakt der Verdrängung, eine Ausflucht auf das Gebiet des Sichtbaren, der Farbe, um der Andeutung des Ungeheuerlichen, des Ritualmordes, zu entgehen. Stephen erläutert den Fall, akademisch, juristisch kühl und ohne jegliche bewußte Bosheit.

Aber Bloom, das »prädestinierte Opfer«, ist »traurig«.

Er wünschte, daß die Erzählung einer Tat von einer Tat erzählt werden sollte, die er nicht getan hatte nicht von ihm erzählt werden sollte.

Nun kommt die für den Juden wesentliche Frage: »Warum war der Gastgeber (widerwillig widerstandslos) still?« Antwort: »In Übereinstimmung mit dem Gesetz von der Erhaltung der Energie.« Diese Antwort ist eine meisterhaft sparsame Demonstration der tiefen Resignation Blooms, der Resignation des Juden, der es müde geworden ist, sich stets wieder verteidigen zu müssen, der es satt hat, für seine Rasse zur Verantwortung gezogen zu werden, die er in den meisten Fällen vergessen hätte, wenn die Anderen sich hätten entschließen können, sie zu vergessen.

Die nächste Frage: »Warum schwieg der (insgeheim heidnische) Gastgeber?«

Er erwog die möglichen Beweise für oder gegen Ritualmord, den Ansporn seitens der Hierarchie, den Aberglauben des Pöbels, die Verbreitung von Gerüchten in kleinen Quanten von Halbwahrheiten, den Neid auf Wohlstand, den Einfluß der Mißgunst, das sporadische Wiederauftreten atavistischer Anreize zum Verbrechen, die mildernden Umstände des Fanatismus, der hypnotischen Suggestion und des Somnambulismus.

Eine erschöpfende Liste, es bleibt nichts hinzuzufügen. Die nächste Frage ist denn auch: »Von welchen – wenn überhaupt – dieser psychischen und physischen Anomalien glaubte er sich selbst nicht völlig immun?« Mit Bewunderung stellen wir fest: Bloom ist zutiefst darauf bedacht, seine Gedanken von alledem zu befreien, was zwischen Stephen und ihm vorgefallen ist. Und in seinem Verlangen nach Vergebung und Vergessen, bereit, sogar dem Fanatismus mildernde Umstände zuzumessen, versucht er, sich solcher Fälle zu entsinnen, in denen die Vernunft auch ihn im Stich gelassen hat und er dem Irrationalismus zu verfallen meinte. Auf solche Weise rückt er in den folgenden Antworten Schritt für Schritt von diesem Albdruck ab.

Hier wieder: Gedankenzüge, Überlegungen, Erinnerungen lassen die Zeit stillstehen. Aber für Retardierungsmechanismen von dieser Qualität gebe ich persönlich alle bewegten und bewegenden Szenen, alle Rede und Aktion, Diktion und Struktur der Zeitgenossen Joyces. (Kafka ist ein besonderer Fall und ein anderes Kapitel.)

Ich denke, daß es im Publikum auch manchen Joycegegner geben muß. Wenn es so ist, würde ich ihn gern fragen, ob der von ihm bevorzugte oder gar favorisierte Autor fähig war, die seelischen Mechanismen unbedeutender Menschen mit einer solch tiefen und erschöpfenden Einsicht – die natürlich auf intensiv analytischer Introspektion beruhte – darzustellen wie Joyce und ohne jegliche selbstgefällige Note, also ohne Koketterie mit dem Leser, die absolute Wahrhaftigkeit zu wahren – und zwar in der Sprache der Objektivität und gleichzeitig der ironischen Distanz. Ich möchte vor allem auf dem Wort ›Wahrhaftigkeit‹ beharren und es denen dringend nahelegen, die jetzt sofort den angedeuteten Vergleich anstellen wollen. Ich bin mir natürlich darüber im klaren, daß dieses Wort einen krypto-religiösen Ton hat, aber lassen Sie uns an Joyce denken, der alle religiösen Worte und Wendungen akzeptierte, freilich: außer ihrer Prämisse.

Joyce war kein bescheidener Mann. Er kannte die Qualität seines Werkes und pries sie frei. »In *Ulysses*«, sagte er,

> habe ich simultan registriert, was ein Mensch sagt, sieht und denkt, und wie dieses Sagen, Denken, Sehen dasjenige beeinflußt, was Ihr Freudianer das ›Unterbewußtsein‹ nennt. Aber die Psychoanalyse ist ohnehin nicht mehr und nicht weniger als Erpressung.

Ich werde niemals verstehen, warum Psychoanalyse Erpressung sein soll, aber wir wollen Joyce diese unqualifizierte Bemerkung nicht übelnehmen. Es war nicht seine einzige. Dennoch sollte man vielleicht daran erinnern, daß Freud selbst die Wörter ›Unterbewußtsein‹ und ›unterbewußt‹, die aus der Psychiatrie des neunzehnten Jahrhunderts stammen, im höchsten Grade unbefriedigend und irreführend fand und sie bereits vor 1900 fallen gelassen hatte. Seitdem sind sie mißbrauchter trivialer Gemeinplatz der Dilettanten.

In der Bibliothek, im Skylla-und-Charybdis-Kapitel, haben sich fünf junge Intellektuelle getroffen und diskutieren, angeführt von Stephen, Shakespeare. Einer von ihnen, George Russell – ich brauche ihn hier nicht einzuführen –, sagt: »Das entscheidende Kriterium des Kunstwerks ist die Tiefe der Seele, der es entspringt.« Nun weiß ich nicht, inwieweit Joyce sich hier mit dem Sprecher identifiziert – seine Beziehung zu Russell unterlag Stimmungen –, aber für mich ist dieses Diktum eine der treffendsten Aussagen, die jemals über das Kunstwerk gemacht wurden, vorausgesetzt natürlich, daß seine formalen Bedingungen bis zur meßbaren Vollkommenheit erfüllt sind. Natürlich kann Tiefe niemals wirklich gemessen werden, und die Frage, ob es objektive Kriterien eines Kunstwerkes gibt, ist niemals befriedigend beantwortet worden. Die formale Vollkommenheit des *Ulysses* oder des *Finnegans Wake* kann kaum ergründet werden, da der Autor selbst diese Gerüste erbaut und im *Ulysses* die Diktion und in *Finnegans Wake* die Sprache erfunden hat. Joyce strebte nach einer neuen Art formaler Freiheit, er verachtete den traditionellen temporalen Aufbau – mir kommt es fast vor, als erzählte ich dies einem Publikum, das noch niemals seinen Namen gehört hat. Der Stil des Nausikaa-Kapitels zeigt uns überdeutlich, daß für ihn der Unterschied zwischen dem zeitgenössischen Roman und seiner Parodie unwesentlich war. Was er zu erobern auszog – und hier müssen wir uns den Unterschied zwischen *Ulysses* und *Finnegans Wake* vergegenwärtigen –, hätte in keine von irgendeinem Vorgänger geschaffene Form gepaßt. Für den archetypischen, überlebensgroßen HCE, der als Gestalt Mikrozyklen, als Phänotyp aber Makrozyklen durchlebt, hatte es natürlich keine Sprache gegeben, und keine Diktion für den erschöpfend sich offenbarenden Gedankenstrom des kleinen Außenseiters Leopold Bloom, den Mann, der zwar nicht groß genug für die Tragödie ist, der aber die mitfühlende Beobachtung eines jeden verdient, der die Tiefe der menschlichen Seele zu erforschen trachtet. Bloom, der Mann, der nicht lacht, zumindest nicht am Bloomstag. Der bescheidene Erdulder, der an der Menschheit und für die Menschheit und mit der Menschheit leidet, und dessen zarteste Gedanken seiner ehebrecherischen Frau Molly gelten. Und nicht ohne eine gewisse Befriedigung hört der Leser ihr zu, wie sie in der letzten Engführung ihres Monologes, allmählich ermüdend, ihre Erinnerung auf die erste Begegnung mit Poldy zuspitzt, wobei sie plötzlich einen unwiderstehlichen Zauber gewinnt, ja, einen leisen Glanz, so daß er – der Leser – ihr gern alle ihre Fehler vergibt, *wenn* es wirklich Fehler sind.

... und dann fragte ich ihn mit den Augen ob er noch einmal fragen würde ja und dann fragte er ob ich ja sagen wollte ja meine Bergblume und dann legte ich meine Arme um ihn ja und zog ihn zu mir herab daß er den Duft meiner Brüste spürte und sein Herz schlug ganz verrückt und ja ich sagte ja ich will Ja.

Das letzte Ja ist groß geschrieben und der Leser bedauert, daß der Mann, dem es gilt, an ihrer Seite fest schläft, erschöpft nach einem anstrengenden Tag. »Er ruht. Er ist gereist.«

*Quellenangaben**

Über das absurde Theater

Das moderne absurde Theater. Rede, gehalten am 4. 8. 1960 auf der 10. internationalen Theaterwoche der Studentenbühnen in Erlangen
Abdrucke:
Erlanger Rede über das absurde Theater. In: *Akzente* 7/1960;
Erlanger Rede über das absurde Theater. In: *Spectaculum* VI. Frankfurt: Suhrkamp 1963;
Über das absurde Theater. In: Wolfgang Hildesheimer: *Wer war Mozart?*
Becketts »Spiel«. Über das absurde Theater. Drei Aufsätze. Frankfurt: Suhrkamp 1966, es 190;
Über das absurde Theater. In: Wolfgang Hildesheimer: *Theaterstücke.* Frankfurt: Suhrkamp 1976, es 362

Bleibt Dürer Dürer?
Rede im Auftrag des Bayerischen Rundfunks. Sie wurde in der Reihe »Gespräche im Studio Nürnberg« am 22. 1. 1971 vor geladenen Gästen gehalten und eröffnete am 23. 1. 1971 die Vortragsreihe des Senders *Zum Dürerjahr 1971: 6 × Nürnberg. Sechs Schriftsteller sprechen über die Stadt.*
Abdrucke:
Bleibt Dürer Dürer? In: *Merkur* 25/1971;
Bleibt Dürer Dürer? In: Wolfgang Buhl (Hrsg.): 7 × Nürnberg. Hg. und eingel. von Wolfgang Buhl mit 12 Zeichnungen von Michael Mathias Prechtl und einem Nachwort von Dieter Hildebrandt. Würzburg: Echter 1972, S. 117-136

* Diese und weitere Angaben über Teilabdrucke finden sich in: Volker Jehle, *Wolfgang Hildesheimer. Eine Bibliographie.* Helicon. Beiträge zur deutschen Literatur 3. Frankfurt am Main, Bonn, New York, Nancy; Peter Lang 1984

Die Musik und das Musische
Rede, gehalten am 7. 9. 1967 auf der Jahrestagung der Arbeitsgemeinschaft kultureller Organisationen Düsseldorf
Abdrucke:
Die Musik und das Musische. In: *Süddeutsche Zeitung* vom 9./10. 9. 1967;
Die Musik und das Musische. In: *Melos* 35/1968, H. 1

Was sagt Musik aus?
Festvortrag zur Eröffnung der Salzburger Festspiele am 26. 7. im Jubiläumsjahr 1980
Abdrucke:
Was sagt Musik aus? Rede zur Eröffnung der Salzburger Festspiele 1980. In: *Salzburger Festspiele 1980 / Salzburg Festival 1980. 1920/1980 Jubiläumsausgabe.* Offizielles Programm. Salzburg/Wien: Residenz 1980;
Was sagt Musik aus? In: *Merkur* 34/1980

Warum weinte Mozart?
Rede zur Eröffnung der Idomeneo-Ausstellung in der Bayerischen Staatsbibliothek München am 26. 5. 1981
Abdrucke:
Warum weinte Mozart? Rede zur Eröffnung der Ausstellung. In: Robert Münster (Hrsg.): *Wolfgang Amadeus Mozart: Idomeneo 1781-1981.* München/Zürich: Piper 1981 (= Bayerische Staatsbibliothek, Ausstellungskatalog 24);
Warum weinte Mozart? Vortrag zur Eröffnung der »Idomeneo-Ausstellung« in der Bayerischen Staatsbibliothek am 26. 5. 1981. In: *Jahrbuch der Bayerischen Staatsoper* IV (1980/81). München: Beckmann 1981

Büchners Melancholie
Georg Büchners atemlose Melancholie. Rede zur Verleihung des Georg-Büchner-Preises am 15. 10. 1966
Abdrucke:
Georg Büchners atemlose Melancholie. Rede bei der Verleihung des Büchner-Preises. In: *Süddeutsche Zeitung* vom 22./23. 10. 1966;
Rede zur Verleihung des Georg-Büchner-Preises 1966. In: *Jahrbuch der Deutschen Akademie für Sprache und Dichtung 1966.* Heidelberg/Darmstadt: Lambert Schneider 1976;

Über Georg Büchner. In: Wolfgang Hildesheimer: *Interpretationen: James Joyce. Georg Büchner. Zwei Frankfurter Vorlesungen.* Frankfurt: Suhrkamp 1969, es 297;
(ohne Titel). In: *Büchner-Preis-Reden 1951-1971.* Stuttgart: Reclam 1971, RUB 9332

The End of Fiction
Vortrag in drei Städten Irlands: University of Dublin, am 24. 4. 1975; Trinity College, German Institute of Dublin, am 24. 4. 1975; Cork, am 29. 4. 1975 und Galway, am 1. 5. 1975
Abdruck:
The End of Fiction. Deutsche Übersetzung des Autors. In: *Merkur* 30/1976

Die Subjektivität des Biographen
Vortrag, gehalten am 30. 1. 1982 auf der Tagung »Literaturwissenschaft und Psychoanalyse« der Universität und des Psychoanalytischen Institutes Freiburg
Abdruck:
Die Subjektivität des Biographen. In: Johannes Cremerius u. a. (Hrsg.): *Freiburger literaturpsychologische Gespräche* 3. Dritte Folge besorgt von Wolfram Mauser. Frankfurt/Bern: Lang 1984 (= *Literatur und Psychologie* 12)

Arbeitsprotokolle des Verfahrens »Marbot«
Rede vom 25. 5. 1982 an der Frühjahrstagung der Deutschen Akademie für Sprache und Dichtung Darmstadt in Lüneburg
Abdruck:
Arbeitsprotokolle des Verfahrens »Marbot«. In: *Jahrbuch der Deutschen Akademie für Sprache und Dichtung* 1982. Heidelberg: Lambert Schneider 1983

Schopenhauer und Marbot
Rede, gehalten am 5. 11. 1982 auf der Jahrestagung der Schopenhauer-Gesellschaft Frankfurt »Schopenhauer in der Goethezeit«
Abdrucke:
Schopenhauer und Marbot. In: Gerd Haffmans (Hrsg.): *Der Rabe* 2. Zürich: Haffmans 1983;
Schopenhauer und Marbot. In: Wolfgang Schirmacher (Hrsg.):

65. *Schopenhauer Jahrbuch für das Jahr 1984*. Frankfurt: Kramer 1984

Die Wirklichkeit der Reaktionäre
Die Wirklichkeit der Reaktionäre. Zweite der »Frankfurter Vorlesungen«. Vortrag in der Reihe der Frankfurter Poetik-Dozentur, gehalten am 5. 7. 1974
Abdruck:
Die Wirklichkeit der Reaktionäre. In: *Merkur* 28/1974

The Jewishness of Mr. Bloom
Vortrag, gehalten anläßlich der 80. Wiederkehr des Bloomsday – 16. 6. 1984 – als Dinner Speech beim Joyce Symposion in Frankfurt
Abdruck:
The Jewishness of Mr. Bloom. Das Jüdische an Mr. Bloom. Deutsche Fassung durch den Autor. Frankfurt: Suhrkamp 1984, es 1292

Mein Judentum
Vortrag vom 16. 4. 1978 innerhalb einer Sendereihe des Süddeutschen Rundfunks
Abdruck:
(ohne Titel:) In: Hans Jürgen Schultz (Hrsg.): *Mein Judentum*. Stuttgart: Kreuz-Verlag 1978